Hilbert Meyer

Türklinken-didaktik

Aufsätze zur Didaktik, Methodik und Schulentwicklung

Cornelsen
SCRIPTOR

Cornelsen online http://www.cornelsen.de

Gedruckt auf chlorfrei gebleichtem Papier
ohne Dioxinbelastung der Gewässer.

Die Deutsche Bibliothek – CIP-Einheitsaufnahme

Meyer, Hilbert:
Türklinkendidaktik : Aufsätze zur Didaktik, Methodik und
Schulentwicklung / Hilbert Meyer. - Berlin : Cornelsen Scriptor, 2001
ISBN 3-589-21454-6

Dieses Werk berücksichtigt die Regeln der reformierten Rechtschreibung und Zeichensetzung.

5.	4.	3.	2.	1. ✓	€	Die letzten Ziffern bezeichnen
2005	2004	2003	2002	2001		Zahl und Jahr der Auflage.

Redaktion: Maria Bley, Vaterstetten
Herstellung und Satz: Hans Reichert, Frankfurt a. M.
Umschlagentwurf: Bauer + Möhring, Berlin,
unter Verwendung einer Zeichnung von Klaus Puth
Druck und Bindearbeiten: Clausen & Bosse, Leck
Printed in Germany
ISBN 3-589-21454-6
Bestellnummer 214546

Inhaltsverzeichnis

Für Christa

Vorwort

Die Welt ginge nicht unter, wenn dieses Buch nicht erschiene. Ich nenne vier Motive, die eine Veröffentlichung in der hier gewählten Form dennoch rechtfertigen können:

- Viele meiner Bücher sind hemdsärmlig-locker geschrieben. Die unverzichtbare wissenschaftstheoretische Reflexion ist dann nicht immer leicht zu erkennen. Deshalb liegt mir daran, die meinen Monografien zu Grunde liegende wissenschafts- und bildungstheoretische Orientierung deutlich zu machen.
- Seit meiner ersten Veröffentlichung 1968[1] war es mir wichtig, die Didaktik als eine eigenständige Disziplin darzustellen, die zwar viele Partnerwissenschaften nötig hat, um die gestellten Aufgaben angemessen zu bearbeiten, die aber keine Magd dieser Partnerwissenschaften ist, sondern eigene Fragestellungen entwickelt, die nur mit „einheimischen Begriffen“ (J. F. Herbart) angemessen beantwortet werden können. Insofern ist diese Aufsatzsammlung eine Verteidigung der Didaktik vor „feindlichen Übernahmen“.
- Die Hoffnungen, Ängste und Handlungsperspektiven lernender Lehrer und Lehrerinnen stehen im Mittelpunkt. Ich will damit deutlich machen, dass erziehungswissenschaftliche Reflexion zu kurz greift, wenn sie auf der Ebene systematischer Analysen stehen bleibt und nicht bis zur Einfühlung in das Denken und Handeln der Lehrer und Lehrerinnen vordringt. Freilich steckt in dieser Forderung auch ein Risiko, nämlich die Gefahr, nur noch „mundgerecht“ zu formulieren und dem Leser *die Anstrengung des Begriffs* zu ersparen.[2] Das kann passieren. Aber der

1 „Der unkritische Gebrauch des Verfrühungsbegriffs“ – siehe Seite 61 ff. in diesem Band.

2 So lauten Vorwürfe meines Freundes Andreas Gruschka („Ich helfe dir, es nicht zu tun!“, in: Pädagogische Korrespondenz, 22/1998, S. 43–64).

Umkehrschluss, durch Verzicht auf die Thematisierung der subjektiven Sichtweisen der Handelnden könne dieser Gefahr begegnet werden, ist allemal falsch.

- Schließlich habe ich die Hoffnung, dass jene Leser, denen meine bisher veröffentlichten Monografien viel zu lang geraten sind, an diesen kürzeren Texten mehr Gefallen finden.

Ich habe gezielt Beiträge ausgewählt, die ich auch heute noch für wichtig und richtig halte, die aber z. T. an schwer zugänglichen Orten veröffentlicht worden sind.

Ein vollständiges Verzeichnis meiner Veröffentlichungen findet sich unter http://www.member.uni-oldenburg.de/hilbert.meyer/

Oldenburg, im September 2000

Ihr

Hilbert Meyer

Teil 1: Didaktik und Methodik

1 Was ist Didaktik?

(2000)

Die Didaktik ist die Wissenschaft vom Lehren und Lernen. Deshalb ist sie die Berufswissenschaft von Lehrern und Lehrerinnen. Und deshalb ist es sinnvoll, dass sich jede Lehrerin und jeder Lehrer klar macht, was der Gegenstand, welches die wichtigsten Grundbegriffe, die Hauptprobleme und die Perspektiven dieser Disziplin sind. Dazu soll dieser Einleitungstext einen Beitrag liefern. – Keine Bettlektüre, sondern Studienmaterial.[1]

1 Begriffsklärung

1.1 Begriffsgeschichte

Das Wort „Didaktik" stammt ursprünglich aus dem Griechischen, wurde dann zu einem lateinischen Lehnwort und ist heute zu einem in weiten Teilen der Welt gebräuchlichen Fachbegriff geworden:

- „didáskein" hieß schon vor zweieinhalbtausend Jahren so viel wie „unterrichten" oder „lehren"; das Verb konnte auch intransitiv benutzt werden und bedeutete dann so viel wie „belehrt werden" oder „lernen".
- Der „didáskalos" war der Lehrer (zumeist Sklave und männlichen Geschlechts);
- das „didaskaleíon" ist die Schule bzw. der Raum zum Lernen.
- Die „didaktiké téchne" war die Lehrtechnik bzw. Lehrkunst. Unser Wort „Didaktik" ist die verstümmelte Übersetzung dieses Begriffs.

---

1 Dieser Einleitungsaufsatz ist zum Teil in Zusammenarbeit mit Werner Jank, Wiesloch, entstanden.

- In der Neuzeit taucht das Wort dann u. a. bei Johann Amos Comenius (1592–1670) wieder auf. Er hat eine damals revolutionäre, bis heute grundlegende Programmschrift mit dem Titel „Didactica magna" („Große Didaktik"; 1628/1638) geschrieben, in der ein umfassendes theoretisches und praktisch ausdifferenziertes Programm für die Gestaltung von Schule und Unterricht vorgestellt wird.

Die Didaktik, wie wir sie heute kennen, hat die Beschränkung auf Schule und Unterricht aber seit langem überschritten und sich zu einer Wissenschaft vom Lehren und Lernen überhaupt entwickelt (vgl. Klafki 1963, S. 72–81). Daran waren maßgeblich beteiligt:

- Johann Friedrich Herbart (1776–1841). Er legte den ersten Entwurf einer bildungstheoretischen Didaktik vor. Seine Schüler, die Herbartianer, machten daraus eine Technik des Lektionenhaltens.
- Otto Willmann (1839–1920). Er verfasste am Ende des 19. Jahrhunderts eine umfassende „Didaktik als Bildungslehre" mit genaueren Analysen des Bildungszwecks, der Bildungswege und -institutionen (Willmann 1957).
- Erich Weniger (1894–1961), Wolfgang Klafki (geb. 1927), Herwig Blankertz (1927–1983), Paul Heimann (1901–1967) und Lothar Klingberg (1926–1999). Sie entwickelten in der ersten und zweiten Hälfte des 20. Jahrhunderts unterschiedlich akzentuierte, aber doch in den Grundpositionen erstaunlich ähnliche didaktische Positionen und etablierten die Didaktik als eine eigenständige wissenschaftliche Disziplin, die an vielen Hochschulen und Universitäten mit eigenen Lehrstühlen und einer schrittweise breiter gewordenen Forschungspraxis vertreten ist.[2]

Johann Comenius

Erich Weniger

Wolfgang Klafki

2 Didaktik ist übrigens eine deutsch-skandinavisch-osteuropäische Spezialität. Im englischsprachigen Raum fehlt ein direktes Begriffsäquivalent. Gebräuchlicher sind dort Ausdrücke

Herwig Blankertz

Paul Heimann

Lothar Klingberg

Das Wort Didaktik hat also eine 2.500 Jahre alte Geschichte. Wer den Begriff heute benutzt, hat diesen geschichtlichen Hintergrund aber nur in seltenen Fällen vor Augen. Im pädagogischen Alltag ist „Didaktik" bzw. „didaktisch" zu einem Sammelbegriff für alles geworden, was mit Lehren und Lernen zu tun hat.

1.2 Arbeitsdefinition

In der Schule und z.T. auch an den Hochschulen und im Referendariat gibt es eine eigentlich unzulängliche, dennoch hartnäckig benutzte Trivialdefinition von Didaktik in Abgrenzung zur Unterrichtsmethodik:

- Didaktik beantwortet die Frage nach dem *Was* (= Inhaltsfrage).
- Methodik beantwortet die Frage nach dem *Wie* (= Vermittlungsfrage).

Diese Doppeldefinition ist nicht völlig falsch, aber viel zu eng![3] Denn erstens beantwortet die Didaktik auch noch zahlreiche weitere Fragen – zum Beispiel die nach dem Warum und Wozu. Zweitens geht es nicht nur um Inhalte und Methoden, sondern immer auch um die Ziele und um die beteiligten Personen, also um die Lernenden und die Lehrenden. Ich schlage deshalb die folgende, absichtlich ganz weit gefasste Definition für Didaktik vor:

wie „curriculum", „theory of instruction" oder „research on teaching" (vgl. Hopmann/Riquarts 1995). Im französischen Sprachraum ist der Begriff ebenfalls deutlich seltener

3 Man kann dieses Definitionsproblem lösen, indem man – wie dies Wolfgang Klafki vor knapp 40 Jahren vorgeschlagen hat – eine Didaktik im engeren Sinne von der Didaktik im weiteren Sinne unterscheidet. Im weiteren Sinne schließt sie die Methoden- und Organisationsfragen ein, im engeren Sinne konzentriert sie sich auf Ziel- und Inhaltsfragen. Ich benutze den Begriff grundsätzlich im weiteren Sinne, spreche aber hin und wieder zur Verdeutlichung vom „didaktisch-methodischen Handeln" der Schüler und Lehrer.

Arbeitsdefinition 1:

Die Didaktik ist die Theorie und Praxis des Lernens und Lehrens.

Pfiff und Pfeffer erhält die Didaktik dadurch, dass es immer um das spannungsvolle Mit- und Gegeneinander von Lernenden und Lehrenden geht. Das Lernen ist eine primäre, das Lehren aber eine abgeleitete Kategorie.[4] Man kann als Autodidakt lernen ohne belehrt zu werden. Aber zu lehren, ohne dass es Lernende gibt, wäre eine absurde Vorstellung.

Wir[5] unterscheiden und integrieren in dieser Definition die Didaktik als Wissenschaft mit der Didaktik als Handlungspraxis. Die Didaktik ist eine Wissenschaft und keine bloße Kunstlehre oder Fachkunde. Wer diesen Anspruch erhebt, muss bestimmten Maßstäben genügen:

- Er muss die Aufgaben und den Gegenstandsbereich seiner Disziplin definieren;
- er muss ein Theoriegebäude erstellen und das Theorie-Praxis-Verhältnis bestimmen;
- er muss sich der Geschichte seines Faches vergewissern und die Zukunftsperspektiven ausloten;
- er muss klären, welche Forschungsmethoden dem Gegenstand angemessen sind
- und er sollte die ethischen Konsequenzen seines Arbeitens durchdenken.

Diese Klärungen sollten nicht im Alleingang geschehen. Er sollte seine Entscheidungen und Handlungsweisen wissenschaftlich begründen können und die Begründungen veröffentlichen. Diese Veröffentlichung beginnt im Klassenzimmer und sie endet dort, wo in der Wissenschaftlergemeinschaft über die Richtigkeit und Angemessenheit didaktischer Konzepte gerungen wird.

1.3 Aufgaben der Didaktik

Was ist die Aufgabe der Didaktik? Sie soll Lehrende und Lernende beim Lehren und Lernen unterstützen. Sie ist also keine Grundlagen-, sondern eine Handlungswissenschaft. Daraus folgen bestimmte Gütekriterien für

4 Deshalb spreche ich vom „Lernen und Lehren" und nicht wie die Mehrzahl meiner Kollegen und Kolleginnen vom „Lehren und Lernen".

5 Ich sage „wir", weil ich diese Definition gemeinsam mit Werner Jank erarbeitet habe; vgl. Jank/Meyer 1991, S. 17.

die Beurteilung der Forschungsergebnisse dieser Disziplin. Das insbesondere in den Naturwissenschaften gängige Kriterium der „Objektivität“ bzw. der Wahrheit der Aussagen gilt auch für die Didaktik, und zwar insbesondere dann, wenn Tatsachenfeststellungen gemacht werden. Aber dort, wo es um Handlungsempfehlungen geht, kommen die Gütekriterien der ethischen Akzeptierbarkeit, der Brauchbarkeit und der Fruchtbarkeit der Forschungsergebnisse für die Gestaltung und Verbesserung von Lehr-Lernprozessen hinzu (vgl. Altrichter/Posch 1998). Schlicht und beinahe doppelt gemoppelt formuliert: Die Aufgabe einer Handlungswissenschaft ist es, den Lehrerinnen und Lehrern praktisch folgenreiche Handlungsorientierungen zu geben. Dies heißt nicht, dass die Didaktik immer nur „aus der Praxis für die Praxis“ zu arbeiten habe. Die Aufgabenbestimmung schließt die Klärung ihrer theoretischen Grundlagen, die Warnung vor Irrwegen und den Hinweis auf uneingelöste Versprechen der Didaktik ein – so, wie dies vor 75 Jahren Siegried Bernfeld in seinem berühmten Buch „Sisyphos oder die Grenzen der Erziehung“ getan hat.[6]

Ich hatte oben definiert, dass die Didaktik Theorie *und* Praxis des Lehrens und Lernens sei. Dies ist eine Minderheitsposition, die von der Mehrzahl der Fachkollegen nicht geteilt wird. Üblich ist vielmehr, die Didaktik als Wissenschaft zu definieren und davon das praktische didaktisch-methodische Handeln abzugrenzen, das, wenn's gut geht, wissenschaftsorientiert abläuft, aber nicht selbst Wissenschaft ist. Unsere Begründung für die Minderheitsposition lautet: Die Theorie schließt Praxis ein, so wie die Praxis von der Theorie durchdrungen ist. Es gibt keine klipp und klare Rollenteilung zwischen den Praktikern hier und den Theoretikern dort:

- Wenn sich Lehrer eine neue Unterrichtsmethode ausdenken, so bringen sie die Didaktik nicht nur in der Praxis, sondern auch in der Theorie einen Schritt voran.
- Wenn sich ein Theoretiker eine neue Methode ausdenkt und dafür sorgt, dass sie in der Praxis erprobt wird, so entwickelt er die Praxis weiter.

Nur eines hat die Theorie der Praxis voraus: Sie kann sich von der Unterrichts- und Erziehungswirklichkeit gedanklich entfernen; sie kann eine „konkrete Utopie“ selbst bestimmten Lehrens und Lernens entwickeln, die es noch nirgendwo auf dieser Welt gibt, und auf dieser Grundlage die Unterrichtswirklichkeit kritisieren. Theorie ist also immer mehr als das, was praktisch realisiert worden ist. Umgekehrt gilt: Auch die

6 Bernfeld vertrat in diesem Buch die These: „Die Schule – als Institution – erzieht.“ Und sie unterläuft durch die institutionellen Mechanismen des heimlichen Lehrplans die offiziellen, hehren Zielsetzungen, indem sie zum Untertanengeist, zur Ungerechtigkeit, zum mittelschichtspezifischen Sprachgebrauch und zu anderem mehr hinführt.

Praxis ist anderes und mehr als das, was sich die Theoretiker ausgedacht haben – eben das vielschichtige Denken, Fühlen und Handeln leibhaftiger Menschen und nicht nur die Reflexion darüber.
Man kann die Aufgaben der Didaktik auch *adressatenbezogen* ausdifferenzieren. Ich tue dies im Beitrag „Aneignungsschwierigkeiten didaktischen Theoriewissens" und unterscheide dort zwischen Anfänger-, Prüfungs- und Profi-Didaktiken.

1.4 Gegenstand der Didaktik

Was ist der Gegenstand der Didaktik? Ich will diese nur scheinbar schlichte Frage in neun W-Fragen aufschlüsseln, die dann Punkt für Punkt erläutert werden:

Die Didaktik stellt diese Fragen, aber sie kann sie nicht allein beantworten. Dafür benötigt sie Partnerwissenschaften, auf die ich im Abschnitt 2.1 (s. S. 26) zu sprechen komme.

1. Wer soll lernen?

Im Kontext der Schule ist diese Frage scheinbar einfach zu beantworten: die Schüler und Schülerinnen – wer denn sonst!? Aber das reicht als Antwort nicht aus. Auch die Lehrer und Lehrerinnen, die Eltern und die Schulleitung sind heutzutage zum lebenslangen Lernen verpflichtet. (Mehr dazu im Beitrag „Was ist eine Lernende Schule?").

Nun findet Lernen ja nicht erst dann statt, wenn die Kinder zur Schule kommen. Sofort nach der Geburt, ja schon vor der Geburt[7] beginnt ein unaufhörlicher, ganzheitlicher Lernprozess. Das Kind lernt zu gehen, zu sprechen, zu spielen, zu lachen und zu weinen. Wir kommen damit zu einer anthropologischen Begründung der Didaktik: Der Mensch *muss* lernen, weil er sonst nicht überleben könnte.[8] Und was für jeden Einzelnen gilt, gilt auch für die Gesellschaft als Ganzes. Sie muss ebenfalls weiterlernen, weil sie sonst zu Grunde ginge. Das war schon immer so, aber heute erhält diese Feststellung eine neue Qualität, weil sich das Tempo der gesellschaftlichen Entwicklung immer mehr beschleunigt. Dies führt zu einer Verwischung der früher klaren Grenzziehung zwischen den lernenden Kindern und den „ausgelernten" Erwachsenen. Dies führt auch zwangsläufig zu der in *Arbeitsdefinition 1* festgehaltenen Ausweitung des Gegenstandsfeldes der Didaktik. Sie bezieht sich nicht nur auf schulischen Unterricht, sondern auf jegliche Form der bewussten Beeinflussung der Lern- und Entwicklungsprozesse von Säuglingen, Kindern, Jugendlichen, Erwachsenen und Greisen. Manche Skeptiker befürchten angesichts dieser Entwicklung eine Erziehungsdiktatur, die den Menschen von der Wiege bis zur Bahre in didaktisch kontrollierte Animations-, Supervisions- und Kontrollprogramme einbindet. Diese Angst ist nicht unbegründet, aber ich halte die Gefahren, die durch die Vernachlässigung von Bildungs- und Erziehungsaufgaben entstehen, für größer.

Hinter der anthropologischen Feststellung, dass Menschen ihr Menschsein nur entwickeln können, indem sie von Beginn an lernen, verbirgt sich ein handfestes ethisches Problem: Dürfen Lehrende die Lernenden zum Lernen zwingen?

- Wer die Frage mit Nein beantwortet, wird schon bei der schlichten Frage, ob dann auch Verkehrserziehung unzulässig sei, in Schwierigkeiten kommen.
- Wer die Frage mit Ja beantwortet, muss sich fragen lassen, wie er die gewaltsamen Eingriffe vor sich und seinen Schutzbefohlenen verantworten kann.

Das Problem ist m. E. nur durch eine dialektische Reflexion zu lösen. Lehrende haben das Recht und die Pflicht, Lernende zu etwas zu zwingen, was diese von sich aus so nie getan hätten. Aber sie müssen diese gewaltsamen Eingriffe in die Lebenswelt der ihnen anvertrauten Kinder

7 In Japan gibt es eine breite Praxis pränatalen Kognitionstrainings. Ich fürchte und vermute, dass sie bald auch in Europa Einzug halten wird.

8 Der Anthropologe Helmut Plessner spricht deshalb vom „anthropologischen Grundgesetz der natürlichen Künstlichkeit" (1965, S. 309).

und Jugendlichen rechtfertigen, indem sie nachweisen, dass diese Maßnahmen – zumindest potenziell – die Selbstständigkeit und Eigenverantwortlichkeit der Heranwachsenden unterstützen. (Mehr dazu im Abschnitt 3.4, S. 55 ff.)

Hinter der ersten W-Frage steckt also ein Bündel von Grundsatzfragen und Detailproblemen, die nur interdisziplinär, also von praktizierenden Lehrern und Lehrerinnen, von Didaktikern, Psychologen, Philosophen, Juristen und anderen mehr beantwortet werden können: Wer ist lernfähig, wer nicht? Wer hat ein Bildungsrecht – wer nicht? Schließt das Bildungsrecht eine Bildungspflicht ein? Meine Position zur ersten Frage: Niemand ist lernunfähig! Und selbst wenn er es wäre, so wäre kein Lehrender in der Lage, dies abschließend festzustellen. Lehrende haben deshalb gar keine andere Wahl, als bei jedem Menschen, für den sie Verantwortung haben, von einer grundsätzlichen Lernfähigkeit auszugehen.

2. Was soll gelernt werden?

Die Was-Frage ist die Frage nach den Lern- bzw. Lehrinhalten. Die zuständige erziehungswissenschaftliche Teildisziplin, die sich um diese Frage kümmert, ist die Lehrplan- oder Curriculumtheorie. Ein Curriculum ist ein begründeter Zusammenhang von Ziel-, Inhalts-, Methoden- und Organisationsentscheidungen.

Die Was-Frage ist aus mindestens drei Gründen schwer zu beantworten. Erstens, weil oft unklar ist, woher die Unterrichtsinhalte kommen; zweitens, weil die heute verfügbaren Lehrangebote die Lernkapazitäten jedes Einzelnen bei weitem überschreiten; und drittens, weil umstritten ist, welche Personen bzw. Institutionen das Recht haben sollen, die Inhaltsentscheidungen zu treffen.

Woher kommen die Inhalte?

Viele Leute meinen, die im Unterricht vermittelten „Lehrstoffe" würden von Wissenschaftlern produziert und dann über Lehrpläne und Schulbücher in den Unterricht hineingetragen. Dies ist aber nur in Ausnahmefällen so. Die Mehrzahl der Inhalte kommt aus ganz anderen Quellen: aus der Berufswelt, aus der Jugendarbeit, aus der Bibel, aus historischen Dokumenten, aus Reiseberichten, von Dichtern und Denkern, vom CIA und von IBM – kurz: aus dem Gesamtbestand des gesellschaftlich angesammelten Wissens und Könnens. Dies ist kein Schade, im Gegenteil. Dadurch wird der Unterricht lebensnah und interessant. Umso wichtiger ist dann aber, dass alles, was in die Schulen hineinkommt, auf seine wissenschaftliche Richtigkeit und ethische Akzeptierbarkeit überprüft worden ist.

Nach welchen Kriterien wird ausgewählt?

Das Problem der Auswahl war früher deutlich kleiner als heute, weil es noch nicht so viel Wissen gab wie heute. Der Philosoph Platon (428/427–348/347 v. Chr.) konnte noch das gesamte Wissen seines Kulturkreises überschauen. Spätestens im Zeitalter eines Leibniz (1646–1716) war es damit vorbei. Heute verdoppelt sich das akkumulierte Wissen in immer kürzeren Intervallen und es verändert dabei seine Strukturen und Funktionen. Es wäre aber barer Unsinn, der heranwachsenden Generation so viel wie möglich von diesem explodierenden Gesamtwissen zu vermitteln. Nicht die Menge, sondern die Qualität des angeeigneten Wissens zählt. Darüber hinaus ist klar, dass es nicht nur um Wissensvermittlung, sondern immer auch um den Aufbau von Kompetenzen[9] geht. Bevor das Lehren und Lernen in der Schule beginnen kann, müssen also immer schon umfangreiche Auswahl- und Strukturierungsentscheidungen getroffen worden sein. Es ist die Aufgabe der Didaktik, die dafür erforderlichen Kriterien zu definieren und auf die aktuellen Bedürfnisse der Menschen und die Entwicklungspotenziale der Gesellschaft auszulegen.

Einige Didaktiker argumentieren, angesichts der Wissensexplosion komme es auf die Inhalte gar nicht mehr an, entscheidend sei vielmehr das Lernen zu lernen. Ich betrachte diese Position mit Skepsis, weil es kein inhaltsneutrales Lernen gibt. Der so genannte „Transfer" der im einen Schulfach erworbenen Kenntnisse in andere Fächer ist nach allem, was wir wissen, nicht beliebig, sondern nur eng begrenzt möglich und dies auch nur dann, wenn das Transferieren mitgeübt wird. Ebenso wenig Sinn hat es, die Beantwortung der Was-Frage den für das jeweilige Unterrichtsfach zuständigen Fachwissenschaftlern zuzuschieben. Sie können gar nicht anders, als „ihr" Fach für besonders wichtig zu halten und einen möglichst großen Anteil am Stundenpensum einzuklagen. Die Frage, was insgesamt in den Lehrplan des öffentlichen Schulwesens gehört und was nicht, kann nicht durch eine bloße Addition verschiedener – für sich allein betrachtet immer lohnender – Wissensinhalte und Aufgabenkomplexe beantwortet werden. Erforderlich ist vielmehr eine *Bildungstheorie,* auf deren Grundlage aus der unendlichen Fülle möglicher Inhalte ausgewählt wird, was wirklich wichtig ist.[10]

9 Statt von Kompetenzen wird in der Didaktik auch von Fähigkeiten und Fertigkeiten, von Qualifikationen oder vom Können gesprochen.

10 Ich halte den Vorschlag von Wolfgang Klafki, eine solche Bildungstheorie auf der Grundlage so genannter „Schlüsselprobleme" der Gesellschaft zu formulieren, für sinnvoll (vgl. Klafki 1996, S. 56 f.). Als Schlüsselprobleme bezeichnet er z.B. die drei Fragen, wie der Friede gesichert, wie die Umweltzerstörung gestoppt und wie gesellschaftlich produzierte Un-

Wer trifft die Entscheidungen?

Die Lehrer und Lehrerinnen vor Ort? Die Schüler und Schülerinnen? Die Eltern? Oder besser eine Expertenkommission des Kultusministers oder gar der Landtag? Früher war klar, dass es die Aufgabe des Landesherrn bzw. der kirchlichen Obrigkeit war, Lehrpläne zu erlassen, die dann auch minutiös einzuhalten waren. In den letzten Jahrzehnten hat sich die Einsicht durchgesetzt, dass mehr Inhaltsentscheidungen als bisher an der Basis – also von den Lehrern und Schülern – getroffen werden sollten. Warum? Je komplizierter die Arbeitsbedingungen vor Ort werden (weil sich die Lehr-Lern-Voraussetzungen immer schneller und nicht immer zum Besseren verändern), umso wichtiger wird es, dass Fachleute vor Ort das Recht und die Kompetenz erhalten, situationsangemessen, flexibel und immer wieder neu zu entscheiden, welche Lehrinhalte vernünftig sind und welche nicht. Deshalb spricht man heute auch vom „hauseigenen Lehrplan" einer Schule, vom „persönlichen Lehrplan" eines Lehrers und vom „Bildungsgang" jedes einzelnen Schülers.

3. Wann soll gelernt werden?

Es ist eine immer wieder neu zu beantwortende zentrale Frage der Didaktik, ob dieser oder jener „Stoff" für diese oder jene Schüler verfrüht, gerade richtig oder verspätet angeboten worden ist. Zu dieser Frage gibt es bei Laien und Fachleuten viele entschiedene Meinungen (z.B. „Was Hänschen nicht lernt, lernt Hans nimmermehr"), aber nur wenige wissenschaftlich stichhaltige Begründungen. Unumstritten ist, dass jeder Mensch vom Tag seiner Geburt an lernen muss und kann (s. o.). Umstritten ist jedoch, ob es eine „natürliche" Reihenfolge für diese vielfältigen Lernprozesse gibt: Erst lesen – dann schreiben oder umgekehrt? Englisch erst ab Klasse 5 oder besser schon ab Klasse 1?

Ich meine, dass diese Frage so pauschal, wie ich sie eben gestellt habe, nicht vernünftig zu beantworten ist. Sie muss in mehrere Dimensionen zerlegt werden:

- Die Wann-Frage kann *entwicklungspsychologisch* beantwortet werden. Die Entwicklungspsychologen haben eine ganze Reihe von Gesetzmäßigkeiten der geistigen und körperlichen Entwicklung von Menschen nachgewiesen, die bei der Planung von Unterricht nicht außer Kraft

gleichheit zwischen Klassen, Geschlechtern, Behinderten und Nichtbehinderten usw. beseitigt werden können. Schule und Unterricht sollen den Einzelnen qualifizieren, gemeinsam mit anderen die Lösung dieser Schlüsselprobleme anzupacken. „Bildung" in Klafkis Sinne ist dann nicht mehr an eine inhaltliche („materiale") Auflistung einzelner Fächer geknüpft, sondern an die Kompetenz zum problemorientierten Arbeiten.

gesetzt werden können. So hat der Schweizer Psychologe Jean Piaget (1896–1980) den Aufbau des Mengenverständnisses bei Kindern erforscht und festgestellt, dass erst von einer bestimmten Altersstufe an aufwärts Einsicht in die „Mengeninvarianz" vorhanden ist. Erst wenn die Kinder sechs oder sieben Jahre alt sind, erkennen sie, dass die Flüssigkeit, die aus einem schmalen, hohen Glas in ein breites flaches Glas umgeschüttet worden ist, nicht weniger geworden, sondern gleich viel geblieben ist. Wer diese Gesetzmäßigkeit missachtet und mit Vierjährigen Mathematikaufgaben rechnen will, die die Einsicht in die Mengeninvarianz voraussetzen, *muss* scheitern.

- Die Wann-Frage kann *lerntheoretisch* beantwortet werden – so, wie dies zum Beispiel der Kognitionspsychologe und Evolutionstheoretiker Jerome B. Bruner (1927–1987) von der Harvard University/USA getan hat. Er hat sich gefragt, wie das lernende Kind kognitives Wissen in sich aufnimmt und welche Formen der Repräsentation von Wissen und Können dabei entstehen. Hierbei ist er auf drei verschiedene Formen gestoßen, die in einer „natürlichen" Reihenfolge angeeignet werden. Das Lernen beginnt mit rein motorischen Repräsentationen, geht dann über zu „enaktiven" (d. h., an das eigene Handeln gebundenen Lerntätigkeiten) und endet bei „symbolischen" Repräsentationen, die sich vom eigenen praktischen Tun lösen können.[11]
- Die Wann-Frage kann *curricular* im Blick auf die Reihenfolge bestimmter Inhalte beantwortet werden. Hier gibt es nur wenige oder gar keine Gesetzmäßigkeiten. Das Lernen kann vom Nahen zum Fernen, vom Einfachen zum Komplexen, vom Vertrauten zum Fremden führen, aber diese – schon von Johann Amos Comenius als „naturgemäß" gepriesenen – methodischen Prinzipien können jederzeit auch umgekehrt werden. Es gibt intelligentere Curriculumtheorien, die die Wann-Frage komplexer als Comenius beantworten, z. B. das Konzept des Spiralcurriculums. In ihm wird ein exemplarisch begrenztes Lehr-Lern-Gebiet mehrfach, aber auf jeweils höherem Niveau durchschritten.
- Die Wann-Frage kann *politisch* beantwortet werden. Dies betrifft z. B. die Entscheidung über die erste Fremdsprache.

Die Wann-Frage ist übrigens nicht nur eine Frage nach der Machbarkeit, sondern auch nach der Moral. Nicht alles, was heute mit allerlei Tricks und Kniffen vermittelt werden könnte, stellt ein vernünftiges Lehrziel dar! Wir können Dreijährigen das Schreibmaschineschreiben bei-

11 Piagets und Bruners Theorien werden auf amüsante und gut lesbare Art von Guy Lefrançois (1994, S. 122–141 und 108–121) dargestellt.

bringen – aber was hat das Kind davon?[12] Seit Amos Comenius in seiner „Didactica magna“ großspurig versprochen hatte, „alle Menschen alles zu lehren“ (s. o.), steht die Didaktik in der Gefahr, zu einer bloßen Lernbeschleunigungstheorie zu verkommen. Immer wichtiger wird es jedoch, angesichts der Schnelllebigkeit der Zeit und der Informationsflut, der wir alle ausgesetzt sind, Lehr-Lern-Prozesse zu verlangsamen und ihnen dadurch mehr Intensität und Qualität zu geben. (Im Aufsatz „Der unkritische Gebrauch des Verfrühungsbegriffs“ komme ich auf diese Frage zurück.)

Wir müssen zur Kenntnis nehmen: Die Grundsatzentscheidungen, wer was wann zu lernen hat, werden nach politischen, nicht nach wissenschaftlichen oder ethischen Kriterien getroffen. Aber den Politikern fehlt der Fachverstand und zumeist auch die konkrete Fantasie, um das, was sie beschlossen haben, umzusetzen. Dies gibt der Didaktik Macht. Sie ist nicht nur Erfüllungsgehilfin der Politik, sondern handelt in eigener Verantwortung. Sie kann gegen unglückliche schulpolitische Entscheidungen Einspruch erheben; sie kann die Nöte und Bedürfnisse der Basis „nach oben“ vermelden und selbst fantasievolle Gestaltungsalternativen entwickeln; und sie hilft, eine Berufsethik der Lehrer und Lehrerinnen zu formulieren.

4. Mit wem soll gelernt werden?

Die schnelle Antwort lautet: na klar, mit den Mitschülern. Aber mit *welchen* Mitschülern? Sollen die Schüler schön säuberlich nach ihrem Leistungsvermögen sortiert werden, wie dies z. B. an einer Sonderschule oder an einem Elitegymnasium der Fall ist? Oder sollen sie in leistungsheterogenen (= leistungsunterschiedlichen) Klassen unterrichtet werden, wie dies in Integrationsklassen der Grundschule oder in Integrierten Gesamtschulen der Fall ist? Ist es zwingend, Jahrgangsklassen zu bilden, wie dies Johann Comenius vor 350 Jahren mit viel Pathos das erste Mal gefordert hatte? Oder legen die Modellversuche mit altersgemischten Lerngruppen nahe, auf Jahrgangsklassen zu verzichten?

---

12 Der Pädagoge und Theologe Friedrich D. E. Schleiermacher (1768–1834) vertrat sogar die These, dass es ethisch nicht zu rechtfertigen sei, den Anspruch der Kinder auf eine erfüllte Gegenwart einer fernen Zukunft aufzuopfern, indem man sie Tag für Tag zum Lernen zwinge. Ein Kind könnte ja schon am nächsten Tage sterben – und dann hätte es nichts von seinem Leben gehabt! Deshalb ist für ihn ein rein zukunftsbezogenes Lernen nur dann legitim, wenn es von der Einsicht und Billigung des Kindes begleitet ist. Die dialektische Auflösung lautet für Schleiermacher: Das Lernen muss aus dem Spielen („im weitesten Sinne“) hergeleitet werden, weil dies die Erfüllung der Gegenwart und das Üben für die Zukunft zugleich erlaube (vgl. Schleiermacher 1957, S. 45 ff.).

Diese und weitere Fragen werden seit gut 30 Jahren in der empirischen Schul- und Unterrichtsforschung unter den Leitbegriffen „Differenzierung und Integration" untersucht, aber klare Antworten liegen noch nicht vor. Dabei handelt es sich auch hier um eine hochpolitische Frage! Gerade im deutschen Schulsystem hat die Praxis, homogene Klassen und Schulformen (mit Schülern gleicher oder ähnlicher Leistungsfähigkeit) zu bilden, eine lange Tradition und entschiedene Anhänger. Aber in keinem anderen Land Europas findet eine so frühe Leistungsselektion statt wie in Deutschland.

Die Mit-Wem-Frage bezeichnet traditionell auch die Frage nach den so genannten Sozialformen des Unterrichts: Welche Themen können besser im Frontalunterricht, welche besser in Einzelarbeit erarbeitet werden? Wie viel Gruppenunterricht ist möglich, wie viel ist nötig? Hier gibt es keine Pauschallösungen, sondern vielfältige Balancierungsaufgaben. Sowohl ein in festen Lehrgängen geordnetes, eher wenig differenziertes Lernen als auch das Lernen in Teams und die Einzelarbeit sind für ein modernes Unterrichtskonzept sinnvoll. (Mehr dazu in den Aufsätzen „Plädoyer für die Wiederbelebung des Frontalunterrichts" und „Unterrichtsentwicklung als Kern der Schulentwicklung".)

5. Wo soll gelernt werden?

Auch hier gibt es eine schlichte und viele komplizierte Antworten. Die schlichte Antwort lautet: In der Schule – wo denn sonst? Die komplizierte Antwort lautet: Überall dort, wo es etwas zu lernen gibt.

- In den Klassen- und Fachräumen,
- in Lernwerkstätten und auf Lernstationen,
- im Praktikum und auf Exkursion,
- im Internet und im Internat,
- in der Fremde und zu Hause.[13]

Der wichtigste Lernort ist und bleibt aber in modernen Gesellschaften die Schule. Schulen sind *Institutionen.* Sie wurden eigens zu dem Zwecke geschaffen, das Lehren und Lernen für alle Beteiligten verlässlich und überschaubar zu machen. Sie halten die anderen gesellschaftlichen Einrichtungen von herumstreunenden bildungsbeflissenen Lernern frei. Das ist ironisch formuliert, aber ernst gemeint:

13 Die Vielfalt der Lernorte ist ein Gewinn, aber sie schafft auch eine neue Unübersichtlichkeit, die durch didaktische Klarheit und organisatorische Hilfestellungen ausgeglichen werden muss. In dem Buch „Schulpädagogik" habe ich unter dem Namen T.E.A.M.-Schule eine konkrete Utopie einer solchen überschaubaren und dennoch hoch differenzierten Schule beschrieben (1997, Bd. 2, S. 97 ff.).

- Es gehört nicht viel Fantasie dazu sich auszumalen, was passieren würde, wenn ab morgen 12 Millionen Kinder und Jugendliche und ihre 800.000 Lehrer und Lehrerinnen[14] ausschwärmten und die Fabriken, Gerichte, Bauernhöfe, die Ministerien, Krankenhäuser und Flugplätze, die Marktplätze und die Friedhöfe bevölkerten, um Arzt oder Pilotin, Hippie oder Hausmann zu werden. Spätestens am darauffolgenden Tag wäre das gesamte wirtschaftliche und gesellschaftliche Leben der Bundesrepublik lahmgelegt.

Die Institutionalisierung des Lehrens und Lernens schafft Zwänge, aber auch Vorteile. Das Lernen in der Schule ist Lernen in der Gemeinschaft; es wird von professionell geschultem Personal durchgeführt; es ist – zumindest im Prinzip – durch demokratische Willensbildung legitimiert. Darüber hinaus ist es im Vergleich zu stärker individualisierten Ausbildungsgängen verhältnismäßig preiswert.

In der menschlichen Frühgeschichte „passierte" das Lernen ausschließlich vor Ort, indem die Kleinen den Großen über die Schultern schauten und bei deren Besorgungen mitmachten. Dies wird als funktionale Erziehung – im Gegensatz zur intentionalen Erziehung – bezeichnet. Funktionale Erziehung kann aus vielfältigen Gründen in unserer Zivilisation nur noch einen immer kleiner werdenden Beitrag zur erforderlichen Gesamterziehung leisten. Deshalb sind Schulen für hoch technisierte und auf Arbeitsteilung aufgebaute Gesellschaften überlebenswichtig geworden. Die vor 30 Jahren von Ivan Illich angezettelte Debatte über die „Entschulung der Schule" (Illich 1972) ist heute denn auch völlig verstummt.

6. Wie soll gelernt werden?

Die Wie-Frage ist die Frage nach den Lern- bzw. Unterrichtsmethoden. Methodenfragen erhalten im Alltagsbetrieb der Schulen gegenwärtig offensichtlich immer mehr Gewicht. Warum?

- Die Lernvoraussetzungen der Schüler werden uneinheitlicher und komplizierter. Deshalb kann die Lernbereitschaft und -fähigkeit nicht mehr wie früher vorausgesetzt werden. Sie muss immer häufiger durch methodische Anstrengungen des Lehrers hergestellt werden.
- Die Schüler werden anspruchsvoller. Ihre häufigste Klage lautet, der Unterricht sei zu langweilig. Diesem Problem ist nicht durch immer neue und spektakulärere Inhalte beizukommen, sondern nur durch eine

14 Dies sind die auf- und abgerundeten Zahlen für Deutschland im Jahre 1997 (genauere Angaben in Meyer 1997, Bd. 1, S. 80 f.).

Erneuerung der Methodenkultur insgesamt. Die Schüler benötigen gerade wegen der Informationsflut, die außerhalb von Schule und Unterricht auf sie einstürmt, einen sinnstiftenden und konzentrierenden Unterricht (vgl. Jahnke-Klein 2000).

- Die zu lösenden Aufgaben werden immer anspruchsvoller. Deshalb wird der Erwerb von Methodenkompetenzen immer wichtiger. „So paradox das klingen mag: der Schüler muss Methode haben", schrieb der Reformpädagoge Hugo Gaudig schon im Jahre 1917 und er führte fort: „Dem Lehrer aber muss die Methode, seinen Zögling zur Methode zu führen, eigen sein" (s. Meyer 1987, Bd. 2, S. 416f.). Deshalb wird immer mehr vom „Lernen des Lernens" und vom Erwerb von „Schlüsselqualifikationen"[15] gesprochen.

Diese Argumente sprechen dafür, eine neue Methoden- und Unterrichtskultur zu entwickeln, die den Lehrenden hilft, die Lernbereitschaft der Schüler herzustellen und zu sichern, und die den Schülern erlaubt, ihre Arbeitstechniken auszubauen, ihre Teamfähigkeit zu entfalten und so ihren Lernprozess ansatzweise selbst zu organisieren. Noch einmal Hugo Gaudig: Der Schüler muss zum „Täter seiner Taten" werden – nur dann kann er wirklich selbstständig werden (s. o., Meyer, Bd. 2, S. 416).

7. Womit soll gelernt werden?

Dies ist die Frage nach den Lernmedien. Soll ich schon im Leselehrgang der ersten Klasse den Computer nutzen oder nicht? Ist der Overhead-Projektor eine Lernerleichterung oder ein Folterinstrument des Lehrers? Sollen die Schüler die Medien vorgesetzt bekommen, sie selber auswählen oder selbst herstellen? Diese und viele weitere Fragen werden von der Mediendidaktik bearbeitet. Aber nicht die technische Raffinesse der Medien sollte den Ausschlag für ihren Einsatz geben. Entscheidend ist vielmehr die Antwort auf die Frage, wie Medien unsere Wahrnehmung der Welt formieren.

Ein Blick in die Geschichte macht die Bedeutung der Medien für das Lernen und Lehren noch deutlicher:

- Die Erfindung des Buchdrucks und die darauf folgende massenhafte Verbreitung von Gedrucktem war die entscheidende Voraussetzung für die Revolutionierung des Unterrichts in der frühen Neuzeit. Nun waren

15 Der Begriff ist jedoch problematisch. Er kann leicht zu der irrigen Annahme verleiten, man müsse nur fünf oder sechs Schlüsselqualifikationen wie Kreativität, Kommunikativität, Lernbereitschaft usw. definieren und dann sei „lebenslanges Weiterlernen" garantiert. Dem ist nicht so. Es gibt keinen Generalschlüssel für alles; es gibt nur Schlüssel für bestimmte Schlössertypen; und das Aufschließen geht nicht von selbst; es muss geübt werden.

die Menschen nicht mehr auf die unmittelbare Anschauung und Erfahrung angewiesen, sondern sie konnten sich durch das Medium Buch ein Bild von der Welt machen.

- Die Erfindung des Computers und die darauf folgende Etablierung des Internets wird das Lehren und Lernen vermutlich ähnlich tief greifend revolutionieren. Jeder Schüler und jede Schülerin, jeder Lehrer und jede Lehrerin verfügt im Prinzip über denselben Datenpool. Jeder kann im Prinzip mit jedem kommunizieren. Aber nicht alle werden dies schaffen.

Die Medien- und die Allgemeindidaktiker stehen damit vor neuen Aufgaben:

- Das Welt- und Selbstverständnis der „Informationsgesellschaft" muss auf seine didaktischen Konsequenzen befragt werden.
- Es müssen Kriterien und Verfahren erarbeitet werden, mit denen die Schüler lernen, wichtige Informationen vom Datenmüll zu unterscheiden.
- Die Schüler müssen lernen, die Wahrheitsfrage zu stellen, also Sachaussagen von fiktionalen Texten zu unterscheiden und bewusste Manipulationen zu durchschauen.
- Das Verhältnis von elektronischen Medien und Printmedien muss neu definiert werden.
- Die Schulen müssen klären, was sie tun können, damit die Kluft zwischen den Modernisierungsgewinnern und den Modernisierungsverlierern kleiner und nicht noch größer wird.

Gegenüber den skizzierten tief greifenden Veränderungen der Medienlandschaft durch Buchdruck und Internet nimmt sich die alltägliche Darstellung der Welt im herkömmlichen Unterricht deutlich bescheidener aus. Noch immer dominieren Tafel und Kreide, Schulbuch und Overhead. Dennoch gilt für die herkömmlichen Unterrichtsmedien das Gleiche wie für PC und Internet: Wir nehmen die Welt so wahr, wie sie uns die Medien präsentieren. Medien sind nie bloße „Mittler". Sie bleiben „wie Eierschalen an dem Gegenstand haften" (so der Berliner Didaktiker Paul Heimann im Jahre 1961).

8. Warum soll gelernt werden?

Die Warum- und die nachfolgende Wozu-Frage werden manchmal durcheinander gebracht. Und dann gibt es Denk-Salat, der tunlichst vermieden werden sollte:

- Die Warum-Frage fragt, aus welchen Gründen Menschen lernen können und sollen. Sie kann mit biologischen, philosophisch-anthropologischen, politischen oder soziologischen Denkfiguren beantwortet werden.

- Die Wozu- oder Woraufhin-Frage fragt nach den angestrebten Effekten des Lernens. Sie thematisiert die Menschenbilder, die Ziele und Ideale, die durch Lehren, Lernen und Erziehung erreicht werden sollen.

Die einfachste Antwort auf die Warum-Frage ist oben schon bei Frage 1 gefallen: Weil sonst der neu geborene Erdenwurm stürbe! Die zweiteinfachste Antwort ebenfalls: Weil sonst die Gesellschaft nicht überleben und sich nicht weiterentwickeln könnte! Auf dieser abstrakten Argumentationsebene ist die Notwendigkeit des Lernens mithin unbestritten. Interessant wird es erst bei der Frage, warum wir die heranwachsende Generation *in der bei uns üblichen Form* „beschulen“. Wir könnten das Lehren und Lernen doch auch durch die früher übliche Form der Bildungsreise oder durch eine vieljährige Lehrlingsphase oder als Hauslehrerunterricht organisieren.

Die Warum-Frage fragt nach der Legitimität des institutionalisierten und curricular geordneten Lehrens und Lernens in modernen Zivilisationsgesellschaften. Die Didaktik liefert die Argumentationsfiguren für die in unserer Gesellschaft üblichen Weisen der Verfügung über die Körper und Köpfe der heranwachsenden Generation. Eben deshalb steht sie auch in der Gefahr, ideologisch zu werden, also die wahren Beweggründe für didaktische Entscheidungen zu verschleiern und anderen Interessen dienende Begründungen vorzuschieben. Gegen diese Ideologisierung von Argumenten und Entscheidungen hilft Ideologiekritik. Dass sie in der didaktischen Diskussion der letzten Jahre nur noch eine untergeordnete Rolle spielt, halte ich für problematisch.

9. Wozu soll gelernt werden?

Wozu-Fragen werden mit Damit-Sätzen beantwortet (der Lateiner sagt: mit finalsätzen). Ein Beispiel: „Ich lerne, damit ich mich später einmal als mündiger Staatsbürger an der Politik beteiligen kann.“ In diesem Beispielsatz stecken ein Bildungsideal und ein Lehrziel:

- Das Bildungsideal ist das des „mündigen Staatsbürgers“; andere, aus der Geschichte bekannte Bildungsideale sind z. B. das des „gottesfürchtigen Christenmenschen“ oder das des „klassenbewussten Proletariers“.
- Das Lehrziel könnte lauten: „Die Schülerin soll Einstellungen und Handlungskompetenzen entwickeln, die erforderlich sind, um sich in die politische Willensbildung einzuschalten.“

Wer ein Bildungsideal formuliert, trifft eine Wertentscheidung. Dadurch werden Maßstäbe gesetzt, an denen sich konkretes didaktisch-methodisches Handeln messen lassen muss. Ein Staatswesen, das „Mündigkeit" als übergeordnete Zielformel fordert (und dies tun alle Schulgesetze der 16 Bundesländer Deutschlands), muss dann auch das Schulwesen so ausgestalten, dass die Schüler und Schülerinnen den „aufrechten Gang" proben können. Dies ist in ihrem eigenen wohlverstandenen Interesse. Die heranwachsende Generation soll ja befähigt werden, nach wenigen Jahren selbst die Verantwortung für die Gestaltung und Weiterentwicklung dieser Gesellschaft zu übernehmen. Das kann sie aber nicht, wenn sie nie gelernt hat, selbst die Verantwortung zu tragen (s. u., S. 42).

Ich ziehe ein Fazit: Es ist einfach, die neun W-Fragen zu stellen. Es ist kompliziert, sie zu beantworten, und zwar deshalb, weil sie in sich sehr vielschichtig sind und nur in Abstimmung zu den acht übrigen Fragen beantwortet werden können. Alles hängt mit allem zusammen. Dies mag Anfänger im Lehrgeschäft frustrieren, aber dies lässt sich nicht ändern, weil es in der Natur der Sache liegt. Eine der daraus zu ziehenden Konsequenzen lautet: Die Ausbildung in pädagogischen Berufen muss wissenschaftlich erfolgen, weil nur dann gewährleistet ist, dass eine hohe Professionalität des Handelns erreicht wird, die es den Lehrern, Erziehern und allen anderen ermöglicht, immer wieder neue, heute noch gar nicht präzise vorhersehbare Aufgaben zu meistern.

2 Allgemeindidaktiken, Spezialdidaktiken und Partnerwissenschaften

2.1 Die Didaktik und ihre Partnerwissenschaften

Die Didaktik ist nicht autonom. Sie benötigt eine ganze Palette von Partnerwissenschaften, um ihren Aufgaben gerecht zu werden. Dies heißt aber nicht, dass sie dadurch zu einem bloßen Anhängsel der anderen Disziplinen würde. Vielmehr resultiert gerade daraus ihre wissenschaftliche Eigenständigkeit: Die Didaktik muss ihre Fragen mit „einheimischen", auf die Theorie und Praxis des Lernens und Lehrens bezogenen Begriffen formulieren und die Ergebnisse anderer Disziplinen in ihren Fragehorizont einbeziehen.

Den Namen „Partnerwissenschaft" haben Werner Jank und ich uns ausgedacht. Statt von Partnerwissenschaften könnte man auch von „Grundwissenschaften", „Hilfswissenschaften" oder „Fach-" oder „Bezugsdisziplinen" sprechen.

Einige Partnerwissenschaften sind selbst erziehungswissenschaftliche Teildisziplinen (z. B. die Curriculumtheorie, die Bildungstheorie oder die Unterrichtsmethodik). Andere kommen aus Nachbardisziplinen, z. B. die

Die Didaktik und ihre Partnerwissenschaften

Lern- und Entwicklungstheorien aus der Psychologie, die Sozialisationstheorien aus der Soziologie. Einen Sonderstatus haben die Anthropologie und die Wissenschaftstheorie. Die pädagogische Anthropologie analysiert die Erziehungsbedürftigkeit des Menschen (vgl. Flitner 1963). Die Wissenschaftstheorie und ihre Tochter Methodologie helfen der Didaktik, die Bedingungen und Möglichkeiten wissenschaftlicher Erkenntnis zu reflektieren.

Schließlich können nahezu sämtliche Wissenschaften, die es heute gibt, als Partnerwissenschaften der ca. 120 bis 200 in Deutschland etablierten Fachdidaktiken[16] auftreten. Ich vermute, dass es keine andere Wissenschaft auf der Welt gibt, die per definitionem mehr wissenschaftliche Bezugsdisziplinen hat als die Didaktik.

16 Genauere Zahlen sind kaum anzugeben, weil es insbesondere im berufsbildenden und im außerschulischen Bereich oft eine Ermessensfrage ist, ob die vorliegenden Konzeptualisierungen des jeweiligen Praxisfeldes schon als wissenschaftlich eigenständige Fachdidaktik anzuerkennen sind oder noch als Berufs- und Fachkunde zu gelten haben.

2.2 Allgemein- und Spezialdidaktiken

Seit es die Didaktik als Wissenschaft gibt, also seit den Zeiten des Johann Amos Comenius, hat es eine kontinuierliche Ausdifferenzierung dieser Disziplin gegeben (vgl. Kron 1993, S. 29–38). Die allgemeine Didaktik wurde zunächst durch einige wenige, später durch Hunderte von Fachdidaktiken ergänzt:

(1) *Allgemeine Didaktiken bzw. allgemein didaktische Modelle* stellen den Anspruch, theoretisch umfassend und praktisch folgenreich die Voraussetzungen, Möglichkeiten und Konsequenzen des Lernens und Lehrens aufzuklären.

(2) *Fachdidaktiken* erforschen und strukturieren die spezifischen Probleme des Unterrichts in einem Unterrichtsfach. Ein Unterrichtsfach ist kein Abbild einer an der Universität gelehrten Wissenschaft, sondern ein historisch gewachsenes Bündel schulischer Aufgaben, die um einen namengebenden Fachkern herum gruppiert sind. Sie haben ihre eigenen didaktischen Traditionen und immer mehrere Bezugswissenschaften.

Darüber hinaus gibt es heute eine kaum mehr überschaubare Vielfalt von Spezialdidaktiken:

(3) *Stufendidaktiken und Schulform- bzw. Schulartendidaktiken* erforschen und strukturieren didaktisches Handeln in Schulformen und/oder Schulstufen: Grundschuldidaktik, Didaktik der gymnasialen Oberstufe; Berufsfelddidaktik; Hochschuldidaktik usw.

(4) *Bereichsdidaktiken* erforschen und strukturieren die Probleme des Unterrichts in interdisziplinär angelegten schulischen Aufgabenfeldern: Friedenserziehung, Sexualerziehung, Gesundheitserziehung, Verkehrserziehung, Umwelterziehung usw.

(5) *Fächerintegrierende und fächerübergreifende Didaktiken* verknüpfen früher getrennt unterrichtete Fächer zu neuen Einheiten: Didaktik des Sachunterrichts, Didaktik der Welt- und Umweltkunde; integrierte Naturwissenschaftsdidaktik; ästhetische Bildung usw.

(6) *Aufgabenfeldbezogene Didaktiken* strukturieren die Bildungsarbeit in außerschulischen Tätigkeitsfeldern: Mediendidaktik, Didaktik des Instrumentalunterrichts; Didaktik des Konfirmanden-/Kommunionsunterrichts; Didaktik beruflicher Weiterbildung, Didaktik der Betriebspädagogik, Didaktik des Reitsports/Vereinssports usw.

Strittig ist in der akademischen Diskussion, wo die wissenschaftliche Heimat dieser Spezialdidaktiken ist:

- Handelt es sich um genuin erziehungswissenschaftliche Disziplinen, die in einen interdisziplinären Dialog zu mehreren Bezugswissenschaften treten,

- oder um eine Vermittlungs- bzw. Integrationswissenschaft, die ihre Aufgabe gerade darin hat, dass sie sowohl Bestandteil einer (bzw. mehrerer) Fachwissenschaften wie auch der Erziehungswissenschaft ist?

Ich meine: Fach- und Bereichsdidaktiken sind im Kern erziehungswissenschaftliche Disziplinen. Die zu Rate gezogenen Fachwissenschaftler können insbesondere bei der Klärung der Was-Frage Hilfestellungen geben – bei der Beantwortung der übrigen acht W-Fragen fehlt ihnen die Fachkompetenz. Äußern sie sich doch, so tun sie dies nicht als Physiker, Theologen oder Germanisten, sondern als Hobby-Didaktiker!

2.3 Allgemein didaktische Modelle

In der Modebranche oder in der Autoindustrie ist zumeist ohne Schwierigkeiten auszumachen, was ein „Modell" ist und welche Funktionen es hat. In der Didaktik ist es ein wenig komplizierter. Ich benutze den Begriff „didaktisches Modell" in dem von Herwig Blankertz (1975) eingeführten Sinn und schlage folgende Definition vor:

Arbeitsdefinition 2:

1. *Ein didaktisches Modell ist ein erziehungswissenschaftliches Theoriegebäude zur Analyse und Modellierung didaktischen Handelns in schulischen und nicht schulischen Handlungszusammenhängen.*
2. *Ein didaktisches Modell stellt den Anspruch, theoretisch umfassend und praktisch folgenreich die Voraussetzungen, Möglichkeiten und Grenzen des Lernens und Lehrens aufzuklären.*
3. *Ein didaktisches Modell wird in seinem Theoriekern in der Regel einer wissenschaftstheoretischen Position (manchmal auch mehreren) zugeordnet.*

Über die Funktionen und die Leistungsfähigkeit der allgemein didaktischen Modelle wird – wie könnte es anders sein – in der Pädagogen-Zunft heftig gestritten. Die einen halten sie für „Feiertagsdidaktiken" (Meyer 1980, S. 181), weil sie von unrealistischen Annahmen über die Voraussetzungen des Unterrichts ausgehen. Andere halten sie für Problematisierungshilfen (Klafki 1963), noch wieder andere für mehr oder weniger wörtlich zu nehmende „Unterrichtsrezepte" (Grell/Grell 1979).

In der Literatur findet sich nun nicht *die eine,* für alle Menschen und Schulformen und Fächer gültige Didaktik, sondern ein vielschichtiges Gemenge unterschiedlich akzentuierter Allgemeindidaktiken. Dabei sind die zwei zuerst genannten Ansätze trotz ihres Alters die in der Lehrerbildung der BRD bis heute bekanntesten Modelle geblieben.[17]

Allgemein didaktische Modelle

- Die in den 60er-Jahren des 20. Jahrhunderts ausformulierte *Bildungstheoretische Didaktik* (Erich Weniger; Josef Derbolav; Wolfgang Klafki; Herwig Blankertz); eine „schülerorientierte" Weiterentwicklung in den 90er-Jahren: die Bildungsgangdidaktik (Hagen Kordes, Andreas Gruschka, Meinert Meyer);
- die in den 60er-Jahren an der Pädagogischen Hochschule Berlin entstandene *Lerntheoretische Didaktik* (Paul Heimann; Gunter Otto, Wolfgang Schulz), die dann in den 70er-Jahren an der Uni Hamburg von Otto und Schulz zur *Lehrtheoretischen Didaktik* weiterentwickelt wurde;
- in großer Nähe zur Bildungstheoretischen Didaktik, aber doch mit eigenständigem Profil: die *Kritisch-kommunikative Didaktik* (Hans Schaller; Rainer Winkel);
- die von Hans Aebli im Anschluss an Jean Piaget vorgelegten „Grundformen des Lehrens", die er als „Allgemeine Didaktik auf psychologischer Grundlage" bezeichnet;
- die von dem Physiker *Martin Wagenschein* zunächst an naturwissenschaftlichen Fächern entwickelte, dann aber verallgemeinerte Didaktik der Aufmerksamkeit auf die Phänomene; die im Anschluss an Wagenschein in den 90er-Jahren entwickelte *Lehrkunstdidaktik* von Theodor Schulze und Hans Christoph Berg;
- in der DDR weit verbreitet, in der BRD lange Zeit so etwas wie ein „Geheimtipp": die *dialektisch orientierte Didaktik* von Lothar Klingberg;
- vor 30 Jahren heiß diskutiert, heute fast vergessen: die kyberne-

17 Es gibt eine Reihe gut brauchbarer Überblicksdarstellungen:
Herwig Blankertz: Theorien und Modelle der Didaktik. München 1969, 12. Aufl. Weinheim 1986 (eine wissenschaftstheoretisch anspruchsvolle Gesamtdarstellung)
Wilhelm Peterßen: Handbuch Unterrichtsplanung. 8. erw. Aufl. München 1998 (sehr praxisnah, mit vielen Unterrichtsbeispielen)
Friedrich Kron: Grundwissen Didaktik. München 1993 (ein „enzyklopädisch" vollständiger Überblick über Geschichte, Aufgaben und Modellierungen der Didaktik – manchmal bleibt unklar, welche Position der Autor selbst bezieht)
Ingbert von Martial: Einführung in didaktische Modelle. Baltmannsweiler 1996
Heinz Günter Holtappels/Marianne Horstkemper (Hrsg.): Neue Wege in der Didaktik? Analysen und Konzepte zur Entwicklung des Lehrens und Lernens. In: 5. Beiheft der Zeitschrift „Die Deutsche Schule" 1999

tisch und behavioristisch begründete *Lernzielorientierte Didaktik* (Robert Mager, Christine Möller, Felix von Cube, Helmar Frank);

- von großem Einfluss, aber keine Didaktik, sondern Psychologie: Ruth Cohns Konzept der *Themenzentrierten Interaktion* (TZI);
- *gestaltpsychologische Ansätze* in der Didaktik (Olaf-Axel Burow, Gerhard Glück);
- die in den 80er- und 90er-Jahren entstandenen Ansätze *systemisch-konstruktivistischer* (Kersten Reich; Rolf Huschke-Rhein, Reinhard Voß) und *subjektiver Didaktik* (Edmund Kösel);
- die *Evolutionäre Didaktik* (Annette Scheunpflug).

Keines der oben aufgelisteten Modelle ist allgemein in dem Sinne, dass jegliche denkmögliche Konkretisierung didaktischen Denkens im allgemeinen Modell aufgehoben wäre. Alle allgemeinen Modelle bleiben interessengebunden, einseitig und in gewisser Weise auch subjektiv. Sie sind Ausdruck bildungsbürgerlichen, technologischen, dialektischen oder postmodernen Denkens. In der Abbildung werden sie nach ihrer wissen-

Allgemein didaktische Modelle

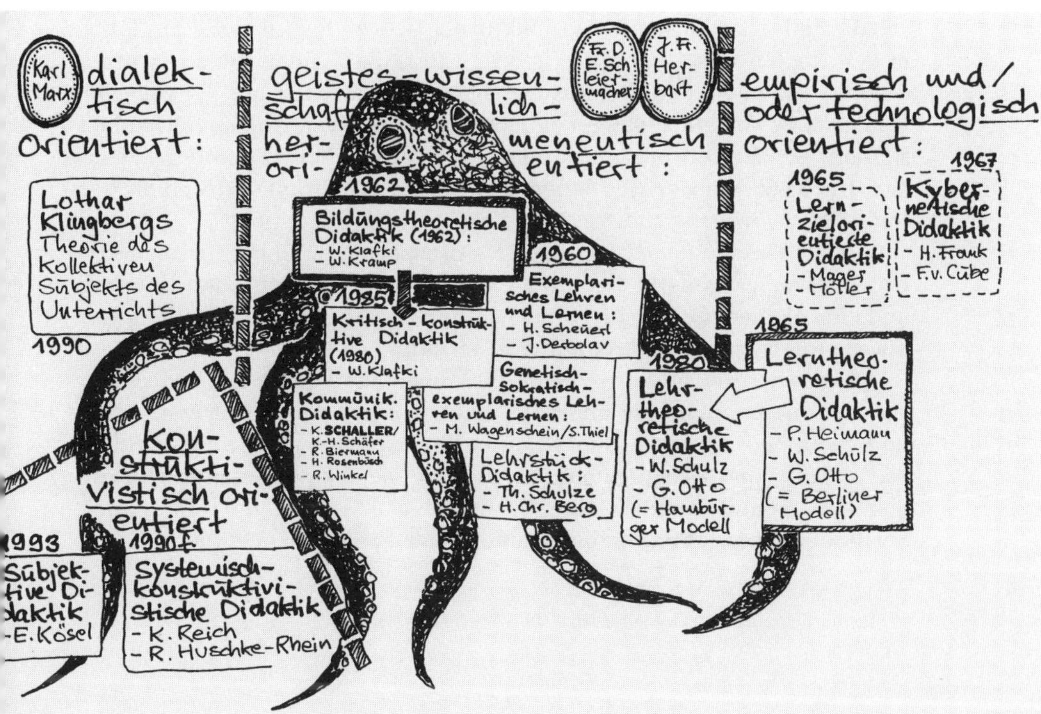

schaftstheoretsichen Position geordnet: rechts die eher empirisch und/oder technologisch orientierten Modelle, in der Mitte die vielfältigen Varianten Bildungstheoretischer Didaktik und links die dialektisch orientierten Modelle.[18]

Die dicke Krake in der Mitte der Zeichnung symbolisiert zum einen die dominierende Rolle der Bildungstheoretischen Didaktiken, zum anderen deren umfassenden Theorie-Praxis-Bezug. Die Frage, wohin die in den 90er-Jahren entwickelten Modelle konstruktivistischer Didaktik gehören, ist abschließend noch nicht zu beantworten. Die einen sagen, sie seien nur Varianten der reformpädagogischen Didaktiktradition (dann gehören sie in die Mitte); die anderen sehen einen radikalen Neuanfang subjektorientierten didaktischen Denkens. Die Einordnung links unten ist deshalb ein Kompromiss.

„Allgemein" werden diese Didaktiken eigentlich nur deshalb genannt, weil sie im Gegensatz zu den Fachdidaktiken entwickelt wurden. „Allgemein" darf also nicht mit „allgemein gültig" verwechselt werden.

Die Allgemeindidaktiken hatten ihre Blütezeit in den 60er- und 70er-Jahren des 20. Jahrhunderts. Inzwischen hat ihr Glanz ein wenig gelitten. Seit sich die beiden führenden westdeutschen Positionen – die Bildungs- und die Lehrtheoretische Didaktik – wissenschaftstheoretisch und schulpolitisch bis zur Ununterscheidbarkeit einander angenähert haben und seit die dialektisch orientierte Didaktik der DDR zu Beginn der 90er-Jahre in den Köpfen und Herzen der meisten Praktiker „abgewickelt" wurde, dümpelt die allgemein didaktische Diskussion vor sich hin. Es sind nur wenige neue Modelle hinzugekommen – und diese wenigen Modelle haben sich nur beschränkt in der Praxis der Lehrerausbildung etablieren können. Der 1969 von Herwig Blankertz in seinen „Theorien und Modelle der Didaktik" referierte Problemstand gilt eigentlich heute noch.

Ganz anders die Fachdidaktiken: Sie prosperieren. Viele von ihnen entwickeln einen eigenständigen und umfassenden theoretischen Überbau und eine eigene empirische Lehr-Lern-Forschung, sodass sie kaum mehr auf die Allgemeine Didaktik angewiesen sind.

Wäre es dann nicht konsequent, die Allgemeindidaktik sterben zu lassen? Ich meine, nein. Sie überhöbe sich zwar mit dem Anspruch, einzig und allein eine kritische Dimension in die Fragen der Spezialdidaktiken tragen zu können. Aber sie behält eine Aufgabe, die per definitionem von den Spezial- und Fachdidaktiken nicht zu leisten ist: Sie muss die Einheit der Bildung im mehrstimmigen Konzert der Fächer sichern. Fachdidak-

18 ausführliche Erläuterungen hierzu s. Jank/Meyer (1991)

tiken betreiben die „Regionalisierung“ der Bildung; die Allgemeindidaktiken sichern – im Interesse der lernenden Subjekte – die Vernetzung zwischen den Bildungsregionen.

2.4 Unterrichtskonzepte

Unterhalb der Ebene der allgemein didaktischen Modelle gibt es eine breite Anzahl didaktischer Konzepte zur Gestaltung des Unterrichts, die gar nicht erst den Anspruch stellen, *jeglichen* denkmöglichen Unterricht theoretisch zu fassen und vernünftig zu strukturieren, sondern die eine ganz bestimmte, parteiliche Sicht auf Schule und Unterricht werfen. Ich bezeichne solche Ansätze in Abgrenzung zu den allgemein didaktischen Modellen als Unterrichtskonzepte. Einige Beispiele:

- Erfahrungsbezogener Unterricht
- Handlungsorientierter Unterricht
- Offener Unterricht
- Montessoripädagogik
- Freinetpädagogik
- gestaltpädagogische Konzepte

Unterrichtskonzepte beschreiben, wie sich ihre Erfinder guten Unterricht vorstellen. Sie liefern griffige Orientierungen unterrichtspraktischen Handelns. Sie haben deshalb häufig einen unterrichtsmethodischen Akzent. Ihre Erfinder kümmern sich zumeist nur wenig um die wissenschaftstheoretische Einordnung und Kritik ihrer Konzepte. Im Vordergrund stehen die Menschenbildannahmen, Überlegungen zum Lehrer-Schüler-Verhältnis, zur pädagogischen Umgebung und zur Umsetzung des Konzepts unter alltäglichen Arbeitsbedingungen.

Arbeitsdefinition 3:

Unterrichtskonzepte sind Gesamtorientierungen didaktisch-methodischen Handelns, in denen ein begründeter Zusammenhang von Ziel-, Inhalts- und Methodenentscheidungen hergestellt wird. Sie orientieren sich an explizit ausformulierten oder implizit unterstellten handlungsleitenden Prinzipien. Sie definieren das Lehrer-Schüler-Verhältnis, das bevorzugte Methodenrepertoire und die pädagogisch gestaltete Lehr-Lern-Umgebung.

Unterrichtskonzepte haben häufig (nicht immer) eine gewisse Nähe zu bestimmten Unterrichtsfächern oder zu fachdidaktischen Traditionen innerhalb eines bestimmten Fächerspektrums.[19] Einen Überblick über die in den 90er-Jahren des 20. Jahrhunderts diskutieren Konzepte finden Sie in Jank/Meyer (1991, S. 293 ff.).

Wer schon einige Berufsjahre „auf dem Buckel" hat, entwickelt leicht eine gewisse Skepsis gegenüber diesen immer wieder neu propagierten Konzepten. Aber wer sich einmal gründlich eingearbeitet und z.B. die Schriften Célestin Freinets oder Maria Montessoris gelesen, vielleicht sogar ein Praktikum in einer Montessorischule oder einer Freinetwerkstatt gemacht hat, ist oft genug „Feuer und Flamme" darüber, endlich eine Autorin (bzw. einen Autor) gefunden zu haben, die sich mit Leib und Seele für ihre Schüler einsetzt; die beeindruckend zu schreiben versteht und die ihre Persönlichkeit nicht hinter blasser Begriffsakrobatik verbirgt. Diese Autoren formulieren keine uneinlösbaren Ansprüche, sondern zeigen durch ihren eigenen Berufsweg, dass und wie ihre Ideen umgesetzt werden können. Keine Feiertagsdidaktik, sondern Didaktik zum Anfassen!

Die Stärke solcher Konzepte ist aber zugleich auch ihre Schwäche. Nicht jeder Lehrer/jede Lehrerin kann mit jedem Konzept glücklich werden, weil die darin enthaltenen Menschenbildannahmen nicht immer mit den lange verinnerlichten Unterrichtsbildern harmonieren.

Ich komme zum Schluss dieses Abschnitts: Die Didaktik stellt sich heute als eine in Theorie und Praxis stark ausdifferenzierte Wissenschaft mit vielfältigen Anwendungsbezügen dar. Sie hat die früher noch hier und dort vorhandenen Minderwertigkeitsgefühle gegenüber den mächtigen Bezugsdisziplinen abgelegt und sich als leidlich akzeptierte Sozialwissenschaft etabliert. Sie spielt in der Lehrerbildung eine zentrale und in pädagogischen Diplom- und Magisterstudiengängen eine wichtige Rolle.

3 Grundbegriffe und Grundrelationen

3.1 „Die didaktische Theorie im Hinterkopfe"

Ich habe in den ersten beiden Abschnitten bereits eine ganze Reihe didaktischer Grundbegriffe benutzt, ohne sie zu definieren:

- Ziele, Inhalte und Methoden
- Medien
- Lernen und Lehren
- Unterrichten und Erziehen
- Differenzieren und Integrieren

19 z.B. der Bilinguale Sach-Fachunterricht oder das Konzept des Szenischen Spiels (Scheller 1998)

- Lehrplan und Lehrgang
- Bildung, Bildungstheorie, Bildungsideal und Bildungsgang
- Entwicklung
- Interaktion

Die Mehrzahl dieser Begriffe dürfte Ihnen schon aus Ihrer eigenen Schulzeit vertraut sein. Bei den übrigen erschließt sich der Sinn ohne größeres Nachdenken. Aber genau darin steckt ein Problem. Wir deuten diese Begriffe auf der Folie unserer bisherigen Erfahrungen mit Schule:

- 12.000 bis 15.000 Unterrichtsstunden hat ein Schüler bis zum Abitur hinter sich gebracht. Das sind 24.000 bis 30.000 Klingelzeichen. – Unterricht ohne Klingelzeichen kommt ihm dann fremd vor.
- Vielleicht 5.000-mal musste er „Guten Morgen, Frau Konukiewitz“ oder „Guten Tag, Herr Meyer“ sagen. – „Hallo, Susanne“ käme ihm schwer über die Lippen;[20]
- 40.000- bis 50.000-mal hat er die Sätze gehört „Der Arbeitsauftrag lautet“, „Schlagt bitte Seite 51 auf“ usw. Der Wusch, den Lernprozess selbst oder im Team zu organisieren, ist ihm darüber abhanden gekommen.
- Mehr als 1.000-mal ist er zensiert worden, ca. 16-mal hat er Zeugnisse bekommen. – Schule ohne Zensuren ist für ihn schwer vorstellbar.

Die fest verinnerlichten Bilder vom „normalen“ Unterricht steuern unser Denken, Fühlen und Handeln.[21] Wir können diese Unterrichtsbilder nicht wie ein dreckig gewordenes Hemd ablegen und durch ein sauberes neues ersetzen. Sie wirken bei unseren ersten Gehversuchen im Schulalltag und auch bei unserem wissenschaftlichen Nachdenken über die Didaktik weiter. Man könnte sie geradezu als IMs, als „Inoffizielle Mitarbeiter“ bei der Entwicklung unserer „offiziellen“ Berufswissenschaft bezeichnen. Aber sie sind nicht auf immer und ewig in unser Denken und Fühlen eingebrannt. Sie können durch alternative berufspraktische Erfahrungen und durch eine begleitende Theoriearbeit zumindest ein Stück weit verändert werden. Aber eins ist klar: Der Einzige, der subjektive Theorien verändern kann, ist der subjektive Theoretiker selbst. Deshalb hat das Studium der Didaktik Sinn, deshalb ist es aber auch deutlich komplizierter als das Studium anderer, während der Schulzeit noch völlig unbekannter Disziplinen. (Mehr dazu im Beitrag „Aneignungsschwierigkeiten didaktischen Theoriewissens“.)

20 So wird die Rektorin der Laborschule Bielefeld morgens von ihren Schülern gegrüßt.
21 vgl. Meyer 1997, Bd. 1, S. 218–223

3.2 Unterrichten und Erziehen

Ich beginne die Klärung der wichtigsten didaktischen Grundbegriffe mit dem Begriffspaar Unterrichten und Erziehen. Zunächst werde ich die Begriffe einzeln definieren und erst danach fragen, wie sie miteinander verknüpft sind.

1. Was ist Unterricht?

Unterricht ist die mit Abstand wichtigste Form der Institutionalisierung des Lehrens und Lernens. Wäre diese didaktische Erfindung nicht schon vor 4 500 Jahren in Mesopotamien gemacht worden (vgl. Schulze, in Meyer 1997, Bd. 1, S. 332), so müsste sie heute schleunigst nachgeholt werden.

Unter Allgemeindidaktikern[22] herrscht ein weitgehender Konsens über die wesentlichen *Merkmale* von Unterricht:

- Unterricht ist ein Interaktionsprozess von Lehrern und Schülern, der im Prinzip dialogisch und nicht hierarchisch konstruiert ist.
- Unterricht ist institutionell eingebettet und auf Dauer angelegt.
- Er verläuft, wenn's gut geht, zielorientiert und planmäßig.
- Er hat eine curriculare Ordnung.
- Er erfolgt in der Gemeinschaft von Lehrenden und Lernenden. Deshalb müssen Regeln, Rituale und Reviere des Lernens und Lehrens abgesteckt werden.
- Er dient nicht nur der Unterrichtung, sondern auch der Erziehung und der Vermittlung von Sozial- und Selbstkompetenz.
- Er erfordert eine pädagogisch gestaltete Umgebung (den Klassenraum, die Schule und gegebenenfalls ein Netz miteinander verknüpfter Lernorte).
- Er wird von wissenschaftlich qualifiziertem Personal durchgeführt
- und steht – soweit es sich um schulpflichtige Schüler handelt – unter der Aufsicht des Staates.

Es gibt heute eine bunte Fülle unterschiedlicher *Erscheinungsformen* von Unterricht: herkömmlicher Fachunterricht in Klassen und Kursen, Projektarbeit in befristet zusammengesetzten Lerngruppen, Freiarbeit, Stationenlernen und Einzelunterricht; Exkursionen und Klassenfahrten, Wochenplanarbeit und vieles andere mehr. Ich behaupte: Diese Vielfalt von Erscheinungsformen kann auf *fünf Grundformen* des Unterrichts zurückgeführt werden:

22 vgl. Kron 1993; Glöckel 1996

(1) auf das *gemeinsame Lernen* im Klassen- oder Kursverband, durch das und in dem die Klassengemeinschaft hergestellt, das differenzierende Weiterlernen organisiert und die Lernergebnisse gesichert werden,

(2) auf den *Lehrgang,*

(3) auf die stärker individualisierende *Freiarbeit* mit ihren Varianten der Wochenplanarbeit, des Werkstattlernens und der Facharbeit;

(4) auf die *Projektarbeit* mit den Varianten Projektwoche, projektorientierter Fachunterricht, Arbeitsgemeinschaften, Vorhaben usw. und

(5) auf das Lernen auf den realen und virtuellen „Marktplätzen" der Schule, kurz das *Marktplatzlernen* (Projektpräsentationen; Internet-Veröffentlichungen, Schulfeiern usw.).

Jede Grundform hat ihre spezifischen Stärken und ihre schwachen Seiten; jede Grundform legt eine andere Lehrerrolle nahe. (Mehr dazu auf Seite 186 ff.)

Ich fasse die hier nur grob skizzierten Merkmale zu einer Definition zusammen:

Arbeitsdefinition 4:

Unterricht ist die planmäßige Interaktion von Lernenden und Lehrenden zum Aufbau von Sach-, Sozial- und Selbstkompetenz im institutionellen Rahmen von Schule oder schulähnlichen Einrichtungen.

Unterricht ist also mehr als bloßes Training oder bloße Vermittlung von Fachkenntnissen. Das Ziel, die vermittelte Sach-, Sozial- und Selbstkompetenz vernünftig zu nutzen, muss hinzukommen.

2. Was ist Erziehung?

Wenn wir die Wörter „Erziehung", „erzogen", „unerzogen" in der Alltagssprache benutzen, so weiß jeder, was gemeint ist. Aber eine systematische Definition des Erziehungsbegriffs ist das noch nicht. Es ist in Theorie und Praxis ausgesprochen schwierig, Erziehungsprozesse von Reifungs-, Entwicklungs- und Sozialisationsprozessen abzugrenzen:

- Erziehung ist mehr und anderes als biologische Reifung, auch wenn es vielfältige biologische Grundlagen der Erziehung gibt.
- Sie ist mehr und anderes als psychische Entwicklung, auch wenn es vielfältige psychologische Grundlagen der Erziehung gibt.
- Sie ist mehr und anderes als die bloße Einfügung in die von der Gesellschaft vorgegebenen Institutionen, auch wenn es vielfältige Überlappungen der Erziehungsprozesse mit Sozialisationsprozessen gibt.

Ich denke, dass Sie der folgenden Feststellung zustimmen können: Wir halten ein Menschenkind dann für erzogen, wenn es sich selbst disziplinieren und Rücksicht auf andere nehmen kann, wenn es auf Vernunftargumente eingeht und sein Denken, Fühlen und Handeln vor sich und seinen Mitmenschen verantworten kann. Erziehung zielt – so oder so – auf die Persönlichkeitsstruktur von Menschen oder, wie die Ahnherren der Didaktik sagen würden, auf die vielseitige Bildung der Person. Ich definiere:

Arbeitsdefinition 5:

Erziehung ist die Einwirkung von Erziehern auf die heranwachsende Generation zum Zwecke der Persönlichkeitsbildung.

Man unterscheidet zwischen Erziehungszielen, Erziehungsmitteln und Erziehungsfeldern (vgl. Geißler 1982). Zu den *Erziehungszielen* zähle ich:

- den Aufbau von Haltungen und Tugenden: Gehorsam und Kritikbereitschaft; Fleiß und Ehrlichkeit; Selbstbewusstsein und die Bereitschaft, sich einzuordnen; Toleranz und Friedfertigkeit usw.;
- die Förderung der Kommunikations- und Dialogfähigkeit;
- die Bereitschaft, für die Gemeinschaft einzutreten und die demokratische Grundstruktur unserer Gesellschaft zu verteidigen;
- die Herausbildung der Individualität jedes Einzelnen und die Fähigkeit, sich mit seinen Stärken und Schwächen zu akzeptieren.

Erziehungsmittel sind die Maßnahmen und Instrumentarien, mit denen erzogen wird:

- Arbeiten und Leben in einer Gemeinschaft;
- Identifikation mit einem Vorbild und „Modelllernen", also die unbewusste Übernahme der Haltung des Vorbilds;
- Belohnung und Bestrafung;
- Wetteifer, Konkurrenz und Kooperation;
- Lob und Tadel;
- Übertragung von Verantwortung;
- Selbsterziehung, also die bewusste Arbeit an sich selbst (vgl. Gamm 1977).

Erziehungsfelder (oder neudeutsch „Erziehungsagenturen") sind die Institutionen, in denen Erziehung stattfindet oder zumindest stattfinden sollte:

- die Familie
- die Schule

- jugendliche Peergroups (also die Gleichaltrigen, die eine Gemeinschaft bilden)
- Erziehungsagenturen gesellschaftlicher Interessengruppen und des öffentlichen Lebens (Jugendverbände der Parteien, Kirchen, Gewerkschaften, Vereine usw.)

Viele Lehrer und Lehrerinnen stöhnen darüber, dass die Erziehungsaufgaben der Schule auf Grund des Wandels der Lebensbedingungen und Lernvoraussetzungen der Schüler immer größer geworden und heute kaum mehr zu bewältigen sind. Der Göttinger Erziehungswissenschaftler Hermann Giesecke hat dieses Problem aufgegriffen. Er analysiert, dass in postmodernen Gesellschaften die herkömmlichen Weltbilder und Normstrukturen zerbrochen sind. Die Kinder und Jugendlichen erfahren, dass sie Mitglieder der „Erlebnisgesellschaft“ sind, dass sie viel wählen und viel konsumieren können, dass es aber immer schwieriger wird, irgendwo einen festen Halt zu finden. Das „Ende der Erziehung“ (Giesecke 1985) scheint nah.

Wie soll die Schule darauf reagieren? Der nahe liegende Schluss, dass die Schule verstärkte Anstrengungen machen sollte, um verloren gegangene Orientierungsmuster zu ersetzen, wird von Giesecke kategorisch und mit mehr als polemischen Tönen abgelehnt. Es sei Aufgabe der Eltern, die Schüler „unterrichtsfähig“ an der Schulpforte abzuliefern. Schaffen sie dies nicht, so sei dies deren Problem – die Schüler müssten dann nach Hause geschickt werden. Deshalb predigt er die Konzentration auf die „Kernaufgabe“ des Unterrichtens und findet damit bei frustrierten Philologen viel Beifall.[23]

Ich halte Gieseckes Analysen für richtig, aber seine Konsequenzen für falsch, ja für fatal. Sein Ratschlag, unerzogenen Kindern den Schulbesuch zu verweigern, ist eine Aufkündigung des Grundkonsenses unserer Republik. Wir können uns die Schüler und Schülerinnen nicht so schnitzen, wie wir sie gern hätten. Wir müssen sie so akzeptieren und lieben, wie sie zu uns kommen. Deshalb ist m.E. die einzig vernünftige, allerdings sehr mühsame Konsequenz aus der Erziehungskrise der Gesellschaft, die Erziehungsaufgaben der Schule bewusst weiterzuentwickeln.

---

23 Giesecke (1996, S. 204): „Gerade im Interesse der Kinder, die ja sonst in einer fiktiven sozialen Welt aufwachsen, müssen jedoch die Lehrer darauf bestehen, dass die Eltern für die Schul- und Unterrichtsfähigkeit ihrer Kinder verantwortlich bleiben und dass diese erst – unter Umständen mit Unterstützung der Jugendhilfe – hergestellt werden muss. Würden die Schulen konsequent so verfahren, würden viele Eltern zur Besinnung kommen und sich anders mit ihren Kindern befassen. Die Schule darf den Eltern ihre erzieherische Verantwortung nicht abnehmen.“ Und 13 Seiten später: „Aus objektiven wie subjektiven Gründen muss die Schule also auch ausgrenzen.“ (1996, S. 217).

3. Wie hängen Unterricht und Erziehung zusammen?

Diese Frage ist zunächst einmal ganz einfach zu beantworten: Man kann überhaupt nicht unterrichten, ohne zugleich zu erziehen:

- Der Lehrer nutzt – schon aus reinem Selbsterhaltungswillen – dieses und jenes Erziehungsmittel, um seine Pappenheimer bei der Stange zu halten. Er lobt und tadelt, er belohnt und straft, er achtet auf das soziale Lernen und die Einhaltung bürgerlicher Tugenden wie Pünktlichkeit, Höflichkeit und Fleiß.
- Der Lehrer wirkt aber immer auch auf indirektem Weg erziehend, und zwar durch sein Vorbild. Er repräsentiert für die Schüler das von ihm vertretene Schulfach; er repräsentiert aber auch die Erwachsenenwelt und oft genug auch noch den in der Familie fehlenden Elternteil. Er kann gar nicht verhindern, dass an ihm Modelllernen stattfindet.
- Die Schüler erziehen sich aber auch gegenseitig, indem sie sich zur Ordnung rufen, indem sie Freundschaftscliquen bilden, indem sie in der Klasse eine soziale „Hackordnung“ herstellen usw.
- Und auch die Schüler erziehen sich ihre Lehrer: Wie man in den Wald hineinruft, so schallt's heraus.

Unterricht erzieht – ob die Beteiligten dies wahrnehmen oder nicht, ob sie es begrüßen oder kritisieren, spielt dabei keine Rolle. Deshalb formuliere ich die erste von drei didaktischen Grundrelationen:

Erste didaktische Grundrelation:
Man kann nicht unterrichten ohne zu erziehen.[24]

Sich dieses Fundaments didaktischen Handelns bewusst zu sein, ist nicht nur klug, sondern eine Frage des schlichten Überlebens im Schulalltag. Die tollsten fachlichen Ziele werden nicht erreicht, wenn sie nicht in ein Erziehungskonzept eingebettet sind.

Aber wenn dem so ist, dann muss geklärt werden, *woraufhin* im Unterricht erzogen werden soll. Woher kommen und wie legitimieren sich die zwangsläufig im Unterricht zu verfolgenden Erziehungsziele? Unterricht steht in Europa in der Tradition der philosophischen Aufklärung. Übergeordnetes Ziel des Unterrichts und der Erziehung ist dieser Tradition zufolge die Beförderung der Mündigkeit der zu Erziehenden. Das klingt pathetisch – aber es ist nicht pathetisch, sondern analytisch gemeint:

24 Der Satz ist nicht umkehrbar. Denn man kann erziehen ohne zu unterrichten.

- Wer Kindern das Lesen beibringt, kann gar nicht verhindern, dass die Kinder und Jugendlichen diese Lesefertigkeit dann auch nutzen, um Texte zu lesen, die der Lehrende nicht mehr unter Kontrolle hat. Deshalb wäre es ein didaktischer Kunstfehler, das Lesenlernen auf die bloße Vermittlung dieser Kulturtechnik zu beschränken. Die Einübung des verantwortlichen Umgangs mit dieser Kulturtechnik muss hinzukommen.
- Wer den Religionsunterricht zum Gesinnungsunterricht alter Provenienz zurückstufen will, fällt nicht nur hinter den erreichten Stand der religionspädagogischen Diskussion zurück, er wird von seinen Schülern und Schülerinnen mit Fragen torpediert werden, die er nur noch dogmatisch oder überhaupt nicht beantworten kann.[25]
- Wer Sexualunterricht gibt und den verantwortungsvollen Umgang mit der Sexualität des Sexualpartners/der Sexualpartnerin als Ziel definiert, kann ja kaum „handlungsorientierten Unterricht“ im Klassenzimmer treiben. Er oder sie kann gar nicht anders, als die Verantwortung für die Sexualpraxis der Schüler und Schülerinnen an diese selbst abzugeben.

Ich folgere aus diesen Beispielen: Unterricht hat eine eigene Handlungslogik – und diese Handlungslogik zielt zwangsläufig darauf ab, die Schüler und Schülerinnen freizugeben zum eigenverantwortlichen, selbstständigen Handeln. Unterricht, der indoktriniert, ist nicht nur aus ethischen Gründen abzulehnen – er funktioniert in unseren modernen Zivilisationsgesellschaften nicht mehr. Deshalb wäre es selbstdestruktiv für eine moderne Zivilisationsgesellschaft, wenn sie die Übergabe der Verantwortung von der einen Generation an die andere nur auf Befehl und Gehorsam gründen wollte. Dies kann nicht mehr funktionieren, weil der gesellschaftliche Wandel viel zu dynamisch geworden ist. Nur wenn die Gesellschaftsordnungen und Normsysteme innerlich bejaht und aus freiem Antrieb nachvollzogen werden, können sie von der nachfolgenden Generation gesichert und weiterentwickelt werden. Bildung und Erziehung sind nur als Vorwegnahme einer gewünschten besseren Zukunft denkbar.[26] Daraus leite ich das erste didaktische Grundgesetz ab:

25 vgl. Meyer/Konukiewitz 1998

26 Die Argumentation darf nicht als „Emanzipationslyrik“ der 68er-Generation beiseite gewischt werden. Es geht um eine Grundeinsicht, die schon bei Jean Jacques Rousseau, bei Immanuel Kant, bei Wilhelm von Humboldt, Friedrich D. E. Schleiermacher und Johann Friedrich Herbart ausformuliert worden ist (vgl. Blankertz 1982; Benner 1987, S. 187).

Erstes didaktisches Grundgesetz:

Unterricht ist ein sich selbst aufhebendes Gewaltverhältnis. Er zielt zwangsläufig darauf ab, die Selbstständigkeit des zu Erziehenden zu befördern und ihn von seinen Erziehern unabhängig werden zu lassen.

Dieser übergeordnete Maßstab steht nicht zur Disposition. Unterricht, der nicht zur Selbstständigkeit erzieht, ist bloße Abrichtung, Manipulation oder Entertainment. Dies heißt nicht, dass Unterricht unter allen Umständen die selbst gesetzten Ziele erreicht. Es passiert natürlich immer wieder, dass das didaktische Grundgesetz aus Unvermögen oder sogar mit Absicht verletzt wird.

3.3 Ziele, Inhalte und Methoden

Lehr-Lern-Situationen entfalten sich in Raum und Zeit, indem von Lehrenden und Lernenden immer wieder neue Kombinationen von Zielen, Inhalten und Methoden vorgenommen werden. Ziele, Inhalte und Methoden sind deshalb die Grundkategorien didaktischen Handelns. Es fällt allerdings auf, dass es keinen theoretisch befriedigenden Oberbegriff für diese Trias gibt. Ich nenne sie in Ermangelung eines besseren Worts „Grundkategorien". Ich werde im Folgenden Definitionsvorschläge für die drei Grundkategorien machen und dann wiederum fragen, in welchem Verhältnis sie zueinander stehen.

1. Was sind Ziele?

Ziele kann man nicht sehen, riechen oder schmecken. Ziele werden „gesetzt" oder „angestrebt". Sie sind per definitionem Vorstellungen über das, was jemand anstreben oder was mit jemandem passieren soll.

Arbeitsdefinition 6:

Ein Ziel ist das gewünschte *Ergebnis eines Lehr-Lern-Prozesses.*

Ziel und Ergebnis dürfen aber nicht miteinander verwechselt werden. Zielformulierungen sind – logisch betrachtet – präskriptiv (vorschreibend). Ergebnisfeststellungen sind deskriptiv (beschreibend) und zunächst einmal[27] wertneutral. Zwischen den angestrebten Zielen und den eingetretenen Ergebnissen gibt es nicht nur hin und wieder, sondern ganz regelmäßig erhebliche Unterschiede. Beim Unterrichten kommt immer wieder anderes – mal mehr, mal weniger – als das heraus, was sich ein Lehrer vorgenommen hat. Dies liegt einmal daran, dass Unterricht nicht technologisierbar ist und deshalb auch nicht vollständig vorher verplant werden kann. Dies liegt zum anderen daran, dass im Unterricht nicht nur die Lehrer, sondern auch die Schüler Ziele verfolgen. Deshalb empfehle ich, den Begriff „Ziel" auszudifferenzieren, auch wenn dies nur von einer Minderheit der Didaktiker und Lehrplanautoren mit Konsequenz getan wird:

- Von einem *Lehrziel* spreche ich immer dann, wenn dieses Ziel von Lehrenden bzw. ihren Ratgebern und Vorgesetzten formuliert worden ist.
- Von einem *Lern-* oder *Handlungsziel* spreche ich, wenn Schüler bzw. andere Lernende sich selbst Ziele gesetzt haben.

Man kann Ziele nach unterschiedlichen Kriterien sortieren. Ein erstes, noch ganz formal bleibendes Vorsortieren besteht darin, sie nach dem Grad ihrer Abstraktheit bzw. Konkretheit einzuordnen.[28] Ein zweites Verfahren, Lehr- bzw. Lernziele zu ordnen, besteht darin, sie verschiedenen *Lernzieldimensionen* zuzuweisen. Eine bis heute grundlegende Einteilung in die drei Dimensionen Denken, Fühlen und Handeln stammt vom griechischen Philosophen Aristoteles (384–322 v. Chr.). Vergleichbare Dreiteilungen liefern Immanuel Kant[29] und Johann Heinrich Pestalozzi[30]. Ein auch in Deutschland breit rezipiertes Ordnungsschema stellt die in den 50er- und 60er-Jahren in den USA entwickelte Lernzieltaxonomie („Taxonomy of Educational Objectives" von Benjamin Bloom u. a.) dar. Sie

27 Ich sage „zunächst einmal", weil in die Frage, welche Ergebnisse erfasst und welche übergangen werden, Werturteile einfließen.

28 Üblich ist das folgende Drei-Stufen-Schema:
(3) Abstrakte Ziele, die nur wenige inhaltliche Alternativen ausschließen, werden als *Richtziele* bezeichnet; manche Autoren sprechen dann auch von Prinzipien oder übergeordneten Zielen; im Englischen heißen diese allgemeinen Ziele „aims".
(2) Ziele auf mittlerem Abstraktionsniveau werden *Grobziele* genannt.
(1) Ziele auf einem konkreten Niveau, das zulässt, direkt zu überprüfen, ob sie im Unterricht erreicht worden sind oder nicht, werden *Feinziele* genannt. Der englische Begriff hierfür lautet „objectives".
Den Prozess der Kleinarbeitung von Richt- zu Feinzielen nennt man auch Lernzieloperationalisierung (vgl. Jank/Meyer 1991, S. 301–308).

29 Kant nutzt das Aristoteles-Schema in seiner Unterscheidung der drei „Kritiken": Kritik der reinen theoretischen Vernunft, Kritik der Urteilskraft und Kritik der praktischen Vernunft.

30 Pestalozzi spricht vom „Lernen mit Kopf, Herz und Hand".

steht ebenfalls in der Tradition der aristotelischen Dreiteilung menschlicher Seinsweisen. Die Autoren unterscheiden drei Lehrzieldimensionen (1972; 1975):

(1) *Kognitive Ziele* beziehen sich auf Denken, Wissen und Problemlösen, auf Kenntnisse und intellektuelle Fähigkeiten.

(2) *Affektive Ziele* beziehen sich auf die Veränderung von Interessenlagen, auf die Bereitschaft, etwas zu tun oder zu denken, und auf die Entwicklung dauerhafter Werthaltungen.

(3) *Psychomotorische Ziele* beziehen sich auf die manipulativen und motorischen Fertigkeiten des Schülers.

Es handelt sich bei dieser Aufteilung in drei Lehrzieldimensionen um eine *analytische* Unterscheidung. Für die Schüler und Schülerinnen gibt es immer nur *einen* Unterrichtsprozess, in dem Lehr-Lern-Ziele aus den drei Dimensionen unauflöslich ineinander verwoben sind.

2. Was sind Inhalte?

Es ist weithin üblich, den Inhalt einer Unterrichtsstunde als „Stoff" zu betrachten, der irgendwie aus den Lehrplänen und Schulbüchern in die Köpfe und Herzen der Schüler hineinsickert. Dies ist ein falsches Bild. Es ist aber gar nicht so einfach, positiv zu beschreiben, was ein Inhalt ist bzw. sein sollte. Ich beginne mit einem schlichten Beispiel:

- Die Lehrerin bringt einen ausgestopften Igel in die Biologiestunde mit und verstrickt ihre Schüler in ein Gespräch über diesen Igel. Sie reicht den Igel herum. Die Schüler können ihn genau betrachten und das weiche Unterfell fühlen. Sie zeigen Interesse und berichten über eigene Erfahrungen mit Igeln.

- Was ist der Inhalt dieser Stunde? Ist es der mitgebrachte Igel? Sicherlich nicht! Denn der ist ja nur ein mit Holzwolle und Draht ausgestopftes Stück Natur.
- Zu einem Unterrichtsinhalt wird dieses Anschauungsmaterial erst dann, wenn es der Lehrerin gelingt, ihre Schüler in ein Gespräch über diesen Igel zu verwickeln, oder wenn sie es schafft, die Schüler selbst zum zielbezogenen unterrichtlichen Handeln zu bringen.
- „Inhalt" ist also das, was von der Lehrerin und den Schülern erarbeitet worden ist oder noch erarbeitet werden soll. Auch eine Abschweifung vom Thema oder ein in der Stunde ausgetragener Disziplinkonflikt zählt dann zu den Inhalten dieser Stunde.

Der Inhaltsbegriff ist janusköpfig. Im Denken des Lehrers bezeichnet er das, was das Thema an Lernpotenzialen freizugeben verspricht (vgl. Blankertz 1975, S. 104). Aus der Sicht der Schüler bezeichnet er das, was tatsächlich erarbeitet wurde (wobei diese Erarbeitung auch die vielfältigen Schüler-Nebentätigkeiten und die ungesagten Tagträume und Abschweifungen einschließen kann). Wir benötigen mithin einen zweiten Begriff, um die Differenz zwischen dem, was sich der Lehrer und/oder die Schüler für eine Stunde vorgenommen haben, und jenem, was tatsächlich zum Inhalt einer Stunde geworden ist, zu beschreiben. Ich nenne das eine das Thema, das andere den Inhalt:

- Das *Thema* wird von den Richtlinien, durch das Schulbuch, durch den Lehrer und/oder die Schüler vorgegeben. Es akzentuiert den Unterrichtsgegenstand im Blick auf die Zielstellung der Stunde.
- Der *Inhalt* wird wird durch das methodische Handeln des Lehrers und der Schüler erarbeitet. Er akzentuiert den Unterrichtsgegenstand im Blick auf den Unterrichtsprozess.

Die Schüler und der Lehrer „konstituieren“ durch ihr gemeinsames Handeln den Unterrichtsinhalt. Unterricht kommt erst dadurch zu Stande, dass sowohl der Lehrer wie auch seine Schüler methodisch handeln, dass sie sich in eine Interaktion miteinander verwickeln lassen, die nicht zufällig und beliebig bleibt, sondern durch die Lehrabsichten des Lehrers einerseits, durch die Handlungsziele und Interessen der Schüler andererseits gesteuert wird (vgl. Klingberg 1990).

Arbeitsdefinition 7:

Ein Unterrichtsinhalt ist die durch das didaktisch-methodische Handeln des Lehrers und der Schüler geschaffene Vergegenständlichung von Sinn.

Man kann in Anlehnung an Umberto Ecos Definition eines Romans[31] auch sagen: Unterricht ist eine „Maschine“ zur Erzeugung von Sinn. Lehrer und Lehrerinnen halten diese Unterrichts-Maschinerie durch ihr Engagement und ihr methodisches Geschick in Gang. Aber sie haben nicht in der Hand, was dabei herauskommt. Viele Schüler produzieren immer wieder überraschende, manchmal auch eigenwillige oder gar groteske Deutungen des Sinns von Unterricht, die dann auch noch dauerhafter verinnerlicht werden als das, was sich die Lehrer als „offiziellen“ Inhalt einer Schulstunde ausgedacht hatten.

31 „Denn ein Roman ist eine Maschine zur Erzeugung von Interpretationen“ (Eco 1984, S. 9 f.)

Anders als bei den Zielen und den Methoden gibt es bei den Inhalten keine von Allgemeindidaktikern oder Curriculumforschern bereitgestellten fächerübergreifenden Dimensionsmodelle oder Klassifikationsschemata.[32] Dies liegt in der Natur der Sache: Die Inhalte sind so vielfältig und die Formen ihrer Strukturierung so stark vom Inhalt abhängig, dass diese wichtige Arbeit besser in den Fachdidaktiken gemacht wird.

3. Was sind Methoden?

Das Wort „Unterrichtsmethode“ wird häufig einseitig aus der Sicht des Lehrers bzw. der Lehrerin gesehen. Methode ist dann die „Art und Weise der Stoffvermittlung“ oder die „Methode des Beybringens“. Das ist zu eng gedacht (vgl. Jürgen Hennigsens witzige Polemik 1974). Nicht nur die Lehrer, auch die Schüler sind ja in der Lage, methodisch zu handeln. Und es geht nicht um Stoffvermittlung, sondern um einen Prozess aktiver Aneignung.[33] Dieser Aneignungsprozess setzt Einsicht und Reflexion voraus, aber er ist im Kern ein Handlungsprozess. Ich definiere:

Arbeitsdefinition 8:

Unterrichtsmethoden sind die Formen und Verfahren, mit denen sich Lehrer und Schüler die sie umgebende natürliche und gesellschaftliche Wirklichkeit unter den institutionellen Rahmenbedingungen der Schule aneignen.

Methodisches Handeln ist durch eine große Formen- und Funktionsvielfalt gekennzeichnet. Dies macht es schwierig, sie vernünftig zu ordnen. Die Schwierigkeiten werden durch vielfache begriffliche Unschärfen im Methodenbereich erhöht. Ich skizziere deshalb ganz kurz zwei Verfahren, um Ordnung herzustellen.

Schematisierung A: Mikro-, Meso- und Makromethodik

Man kann methodische Erscheinungsformen nach dem Kriterium des Umfangs bzw. der Reichweite des methodischen Handelns sortieren und kommt dann zur Unterscheidung von Makromethodik, Mesomethodik

32 Versuche US-amerikanischer Curriculumforscher, ein sämtliche Wissenschaftsdisziplinen umspannendes Klassifikationsschema (eine „Mathetik“) aufzubauen, sind nicht weit gediehen und in Deutschland nie ernsthaft rezipiert worden.

33 Der Aneignungsbegriff hat eine lange philosophische und pädagogische Tradition. Ich benutze ihn im Sinn der von Wolfgang Klafki (1963) entwickelten Theorie Kategorialer Bildung als Prozess der doppelseitigen Aufschließung des Lernenden für die Wirklichkeit der Welt und – dialektisch miteinander verknüpft – der Zubereitung der Welt für den Lernenden.

und Mikromethodik. Die Mikromethodik bezieht sich auf die kleinen und kleinsten Schritte, Impulse und körperspachlichen Inszenierungen des Unterrichts. In der Mesodidaktik geht es um die Handlungsmuster und die Verlaufsformen des Unterrichts, also um das, was alltagssprachlich als „Methode“ tituliert wird. Die Makrodidaktik erfasst die Großformen me-

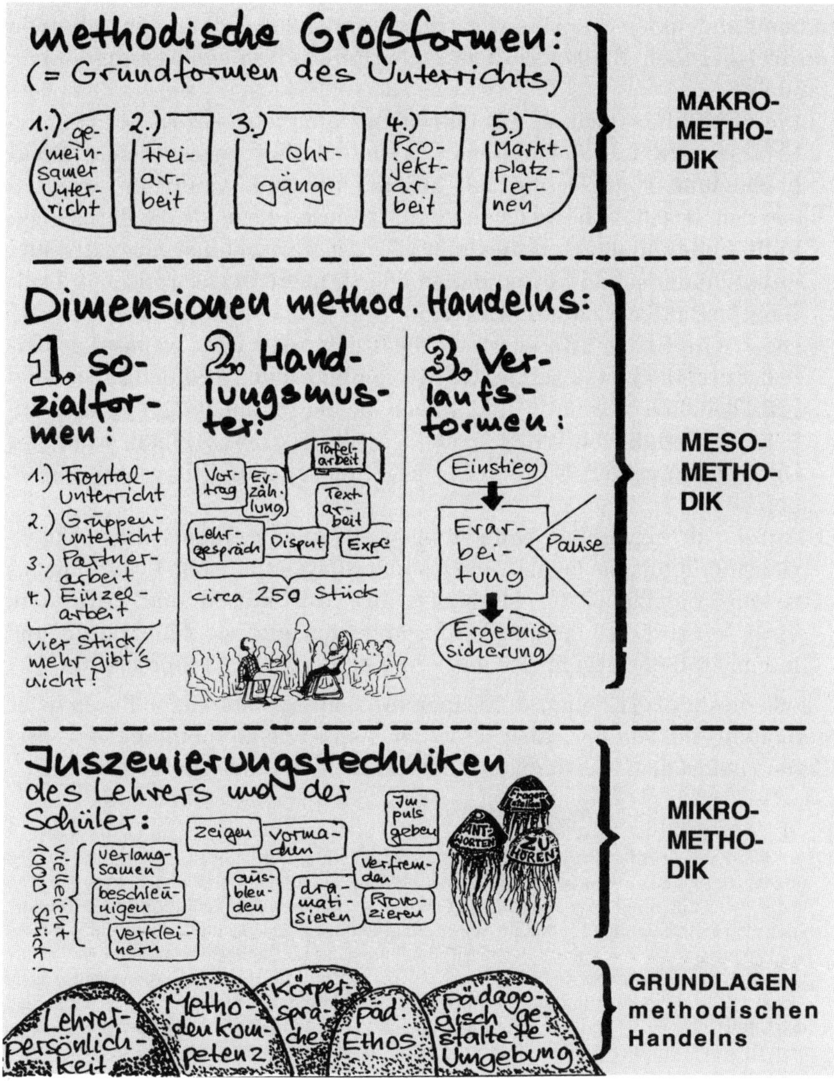

Makro-, Meso- und Mikromethodik

thodischen Handelns, die sich z. B. beim Projekt über eine Woche oder einen Monat, beim Lehrgang sogar über mehrere Jahre erstrecken können.[34]

Schematisierung B: Reflexionsebenen

Man kann Unterrichtsmethoden nach dem Kriterium „Nähe oder Ferne zu den handelnden Subjekten“ sortieren und gelangt dann zur Definition von drei (gegebenenfalls auch noch mehr) Reflexionsebenen methodischen Handelns.

(1) Die erste Ebene erfasst das im realen Unterrichsprozess vorhandene Erfahrungswissen der methodisch Handelnden. Es kann nicht direkt beobachtet, sondern nur mit hermeneutischen Methoden ermittelt werden. (Deshalb hatte Erich Weniger diese Ebene als die der „eingehüllten Rationalität“ bezeichnet.) Es ist ganzheitlich-normativ und unbeschadet seiner vorhandenen oder fehlenden theoretischen Legitimation faktisch handlungsleitend.

(2) Die zweite Ebene erfasst wissenschaftlich mehr oder weniger gründlich durchdachte Gesamtentwürfe methodischen Handelns. Sie sind grundsätzlich normativ und haben große Ähnlichkeit mit den auf Seite 33 definierten Unterrichskonzepten. Sie beschreiben, wie guter Unterricht aus der Sicht der Verfasser dieser Entwürfe gestaltet werden sollte.

(3) Auf der dritten Ebene befinden sich allgemeine Theorien der Unterrichsmethodik. Sie leisten eine historisch-systematische Erfassung des Gegenstandsfeldes der Methodik, ihrer Strukturen und Prinzipien, ihrer Voraussetzungen und Konsequenzen und sie reflektieren und integrieren die Ergebnisse der empirischen Methodenforschung.

Jede dieser drei Ebenen stellt einen für sich eigenständigen Bereich der Methodenreflexion dar, aber erst der Aspektzusammenhang der drei Ebenen liefert das, was man eine „Theorie der Methode“ nennen könnte.[35]

34 vgl. Adl-Amini (1994) und Meyer (1993)

35 Auf jeder der drei Reflexionsebenen sind grundlegende und nicht nur marginale Fragen ungeklärt. Dies ist für eine lebendige Wissenschaft eine Selbstverständlichkeit, aber dennoch lästig. So ist ungenügend geklärt, ob die Theorie der Methode eine Teildisziplin der Didaktik oder eine selbstständige Einheit im Spektrum erziehungswissenschaftlicher Teildisziplinen ist. Unklar ist, welcher Handlungsbegriff der Rede vom methodischen Handeln zu Grunde liegt (vgl. die berechtigte Kritik von Gerhard Wöll [1998] an Herbert Gudjons und Hilbert Meyers Konzepten des Handlungsorientierten Unterrichts). Die Reflexion der Sozialformen des Unterrichts wird von fast allen Autoren zum Kernbestand der Methodik gerechnet. Aber eine theoretische Begründung liegt m. E. nicht vor. Man könnte auch argumentieren, die Auswahl der Sozialformen sei eine Organisationsentscheidung. Offen ist deshalb auch die Frage, ob Organisationsfragen und „classroom-management“ einen Teil der Methodik bilden oder – wie bei Lothar Klingberg – eine eigenständige Kategorie darstellen.

Methodisches Handeln ist kein Lehrerprivileg. Es gibt keine einzige Methode auf der Welt, die nicht auch von Schülern kompetent genutzt werden könnte. Wer methodisch zu denken und zu handeln gelernt hat, kann danach selbst entscheiden, was er lernen will; und er kann allein oder mit Gleichgesinnten regeln, *wie* er dies tut. Deshalb ist die Frage, welche Methodenkompetenzen der Lehrer – durch sein Vorbild und durch das bewusste Einüben – an seine Schüler vermittelt, ein *Politikum,* das über die mit den Methoden vermittelten Unterrichtsinhalte grundsätzlich hinausweist.

Was sind Medien?

Medium heißt wörtlich übersetzt „Mittler". Unterrichtsmedien vermitteln zwischen dem Thema und dem Arbeitsprozess der Schüler. Es ist umstritten, ob der Medienbegriff eine eigenständige Kategorie darstellt oder nicht. In Paul Heimanns Didaktik ist dies so (s. Jank/Meyer 1991, S. 183), bei Herwig Blankertz (1975) und Lothar Klingberg (1989) nicht. Ich schließe mich Blankertz und Klingberg an. Es hängt von der Systematisierungsebene des Betrachters ab, wann etwas als Unterrichtsinhalt einen eigenen Wert hat und wann es als Medium „nur" instrumentelle Bedeutung hat. Dies heißt, dass eine theoretisch befriedigende inhaltliche Bestimmung des Medienbegriffs nicht gelingen kann. Wir retten uns aus diesem Dilemma durch die Akzeptanz von Konventionen: Die Tafel und der PC sind Medien – die Körpersprache des Lehrers nicht. Ich versuche dieses Theorieproblem dadurch zu lösen, dass ich Medien als „tiefgefrorene" Ziel-Inhalte-Methoden-Entscheidungen definiere, die erst durch das didaktisch-methodische Handeln von Lehrern und Schülern „aufgetaut" werden müssen (vgl. Meyer 1987, Bd. 1, S. 148 f.).

4. In welchem Verhältnis stehen Ziele, Inhalte und Methoden zueinander?

Ziele, Inhalte und Methoden stehen im Lehr-Lern-Prozess in Wechselwirkung miteinander. Deshalb kann auch von einer „allgemeinen Zielorientierung" didaktisch-methodischen Handelns gesprochen werden.

Es gibt keine Ziele „an sich", sondern immer nur in Bezug auf bestimmte Inhalte und bestimmte Methoden. Es gibt keine Inhalte „an sich", sondern immer nur im Blick auf die Methoden, mit denen sie im Unterrichtsprozess erschaffen werden. Es gibt keine Methoden „an sich", sondern immer nur „eingewickelt" in bestimmte Aufgaben, die der Lehrer und die Schüler lösen wollen oder sollen. Unterricht ist nichts Statisches, sondern ein dynamischer Prozess.

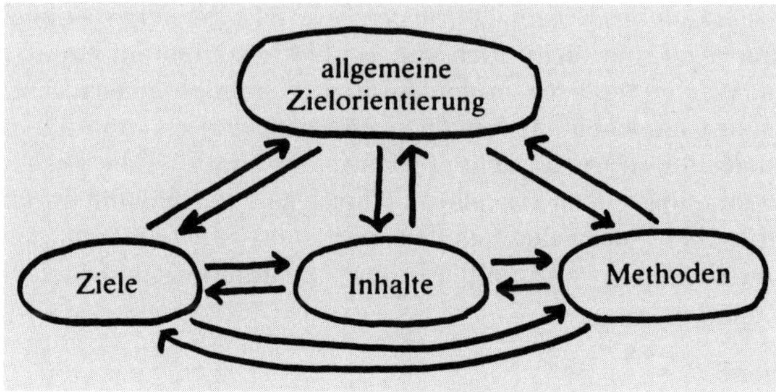

Ziele-Inhalte-Methoden-Relation

Wir können nun die zweite didaktische Grundrelation definieren:

Zweite didaktische Grundrelation:

Ziele, Inhalte und Methoden des Unterrichts stehen in Wechselwirkung zueinander.

Statt von Wechselwirkungsprozessen wird in der didaktischen Fachliteratur auch vom „Interdependenzverhältnis" (Heimann; vgl. Jank/Meyer 1991, S. 193) oder vom „Implikationszusammenhang" (Blankertz 1975, S. 94 ff.) gesprochen.

Woraus bestehen die Wechselwirkungsprozesse und wie werden sie ausgelöst? Dies ist eine knifflige theoretische und praktische Frage, die insbesondere die Allgemeindidaktiker schon jahrzehntelang beschäftigt hat. Ich möchte den komplizierten Sachverhalt in drei Punkten erläutern:

(1) Ziele, Inhalte und Methoden haben je für sich eine innere Zielgerichtetheit.

Sie entsteht auf der Inhaltsebene dadurch, dass wir den Inhalt strukturieren und in eine in sich plausible Reihenfolge bringen. Sie entsteht auf der Methodenebene dadurch, dass wir mit bestimmten Handlungsmustern[36] arbeiten, die einen Anfang, ein Ziel und ein Ende haben. Sie entsteht auf der Zielebene dadurch, dass Ziele nicht in beliebiger Reihenfolge verfolgt werden können, sondern nach ihrem Schwierigkeitsgrad einerseits, nach der auf der Inhaltsebene vorgegebenen Sachlogik andererseits geordnet werden müssen. Zwei Beispiele:

36 Der Begriff wird bei Meyer (1987, Bd. 1, S. 124 ff.) erläutert; Beispiele: Lehrervortrag, Rollenspiel, Experiment, Textarbeit.

- Wer die Stunde mit einem Rätsel eröffnet, um die Neugierde zu wecken, muss auch Sorge tragen, dass es gelöst werden kann.
- Wer themendifferenzierten Gruppenunterricht macht, muss auch eine Schlussrunde einplanen, in der die Teilergebnisse zusammengetragen werden.

(2) Die innere Zielgerichtetheit verursacht Wechselwirkungen zu den anderen beiden Grundkategorien.

Ziele, Inhalte und Methoden können also nicht beliebig miteinander kombiniert werden:

- Wer mit den Schülern ein Planspiel macht (z. B. zum Thema Aktienhandel), wird entdecken, dass diese Methode in aller Regel scharfe Kontroversen schürt und zum Austricksen und zu Kampfabstimmungen einlädt. Planspiele zielen auf Gewinnen und Verlieren, auf Sieg und Niederlage. Deshalb sind Planspiele gut geeignet, um Ziele wie strategisches Handeln, Zusammenarbeit im Team, Modellbildung usw. zu verfolgen. Die Methode ist wenig oder überhaupt nicht dazu geeignet, das Teilen von Gefühlen und Macht oder das Hineinfühlen in die Wünsche von anderen zu üben.
- Wer seinen Schülern die Schönheit eines Herbstgedichtes vermitteln will, muss dessen Sprache zum Klingen bringen. Das umständliche Analysieren der Reimfolge des Gedichts ist dann kontraproduktiv – eine falsche Inhaltsentscheidung.

Das methodische Geschick eines Lehrers besteht also darin, einerseits die „richtige“ Methode für einen bestimmten Inhalt zu finden; sie besteht andererseits darin, den „Inhalt“ nicht statisch zu betrachten, sondern die Potenziale, die in der methodischen Herangehensweise an den Inhalt stecken, voll zu nutzen.

Wenn die Ziele, Inhalte und Methoden einer Stunde stimmig zueinander ausgewählt worden sind, sagen wir, die Stunde sei „rund und aus einem Guss“ gewesen. Wenn die Ziel-, Inhalts- und Methodenentscheidungen ganz oder zum Teil in Widerspruch zueinander geraten sind, sagen wir, die Stunde sei „aus den Fugen geraten“.

(3) Wenn die Ziele, Inhalte und Methoden stimmig zueinander sind, sind auch die Wechselwirkungen in sich stimmig.

Es entstehen also „Synergieeffekte“. Die Schüler können die ihnen gestellten Aufgaben erfüllen. Die gewählten Methoden leisten, was sie versprechen. Die de facto erreichten Ziele entsprechen der Planung.

Satz 3 bedeutet nicht, dass Unterricht unter allen Umständen gelingen muss. Überall dort, wo Menschen tätig sind und unter beschränkten Verhältnissen lehren und lernen müssen, gibt es auch Sand im Getriebe, Leerlauf und Fehlentwicklungen. Satz 3 besagt „nur", dass der Unterricht auf Grund seiner inneren Gesetzmäßigkeiten auf Wechselwirkungsprozessen aufbaut.

Wenn die Wechselwirkungsprozesse bei der Realisierung einer Stundenplanung beachtet worden sind, ergibt sich ein plausibler „methodischer Gang" (vgl. Klingberg 1989; Jank/Meyer 1991, S. 104–109):

Arbeitsdefinition 9:

Der methodische Gang beschreibt die Prozessstruktur des Unterrichts. Er ensteht durch die Stimmigkeit der Ziel-Inhalt-Methode-Relation in den einzelnen Unterrichtsschritten und durch die Folgerichtigkeit, mit der die Unterrichtsschritte auseinander hergeleitet werden.

Der methodische Gang hat eine äußere und eine innere Seite. Mit der äußeren Seite sind die beobachtbaren Abschnitte und Zäsuren im Unterrichtsprozess gemeint. Die innere Seite besteht aus der nur durch die Deutung der Absichten von Lehrer und Schülern zu erschließenden didaktisch-methodischen „Linienführung" einer Stunde. Es gibt einige seit Jahrhunderten vertraute Grundformen solcher Linienführung:

- Der methodische Gang kann vom Einfachen zum Komplexen führen oder umgekehrt vom Komplexen zum Einfachen. Komplexität kann sich dabei sowohl auf den Inhalt wie auch auf die Methoden beziehen.
- Er kann vom begrifflich Abstrakten zum sinnlich Anschaulichen führen oder umgekehrt.
- Er kann von der emotionalen Seite eines Themas zur rationalen Seite führen oder umgekehrt.
- Er kann deduktiv (vom Gesetz/von der Einsicht zum Speziellen/zum Fall vordringend) oder induktiv geordnet sein (vom Beispiel auf die allgemeine Einsicht vorstoßend).
- Er kann streng diskursiv (einer Sachlogik folgend) oder spiralförmig (mehrfach an den Anfang zurückkehrend) angelegt sein.
- Er kann mit einer hohen Lehrerdominanz beginnen und mit einer hohen Schülerdominanz enden oder umgekehrt.

- Er kann von der Einzelarbeit über die Partner- und Gruppenarbeit zur Plenumsarbeit vordringen oder umgekehrt.
- Der methodische Gang kann auch zusammenbrechen, wenn die Schüler nicht mehr mitmachen, weil einer der Schritte nicht das geleistet hat, was er leisten sollte, oder wenn von außen kommende Faktoren das Lernen unmöglich machen.

In den meisten Stunden lassen sich zwei, drei und manchmal noch mehr unterschiedliche Linien nachweisen, die gemeinsam das besondere Profil dieser Stunde ausmachen. Eine Unterrichtsstunde ist dann „aus einem Guss“, wenn die Linienführungen zueinander passen. Ein professioneller Lehrer sollte in der Lage sein, dieses Geflecht gegenseitiger Abhängigkeiten zu durchschauen und bei der Planung und Durchführung des Unterrichts zu beachten.

Ich fasse zusammen: Ziele, Inhalte und Methoden sind die drei Grundkategorien des Unterrichts. Sie werden durch das didaktisch-methodische Handeln des Lehrers und der Schüler konstituiert. Aus ihrer Wechselwirkung ergibt sich die Prozessstruktur des Unterrichts und sein methodische Gang.

3.4 Lernen und Lehren – Lernende und Lehrende

Lernen und Lehren sind die (einzig denkbaren) Grundformen didaktisch-methodischen Handelns des Lehrers und der Schüler. Ein Drittes gibt es nicht.[37]

1. Was ist Lernen?

Man kann das Lernen nicht sehen, fühlen oder riechen, obwohl es sich doch um einen realen psychophysischen Vorgang handelt. Man sieht und beobachtet nur die Lern*handlungen,* die – wenn's gut geht – Lernen auslösen (das Rechnen, Lesen, Schreiben, Diskutieren, das Üben und Wiederholen usw.), und man bemerkt den Lernfortschritt: die Fähigkeit, plötzlich (oder nach gehöriger Anstrengung) eine Aufgabe meistern zu können, zu der man vorher noch nicht in der Lage war. Man erlebt diesen Lernfortschritt als beglückend oder anstrengend. Aber der Vorgang selbst,

37 Es gibt natürlich einige Tätigkeiten „drumherum“, die m. E. aber keine eigenständigen Kategorien darstellen: das Vor- und Nachbereiten von Lehr-Lern-Prozesssen, die Erledigung von Hausaufgaben, die Gestaltung der Lernumgebung; Beratungs- und Beurteilungstätigkeiten.

der die Kompetenzerweiterung ausgelöst hat, entzieht sich der bewussten Wahrnehmung (vgl. Skowronek 1991, S. 183).

Wie funktioniert das Lernen? Wir wissen darüber eher wenig; wir können ja nicht in das Gehirn des Schülers blicken, sondern sind auf Mutmaßungen angewiesen (vgl. Holzkamp 1993; Lefrançois 1994). Aber eines ist klar: Menschen sind so konstruiert, dass sie mit, gegen und auch ohne Lehrer lernen können. Dies rührt daher, dass das Lernen nicht nach dem Modell des Nürnberger Trichters (also durch schlichtes Speichern der vom Lehrer mitgeteilten Weisheiten), sondern als ein „autopoietischer" (selbsttätiger) Prozess abläuft.[38] Wir konstruieren uns unsere Welt – und daran kann uns kein noch so ausgeklügeltes Lehrprogramm hindern:

Arbeitsdefinition 10:

Lernen ist die Erweiterung der Reflexions- und Handlungskompetenz durch die selbst organisierte Verarbeitung äußerer Anregungen und innerer Impulse.

Lernen kann jeder nur für sich. Kein Mensch kann einen anderen Menschen „lernen machen".

2. Was ist Lehren?

Lehren ist die planmäßige Unterweisung der heranwachsenden Generation zum Zwecke der Bildung und Erziehung. Ähnlich wie beim Lernen unterscheide ich dabei die äußerlich beobachtbaren Lehrhandlungen einerseits, die diesen Handlungen zu Grunde liegenden Strukturen und Funktionen andererseits. Zunächst zur äußeren Seite: Man kann Lehrhandlungen nach ihren unterschiedlichen *Erscheinungsweisen* sortieren und dann zwischen eher darbietenden und eher entwickelnd-problemorientierten Lehrformen unterscheiden (vgl. Klingberg 1989, S. 185 und 257):

- darbietende Lehrhandlungen: einen Vortrag halten; etwas vormachen, vorzeigen oder erklären; ein Lernergebnis kontrollieren usw.
- entwickelnd-problemorientierte Lehrhandlungen: ein Gespräch leiten; eine Aufgabe/ein Problem stellen; ein Experiment anleiten; eine Selbsterfahrungssituation schaffen usw.

---

38 Das Lernen ist weit mehr als die Reaktion des Gehirns und des Körpers auf das Lehren. Wir wissen aus der modernen Gehirnforschung, dass das Gehirn noch viel komplexer, dynamischer und selbstständiger ist, als bisher angenommen wurde (vgl. Roth 1994); wir wissen aus der Lernbiologie, dass und wie unsere Lernprozesse genetisch und evolutionär mitbestimmt werden (vgl. Scheunpflug 2001).

Man kann die Lehrhandlungen auch nach ihren *Funktionen* sortieren:

- in ein neues Thema einführen
- eine gemeinsame Orientierungsgrundlage schaffen
- einen Sachzusammenhang systematisieren oder problematisieren
- einen Sachverhalt wiederholen usw.

Das Lehren hat eine innere Struktur, die mit hermeneutischen Methoden erschlossen werden kann. Lehren ist grundsätzlich doppelt orientiert:

- Lehren dient erstens der inhaltlichen Erschließung eines Sach-, Sinn- oder Problemzusammenhangs. Lehren setzt deshalb voraus, dass sich der Lehrende Ziele setzt und Themen bzw. Aufgaben stellt.
- Lehren dient zweitens der methodischen Erschließung des Inhalts durch ein bewusst ausgedachtes Arrangement von Methoden und Medien.

Diese doppelte Orientierung auf den Inhalt und auf die Methode macht es schwer, eine befriedigende Arbeitsdefinition zu liefern. Bezogen auf die Lernenden könnte ganz kurz formuliert werden: Lehren ist planmäßige Lernhilfe. Bezogen auf den Inhalt könnte gesagt werden: Lehren ist die curricular geordnete „Darbietung" eines Sach-, Sinn- oder Problemzusammenhangs. Ich schlage vor:

Arbeitsdefinition 11:

Lehren ist die inhaltliche und methodische Erschließung eines Sach-, Sinn- oder Problemzusammenhangs durch curricular geordnete Lehrhandlungen in einer pädagogisch gestalteten Lernumgebung.

Eine Eins-zu-eins-Abbildung des Gelehrten im Gelernten ist aber grundsätzlich unmöglich. Die Schüler machen sich nicht nur hin und wieder, sondern immer ihren eigenen Reim auf das, was ihnen beizubringen versucht wird.

3. Wie sind Lernen und Lehren miteinander verknüpft?

Lehren und Lernen sind zwei Seiten einer Medaille, die nur gemeinsam geklärt werden können. Ich definiere eine dritte und letzte Grundrelation:

Dritte didaktische Grundrelation:

Lehren und Lernen sind dialektisch miteinander verknüpft.

Diese Feststellung wird nicht von allen Didaktikern geteilt. Ich will sie in vier Schritten begründen:

(1) Zwischen dem Lehren und dem Lernen besteht ein *innerer Widerspruch,* der nicht zufällig entstanden ist, sondern eine Folge der unterschiedlichen Handlungslogiken des Lehrens und Lernens darstellt:

- Wer lehrt, leitet. Wer leitet, übt „strukturelle Gewalt" über die Lernenden aus. Er verfügt über ihre Arbeitszeit, er weist ihnen ihre Plätze zu, er zwingt sie zum disziplinierten Arbeiten und trifft zahllose stellvertretende Entscheidungen.
- Wer lernt, ist selbsttätig. Wer selbsttätig ist, entscheidet selbst, was er tut und lässt.

Deshalb ist das Lehren seiner Struktur nach konservativ, das Lernen aber revolutionär:

- Lehren dient der Bewahrung und Weiterentwicklung des kulturellen, politischen und ökonomischen Besitzstandes der Gesellschaft.
- Lernen erlaubt den Schülern, das Lernen zu erlernen und sich dadurch von der Vormundschaft der Lehrer zu befreien.

Der Lehrende zwingt die Lernenden, etwas zu tun, was diese – allein gelassen – nicht oder zumindest deutlich anders getan hätten. Aber er tut dies nicht, weil er die Lernenden drangsalieren will, sondern weil er die Hoffnung nicht aufgibt, dass sie mit seiner Hilfe mehr Selbstständigkeit entwickeln.

(2) Diese Widersprüchlichkeit ist nichts Negatives und schon gar nicht moralisch zu kritisieren. Im Gegenteil: Erst auf Grund des grundlegenden Unterschieds zwischen den Aufgaben des Lehrers und dem Selbstständigkeitsdrang der Schüler kommt der Unterrichtsprozess in Gang!

Wir können nun ein zweites Grundgesetz formulieren:

Zweites didaktisches Grundgesetz:

Die innere Widersprüchlichkeit des Lernens und Lehrens treibt den Unterrichtsprozess voran.[39]

(3) Unterrichten und Erziehen, Lernen und Lehren haben eine *paradoxe Grundstruktur* – auch dort, wo es auf der Oberfläche liebevoll und harmonisch zugeht:

39 Nicht alle Didaktiker dürften diesem Satz zustimmen, weil er nur dann akzeptabel ist, wenn Dialektik, also das Denken in Widersprüchen, grundsätzlich als wissenschaftliche Ausdrucksform akzeptiert wird. Dies tut nur ein Teil der Didaktiker, aber es handelt sich keineswegs um eine Außenseiterposition. Auch Wolfgang Klafki und erst recht Lothar Klingberg sind in ihren Kernaussagen Dialektiker.

- Die Lehrer sollen die Schüler kontrollieren, aber sie zugleich auch freigeben.
- Sie sollen sie fördern, so gut es geht, zugleich aber auch zensieren und selektieren.
- Sie sollen Nähe zu den Schülern herstellen, aber immer auch Distanz wahren.
- Sie sollen alle gleich behandeln, aber jedem Einzelnen zu seinem Recht verhelfen.

Zugespitzt formuliert: Der Lehrer hat die Aufgabe, die Schüler mit Liebe und Gewalt zur Selbstständigkeit zu führen. Gewalt und Liebe – zwei Kategorien, die eigentlich nicht zusammengehören. Dies heißt nicht, dass die Lehrer fortwährend mit zerknirschten Mienen herumlaufen und nach Widersprüchen fahnden sollen. Aber sie müssen die widersprüchliche Grundstruktur immer wieder neu durchdenken und sie so gut es geht ausbalancieren:

- Nähe zu den Schülern ist gut; aber zu viel Nähe kann erdrücken.
- Gerechtigkeit ist die Grundlage aller vernünftigen Unterrichtsarbeit, aber man muss auch einmal „die Fünfe grade sein lassen" können.
- Grenzensetzen ist unverzichtbar, aber hin und wieder muss es auch ein Schlupfloch geben.

(4) Weil Lehren und Lernen dialektisch miteinander verknüpft sind, ist auch das Verhältnis der Lehrenden zu den Lernenden dynamisch und nicht statisch. Je mehr die Lernenden lehren, umso mehr können die Lehrenden lernen. Dieser Rollenwechsel kann, wie alle, die sich getraut haben, bestätigen, ausgesprochen lehrreich für beide Seiten werden. Und nur dann kann das entstehen, was Lothar Klingberg als „kollektives Subjekt des Unterrichts" bezeichnet hat.[40] Wenn die Lernenden in ihrer Subjektposition ernst genommen werden, wächst auch der Respekt der Lernenden vor den Lehrenden. Wenn die Lernenden bewusst zur Entwicklung ihrer didaktisch-methodischen Kompetenzen angeleitet werden, wächst auch die Bereitschaft und Fähigkeit, den Unterricht gemeinsam vorzubereiten, durchzuführen und auszuwerten. Zugespitzt formuliert: Die Schüler tragen Verantwortung für das Erfolgserlebnis ihres Lehrers. Und die Lehrer tragen Verantwortung für den Emanzipationsprozess der Schüler.

Ich komme zum Schluss: Die Didaktik ist eine eigenständige Wissenschaft, die die Prozesse des Unterrichtens und Erziehens und die didaktischen Grundformen des Lehrens und Lernens analysiert und strukturiert.

40 Klingberg 1990, S. 145 ff.; vgl. Jank/Meyer 1991, S. 280

Sie verändert und verbessert die Praxis des Lernens und Lehrens durch das Bewusstmachen der in ihr wirkenden Grundgesetze und Grundrelationen. Sie hilft, den ethischen Kode der Berufsarbeit von Lehrern zu definieren, sie hilft aber auch, Chancen und Risiken des Lehrens und Lernens nüchtern zu betrachten.

Literatur

Adl-Amini, Bijan: Medien und Methoden des Unterrichts. Donauwörth (Auer) 1994

Altrichter, Herbert/Posch, Peter: Lehrer erforschen ihren Unterricht. 3. bearb. Aufl. Bad Heilbrunn (Klinkhardt) 1998

Benner, Dietrich: Allgemeine Pädagogik. Weinheim/München (Juventa) 1987

Bernfeld, Siegfried: Sisyphos oder die Grenzen der Erziehung. Frankfurt/M. (Suhrkamp) 1971

Bildungskommission NRW: Zukunft der Bildung – Schule der Zukunft. Neuwied/Kriftel/Berlin (Luchterhand) 1995

Blankertz, Herwig: Theorien und Modelle der Didaktik. München (Juventa) 1969; 7. erw. Aufl. Weinheim (Beltz) 1975

Blankertz, Herwig: Die Geschichte der Pädagogik. Wetzlar (Büchse der Pandora) 1982

Bloom, Benjamin S./Engelhart, Max D., u. a.: Taxonomie von Lernzielen im kognitiven Bereich. Weinheim/Basel (Beltz) 1972

Combe, Arno/Buchen, Sylvia: Belastung von Lehrerinnen und Lehrern. Fallstudien zur Bedeutung alltäglicher Handlungsabläufe an unterschiedlichen Schulformen. Weinheim/München (Juventa) 1996

Combe, Arno/Helsper, Werner: Was geschieht im Klassenzimmer? Perspektiven einer hermeneutischen Schul- und Unterrichtsforschung. Weinheim (Deutscher Studien Verlag) 1994

Flitner, Andreas (Hrsg.): Wege zur pädagogischen Anthropologie. Heidelberg (Quelle & Meyer) 1963

Gamm, Hans-Jochen: Umgang mit sich selbst. Grundriß einer Verhaltenslehre. München (List) 1977

Geißler, Erich E.: Erziehungsmittel. 6. Aufl. Bad Heilbrunn (Klinkhardt) 1982

Giesecke, Hermann: Das Ende der Erziehung. Stuttgart (Klett-Cotta) 1985

Giesecke, Hermann: Wozu ist die Schule da? Die neue Rolle von Eltern und Lehrern. Stuttgart (Klett-Cotta) 1996

Glöckel, Hans: Vom Unterricht. 3. überarb. Aufl. Bad Heilbrunn (Klinkhardt) 1996

Grell, Jochen/Grell, Monika: Unterrichtsrezepte. München (Urban & Schwarzenberg) 1979

Henningsen, Jürgen: Erfolgreich manipulieren – Methoden des Beybringens. Ratingen-Kastellaun (Henn) 1974

Herbart, Johann Friedrich: Allgemeine Pädagogik, aus dem Zweck der Erziehung abgeleitet (1806). In: ders.: Pädagogische Schriften, Bd. 2, hrsg. von Walter Asmus. Düsseldorf/München (Küpper-Bondi) 1965, S. 9–155

Holzkamp, Klaus: Lernen. Subjektwissenschaftliche Grundlegung. Frankfurt/New York (Campus) 1993

Hopmann, Stefan/Riquarts, Kurt (Eds.): Didaktik and/or Curriculum. Kiel (Institut für die Pädagogik der Naturwissenschaften) 1995

Illich, Ivan: Entschulung der Gesellschaft. München (Kösel) 1972

Jahnke-Klein, Sylvia: Sinnstiftender Mathematikunterricht für Jungen und Mädchen. Diss. Oldenburg 2000

Jank, Werner/Meyer, Hilbert: Didaktische Modelle. Berlin (Cornelsen Scriptor) 1991

Kiper, Hanna: Einführung in die Schulpädagogik. Weinheim/Basel (Beltz) 2001

Klafki, Wolfgang: Studien zur Bildungstheorie und Didaktik. Weinheim (Beltz) 1963

Klafki, Wolfgang: Neue Studien zur Bildungstheorie und Didaktik. 5. erw. u. durchges. Aufl. Weinheim (Beltz) 1996

Klingberg, Lothar: Einführung in die Allgemeine Didaktik. 7. überarb. Aufl. Berlin (Volk und Wissen) 1989

Klingberg, Lothar: Lehrende und Lernende im Unterricht. Zu didaktischen Aspekten ihrer Positionen im Unterrichtsprozeß. Berlin (Volk und Wissen) 1990

Klingberg, Lothar: Lehren und Lernen. Inhalt und Methode. Zur Systematik und Problemgeschichte didaktischer Kategorien. Oldenburg 1995 (zu beziehen über: Zentrum für pädagogische Berufspraxis, Carl von Ossietzky Universität, Postfach 2503, D-26111 Oldenburg)

Krathwohl, David R./Bloom, Benjamin S./Masia, Betram B.: Taxonomie von Lernzielen im affektiven Bereich. Weinheim/Basel (Beltz) 1975

Kron, Friedrich: Grundwissen Didaktik. München (Reinhardt) 1993

Kron, Friedrich: Wissenschaftstheorie für Pädagogen. München (Reinhardt) 1999

Lefrançois, Guy R.: Psychologie des Lernens. Berlin (Springer) 1994

Meyer, Hilbert: Leitfaden zur Unterrichtsvorbereitung. Frankfurt/M. (Scriptor) 1980

Meyer, Hilbert: UnterrichtsMethoden, 2 Bde. Frankfurt/M. (Cornelsen Scriptor) 1987

Meyer, Hilbert: Schulpädagogik, 2 Bde. Berlin (Cornelsen Scriptor) 1997

Meyer, Hilbert: Reflexionsebenen unterrichtsmethodischen Handelns. In: Bijan Adl-Amini/Theodor Schulze/Ewald Terhart (Hrsg.): Unterrichtsmethode in Theorie und Forschung. Weinheim/Basel (Beltz) 1993, S. 111–134

Meyer, Hilbert: Leitfaden zur Schul(programm)entwicklung. Oldenburger Vor-Drucke Nr. 390/1999 (zu beziehen über: Zentrum für pädagogische Berufspraxis, Carl von Ossietzky Universität, Postfach 2503, D-26111 Oldenburg)

Meyer, Hilbert/Konukiewitz, Wolfgang: Handlungsorientierter Konfirmandenunterricht. Ein allgemeindidaktisches Plädoyer für religiöse Selbständigkeit. In: Praxis KU. Dokumentation der Fachtagung „Wahrnehmen – Verstehen – Gestalten", Goslar März 1998, Comenius-Institut Münster 1998, S. 31–46

Muth, Jakob: Schülersein als Beruf. Heidelberg (Quelle & Meyer) 1966

Obolenski, Alexandra: Integrationspädagogische Lehrerinnen- und Lehrerbildung. Bad Heilbrunn (Klinkhardt) 2001

Plessner, Helmut: Die Stufen des Organischen und der Mensch. 2. erw. Aufl. Berlin (de Gruyter) 1965

Roth, Gerhard: Das Gehirn und seine Wirklichkeit. Kognitive Neurobiologie und ihre philosophischen Konsequenzen. Frankfurt/M. (Suhrkamp) 1994

Scheller, Ingo: Szenisches Spiel. Handbuch für die pädagogische Praxis. Berlin (Cornelsen Scriptor) 1998

Scheunpflug, Annette: Biologische Grundlagen des Lernens, Berlin (Cornelsen Scriptor) 2001

Schleiermacher, Friedrich Daniel Ernst: Pädagogische Schriften, hrsg. von Erich Weniger/Theodor Schulze, Bd.1: Düsseldorf/München (Küpper-Bondi) 1957

Skowronek, Helmut: Lernen und Lerntheorien. In: Leo Roth (Hrsg.): Pädagogik. Handbuch für Studium und Praxis. München (Ehrenwirth) 1991, S. 183–193

Steindorf, Gerhard: Grundbegriffe des Lehrens und Lernens. Bad Heilbrunn (Klinkhardt) 1981

Tillmann, Klaus-Jürgen: Sozialisationstheorien. Eine Einführung in den Zusammenhang von Gesellschaft, Institution und Subjektwerdung. 7. überarb. Aufl. Reinbek (Rowohlt) 1996

Willmann, Otto: Didaktik als Bildungslehre. Nach ihren Beziehungen zur Sozialforschung und zur Geschichte der Bildung. Hrsg. von Franz Xaver Eggersdorfer. Wien (Herder) 1957

Winkel, Rainer: Theorie und Praxis der Schule. Baltmannsweiler (Pädagogischer Verlag Schneider) 1997

Wöll, Gerhard: Handeln: Lernen durch Erfahrung. Baltmannsweiler (Pädagogischer Verlag Schneider) 1998

2 Der unkritische Gebrauch des Verfrühungsbegriffs als didaktisches Problem

(1968)

Dieser Text stellt die Kurzfassung meiner zweiten Examensarbeit für das Lehramt an Volksschulen aus dem Jahr 1967 dar. Die Beispiele stammen aus der 3. und 4. Klasse der damaligen Volksschule Ocholt i. Oldenburg.

1 Altersstufengemäßheit – Kriterium für die Auswahl der Inhalte?

Wer als junger Lehrer den Unterricht in einer Klasse übernimmt, steht häufig vor der Frage, welcher Unterrichtsinhalt unter mehreren möglichen auszuwählen sei; er entscheidet sich mehr oder weniger intuitiv. Der Unterricht verläuft aber oft anders, als es geplant war. Ältere Kollegen, um Rat gefragt, urteilen dann häufig, der ausgewählte Unterrichtsinhalt sei zwar wichtig und interessant, für diese Altersstufe jedoch verfrüht. Fragt man, an welchen Kriterien ein Unterrichtsinhalt als *altersstufengemäß* und *nicht verfrüht* zu erkennen sei, so erhält man kaum Beurteilungsmaßstäbe. Stattdessen wird empfohlen, sich nach der zeitlichen Gliederung zu richten, die in *Richtlinien, Stoffplänen und Lehrbüchern* der Schule angeboten wird. Sobald der junge Lehrer Unterrichtsinhalte wählen möchte, die nicht mehr im Bereich des von Richtlinien und Lehrbüchern angebotenen Kanons liegen – wenn er, um ein Beispiel zu nennen, im 4. Schuljahr lineare Gleichungen mit einer Unbekannten behandeln will, weil er sich dadurch ein angemesseneres Verständnis des Gleichheitszeichens verspricht –, dann steht er wieder vor der Aufgabe, altersstufengemäße Inhalte von verfrühten zu unterscheiden, ohne dafür Kriterien zu haben.

Der aus der Geschichte der Pädagogik bekannte Ausweg, sich von den Fragen und *Interessen der Schüler* leiten zu lassen, führt zu neuen Schwierigkeiten. Denn diese Fragen haben nicht selten die Tendenz, den von Richtlinien und Lehrbüchern einer bestimmten Altersstufe zugewiesenen Bereich zu sprengen. Drei Beispiele aus der Grundstufe sollen zeigen, welche Fragen und Überlegungen der Schüler gemeint sind. Der schmale Anschauungsbereich, auf den man den Grundstufenunterricht begrenzt sehen möchte, um „unanschauliche" und „abstrakte" Themen zu vermeiden, wird von diesen Fragen entgrenzt:

> Eine Neunjährige fragt: „Der liebe Gott, der war doch zuerst auf der Welt, nicht? Aber der muss doch auch Eltern haben, und die doch auch und die doch auch. Der kann doch nicht so einfach kommen, nicht!"
>
> Auf die Frage nach dem Ende der Welt antwortet ein anderer Neunjähriger: „Da ist ja schon gar nichts mehr im Weltraum. Da muss es ja weitergehen. Wenn das da zu Ende ist und dahinter ist auch nichts – das ist ja dasselbe!"
>
> Ein Schüler will einen „Globus" vom Heimatort machen. Ein anderer widerspricht: „Ocholt ist nicht 'ne Kugel neben der Erde. Wenn Ocholt die Welt wäre, dann ginge es."

Geht der Lehrer im Unterricht auf die Entgrenzungen ein, so kommt er zu Themen, die von den Richtlinien erst für die folgenden Schulstufen vorgesehen sind (z. B. die Einführung des Globus). Geht er nicht darauf ein, so beweist er seine Ratlosigkeit gegenüber diesem didaktischen Problem dann in der Antwort: „Das erfahrt ihr später." Um diese Ratlosigkeit zu überwinden, scheint eine *pädagogische Reflexion des Verfrühungsproblems* und damit zugleich des Verfrühungsbegriffs notwendig zu sein.

Eine solche Reflexion ist von pädagogischen Theoretikern immer wieder gefordert und auch auf mehreren, unterschiedlich hohen Reflexionsniveaus geführt worden. Eine systematische Betrachtung des Problems, für die hier kein Raum ist, müsste bei Comenius, Rousseau und Schleiermacher beginnen.[1] In einer zweiten Stufe wären die bildungstheoretischen Überlegungen von Wichmann, Flitner, Weniger, Kramp u. a. zu nennen. In einer dritten wäre das Verfrühungsproblem in der Fachdidaktik zu verfolgen; es wäre zu untersuchen, ob und wie die auf der ersten und zweiten Stufe gemachten Vorschläge und Konzeptionen in dieser Stufe aufgenommen und verarbeitet worden sind. Hier sollen nur thesenartig die Ausführungen Wichmanns, Kramps und Wenigers vorgestellt werden, um von ihnen aus eine Basis für eine differenzierte Problembehandlung in der Fachdidaktik zu erhalten.

1 vgl. Kramp 1957

2 „Mehrdarbietung" – „Überforderung" – „Vorwegnahme"

Ein zumeist entwicklungspsychologisch getöntes Vorverständnis lehnt Verfrühungen (= „alle Maßnahmen, die der so genannten natürlichen Entwicklung vorgreifen"[2]) als pädagogisch unverantwortbar ab. Demgegenüber betont Wichmann, dass Unterricht nur als Mehrdarbietung verstanden werden kann. Diese *Mehrdarbietung* „reicht so weit, wie die Sprache reicht"[3] und dient zugleich – mit William Stern – einer „Vorbereitung zukünftigen Verständnisses".[4]

Kramp definiert die der Verfrühung verwandte Überforderung als „erzieherischen Vorgriff auf noch nicht aktualisierte Leistungs- und Verhaltensmöglichkeiten" und fragt, ob sie nicht ein „legitimes Prinzip alles sinnvollen pädagogischen Handelns" sein könne.[5] Aus einem weiteren systematischen Zusammenhang heraus kommt Erich Weniger in seiner Schrift „Theorie der Bildungsinhalte und des Lehrplans" zu einer begrifflichen Unterscheidung von (pädagogisch legitimen) *Vorwegnahmen* und (pädagogisch illegitimen) Verfrühungen. Der Erzieher habe das Bild der Zukunft „vorwegnehmend" zu realisieren. Den Maßstab könne dabei nur ein „Bildungsideal" abgeben. Verfrühungen entstünden dann, „wenn die ältere Generation ihren Besitz statisch nimmt und die Erziehungsaufgabe darin sieht, die Jugend auf den Lebensstandard der Erwachsenen zu bringen."[6]

Die drei Begriffe Mehrdarbietung, Überforderung und Vorwegnahme verbindet die gemeinsame Intention, den durch einen undifferenziert gebrauchten Verfrühungsbegiff diskreditierten erzieherischen Vorgriffen eine neue pädagogische Dignität zu verschaffen.

3 Scheinargumente für die Einhaltung des „rechten Augenblicks"

Diese Bemühungen scheinen aber nur in Ansätzen bis in den Bereich der Fachdidaktik vorgedrungen zu sein.[7] Hier hat im Anschluss an die *Reformpädagogik* eine Popularisierung des Verfrühungsproblems stattgefunden,

2 Kramp 1964, S. 990
3 Wichmann 1964
4 Stern 1928, S. 190
5 Kramp 1961, S. 397–399
6 Weniger 1965, S. 72
7 vgl. Odenbach, Das Wagnis des Unterrichts, 1967, darin das Kapitel: „Zum Problem der Vorwegnahme". Odenbach entwickelt das Problem in einem ausführlichen Überblick und

die zu einem simplifizierenden Gebrauch des Begriffs geführt hat. Die sich daraus ergebenden Probleme sollen im Folgenden – *vor allem an der Didaktik des Sachunterrichts* – aufgezeigt werden.

In den Didaktiken des Sachunterrichts wird immer wieder – direkt oder *indirekt – vor Verfrühungen gewarnt.* Ein Beispiel gibt Walter Jeziorsky. Er schreibt: „Beim Einsetzen eines jeden Themas muss geprüft werden, wann es wirklich ergiebig zu bearbeiten ist. Wir müssen Verfrühungen vermeiden. Ein typisches Beispiel ist das Thema ‚Feuerwehr'. Im zweiten Schuljahr vermag man nur sensationell Vordergründiges herauszuholen; einsichtiges Bedenken des Wesentlichen ist erst im vierten Schuljahr zu verwirklichen." [8] Warum im 2. Schuljahr nur „sensationell Vordergründiges" zu erwarten sei, sagt Jeziorsky nicht. Das „Wesentliche" der Feuerwehr scheint so komplex zu sein, dass es im 2. Schuljahr nicht einsichtig werden kann.

Dieses Zitat gibt uns die Möglichkeit zu schließen, welchen Verfrühungsbegriff Jeziorsky hier benutzt und welche Prämissen er dabei machen muss. Für Jeziorsky ist es offensichtlich möglich, *ganz bestimmte Inhalte mit bestimmten Altersstufen zu koppeln.* Falsch zugeordnete Inhalte können dann vom Schüler nur noch verflacht aufgenommen werden. Hier liegt die Vorstellung zu Grunde, der Unterricht habe auf den „kairos" (griechisch: den „rechten Augenblick") zu warten, in dem Unterrichtsinhalt und natürliche Entwicklung des Schülers konvergieren. Dem entspricht die Überzeugung des Unterrichtenden, im geglückten Unterricht den *rechten Augenblick* immer schon gefunden zu haben.

Diese These ist aber heute nicht mehr unbestritten; sie ist besonders unter entwicklungspsychologischem Aspekt relativiert worden. Das zu-Grunde liegende Axiom einer „natürlichen Entwicklung", das allein eine prinzipielle Ablehnung der Verfrühung rechtfertigen könnte, entstammt einem heute nicht mehr vertretbaren organologischen Entwicklungsmodell. Eine Zusammenfassung der Kritik findet sich u. a. bei Thomae[9] und Kramp.[10]

nennt Beispiele aus der didaktischen Literatur, die zeigen, wie z. B. der Gruppen- oder der Gesamtunterricht als Vorwegnahmen interpretiert werden können – auch wenn dies von ihren Verfechtern explizit nicht gesagt wird. Odenbach spricht dabei nur von „Vorwegnahmen" und vermeidet den Begriff Verfrühung konsequent, wohl weil er sonst eine Begriffsverwirrung befürchtet; vgl. auch seine Kritik an Kramps Begriff der Überforderung, in: Odenbach 1962, S. 90 ff.

8 Jeziorsky 1965, S. 39 f.

9 Thomae 1957, S. 3 ff.

10 Kramp 1957

Die Fragwürdigkeit einer Kopplung von Unterrichtsinhalt und Altersstufe und der daraus resultierenden Verwerfung jeglicher Verfrühung wird aber nicht nur durch rein theoretische Erwägungen erhellt. Auch in der Praxis ergeben sich einige Unstimmigkeiten, wenn der Lehrer seinen Unterricht planen will:

1. *Es macht größte Schwierigkeiten, den „rechten Augenblick“ für ein Thema mit stichhaltigen Argumenten positiv zu bestimmen.* Dass z. B. das Thema „Feuerwehr“ im 4. Schuljahr ergiebig zu behandeln sei und nicht früher, lässt sich selbst für eine bekannte Klasse nicht festlegen. Ähnliche Schwierigkeiten mit dem Prinzip der Altersstufengemäßheit hat es seit je im Religionsunterricht gegeben, weil z. B. ein Ausschluss der Weihnachts- oder Ostergeschichte für bestimmte Altersstufen zu einer Halbierung der Verkündigung führen würde.
2. *Die relative Willkür, mit der bestimmte Inhalte bestimmten Altersstufen zugewiesen werden, lässt sich durch einen Vergleich des Stoffkanons an Hauptschulen, Realschulen und Gymnasien feststellen.* Es gibt z. B. im Deutschunterricht auf allen drei Schulsystemen die Tendenz, die Inhalte so zu verteilen, dass – letzten Endes ohne Rücksicht auf die Altersstufe – der Kanon klassischer Literatur im letzten Schuljahr erscheint. Das führt dazu, dass die Lektüreempfehlungen für das letzte Hauptschuljahr und die der gymnasialen Oberstufe sich einander stark angleichen.[11]
3. *Die Gültigkeit der genannten These wird weiterhin fraglich durch die immer wieder feststellbaren weitreichenden Verschiebungen in der Beurteilung dessen, was altersstufengemäß und was es nicht sei.* So lässt sich zz. ein Vordringen des naturwissenschaftlichen Unterrichts in die Grundstufe beobachten.[12] Öffentliches Aufsehen erregen auch die Diskussionen um die Vorverlegung des Lesenlernens in das dritte Lebensjahr.

Wenn dennoch in der Didaktik des Heimatkunde- und Sachunterrichts vor Verfrühungen gewarnt wird und ganze Wissensbereiche ausgeschlossen werden, so ist es wahrscheinlich, dass ein unkritischer Gebrauch des Verfrühungsbegriffs vorliegt. Dass der Gebrauch häufig *einem ganz anderen Motiv* entspringt als dem, die Altersstufengemäßheit des Unterrichts zu sichern, soll anhand der Didaktik von Karl Sauter gezeigt werden. Das Buch „Der Heimatkundeunterricht” ist 1954 in sechster, neu bearbeiteter Auflage erschienen.[13]

11 Rolf Geissler kommt zu dieser Feststellung in: Für eine literarische Verfrühung, 1962, S. 797
12 vgl. z. B. Witte 1966, S. 320 ff.
13 Sauter 1954

Für Sauter „rankt“ sich der Unterricht an den zwei Säulen des Heimat- und Anschauungsprinzips „empor“. Die Heimat wird zum „nie versiegenden Born für das heimatkundliche Lehrgut“. Sie bietet einen „eindeutig geschlossenen Lebensraum“, der eine „einheitliche Weltanschauung sichern“ kann. So führt die Heimatkunde das Kind „langsam, aber sicher“ in die Dorfgemeinschaft ein; der Unterricht passt sich der geistigen Entwicklung des Schülers harmonisch an. Die Heimatkunde fördert so die „Liebe zur Heimat“ und schafft dadurch die Voraussetzung für „Sittlichkeit und Glauben..., also für wahre Menschlichkeit“.[14]

Sauter kann aber nicht umhin, beim Stadtkind eine andere Entwicklung festzustellen: „Religionsfeindlichkeit, religiöse Gleichgültigkeit, Mangel an Heimatgefühl, Fehlen einer eigenen Scholle sind schwere Gefahren für eine gesunde Entwicklung des Stadtkindes. Wohl sind die Kinder mehr selbstständig im Denken und Handeln und auch anpassungsfähiger, aber es macht sich bei ihnen nicht selten eine abstoßende Frühreife bemerkbar“.[15] „Abstoßend frühreif“ – das soll doch wohl heißen, Stadtkinder seien nicht selten Opfer einer Verfrühung.

Wenn man definiert, dass Frühreife durch zu frühes Einsetzen an sich richtiger Einwirkungen und Erziehungsmaßnahmen entsteht, muss man Sauter vorwerfen, den falschen Terminus gewählt zu haben. Denn nach alldem, was er vorher über das „heimatkundliche Lehrgut“ und den „geschlossenen Lebensraum“ gesagt hat, kann er die Einwirkungen der Stadt nur noch prinzipiell, nicht aber einschränkend für bestimmte Altersstufen als erziehungsschädlich ablehnen. Warum hat er dennoch diesen Ausdruck gewählt? Das Motiv wird aus dem emotionalen Unterton des ganzen Zitats deutlich: Mit Hilfe der diskriminierenden Wirkung des „abstoßend frühreif“ soll gerechtfertigt werden, dass der städtische Lebensbereich aus der didaktischen Konzeption ausgeschlossen ist. Dem Heimatprinzip wird dadurch ein Nimbus aufgesetzt, der es erübrigt, seine Gültigkeit durch Argumentationen zu stützen. Da aber andere didaktische Konzeptionen den städtischen Lebensbereich sehr wohl in den Heimatkunde- und Sachunterricht integriert haben, ohne die Gefahr von Verfrühungen festzustellen oder das Problem der Altersstufengemäßheit zu diskutieren, liegt der Schluss nahe, dass Sauter aus einer konservativen Grundeinstellung heraus Verfrühungen befürchtet, die zum größten Teil nur scheinbare sind. Er hat aber damit den Stoffkanon seiner Didaktik gegen unerwünschte Inhalte abgesichert, zugleich sich aber auch der Möglichkeit beraubt, die außerschulischen Einwirkungen der Stadt in

14 Sauter 1954, S. 13–22
15 Sauter 1954, S. 15

den Heimatkundeunterricht aufzunehmen. Ganze Wissensbereiche sind dadurch ausgeklammert. Die Technik hat z. B. in Sauters Didaktik keinen Platz.

4 Verschenkte Möglichkeiten zur Lehrplanreform

Aus solchem unkritischen Gebrauch des Verfrühungsbegriffs ergeben sich einige Probleme:

1. *Wenn, wie gezeigt wurde, der Verfrühungsbegriff als Waffe missbraucht werden kann, um unerwünschte Inhalte aus dem Stoffkanon auszuschließen, so führt dies zu einer Erstarrung und Überalterung des Kanons.* Seine Inhalte entfernen sich immer weiter vom Lebensbereich und von den Interessen des Schülers, aber auch von den Anforderungen, die an einen modernen Unterricht gestellt werden müssen. Der Kanon läuft Gefahr, wie es an Sauters Didaktik gezeigt werden kann, nur noch Spiegelbild einer religiös-konservativen Heimatideologie zu sein. Für einen kritischen Gebrauch des Begriffs ergibt sich daraus die Aufgabe, immer wieder wirkliche von nur scheinbaren Verfrühungen zu unterscheiden und zu sehen, dass sich hinter dem an sich wichtigen Verfrühungsbegriff eine Trivialliteratur verschanzen kann, die sich offen nicht zu Wort wagt.
2. *Die wirklichen Verfrühungen müssen, nach Maßgabe eines Bildungsideals, auf ihre pädagogische Legitimität hin untersucht werden.* Durch eine Psychologisierung des Begriffes entsteht dabei die Gefahr, Verfrühungen dort zu vermuten, wo der Unterricht frühzeitig unanschaulich und abstrakt wird oder wo er zu früh große Räume und Zeiten überspringt. Gemessen an dem Ideal, dass der Mensch seine freie und eigene Entscheidung zu treffen habe, wäre aber eine Verfrühung viel eher dort zu suchen, wo z. B. Achtjährigen die „Liebe zur Heimat" abverlangt wird. Sie zu wecken, ist nach Auffassung der meisten Richtlinien und Didaktiken die vornehmste Aufgabe des Heimatkunde- und Sachunterrichts. Die entsprechenden Stellen der Richtlinien sprechen von „Gemütsbindungen zur Heimat", „erlebter Totalverbundenheit" und von „geistigem Wurzelgefühl" und berufen sich dabei zumeist auf Eduard Sprangers Schrift „Der Bildungswert der Heimatkunde".[16]

16 zitiert nach den Auszügen in: Karnick 1964; Spranger schreibt z. B. (1964, S. 50): „Lernen wir, diese Heimat mit der verstehenden Liebe zu sehen...Da liegen die Wurzeln unserer Kraft! Der Weg zum Menschentum führt nur über das Volkstum und das Heimatgefühl."; vgl. dazu auch Grotelüschen 1968, S. 221 ff.

Dabei muss man stillschweigend von der Voraussetzung ausgehen, dass Achtjährige überhaupt zur Heimatliebe fähig seien. Empirische Untersuchungen der Soziologie zeigen aber, dass die emotionale Identifizierung mit einem Ort noch gar nicht in der Kindheit stattfindet.[17] Unabhängig von der Frage, ob Heimatliebe in diesem Alter entstehen kann, scheint die Forderung einer frühen Bindung des Schülers an einen Ort auch eine Einengung seiner späteren Möglichkeiten zu sein. Behauptet man allerdings wie Sauter: „Heimatlosigkeit bedeutet aber Sitten- und Glaubenslosigkeit", dann muss man die Notwendigkeit der Heimatliebe einsehen.[18]

3. *Durch einen unkritischen Gebrauch des Verfrühungsbegriffs nimmt man sich weiter die Möglichkeit, pädagogisch legitime Vorgriffe im Unterricht wahrzunehmen und reflektiert in ihn einzubauen.* Dass solche Vorgriffe im Unterricht immer wieder vorkommen, ist am Anfang dieses Aufsatzes festgestellt worden; dass sie nicht immer unterbunden werden müssen, soll am Schluss an einigen Beispielen gezeigt werden.
4. *Der unkritische Gebrauch des Verfrühungsbegriffs verhindert schließlich, dass dem Begriff selbst in einem didaktischen Modell ein systematischer Ort zugewiesen werden kann.* Die dazu notwendige theoretische Grundlegung kann hier nicht erfolgen. Ein Vorschlag soll aber gemacht werden. Wenig sinnvoll scheint es zu sein, wieder auf eine irgendwie geartete „natürliche Entwicklung“ rekurrieren zu wollen. Ein der Didaktik *einheimischer Verfrühungsbegriff* ließe sich aber entwickeln, wenn die Verfrühung nur noch als *„Vorgriff in der Ordnung des Lehrgangs“* verstanden wird. Da die Ordnung des Lehrgangs sich aus einer didaktischen Konzeption und deren Wertsetzungen ergibt, kann dann auch nur innerhalb einer solchen Konzeption von Verfrühungen gesprochen werden. Das jeweilige Urteil kann dann nur lauten: Für dieses oder jenes Lehrgangsziel ist diese oder jene Erziehungsmaßnahme, dieser oder jener Unterrichtsinhalt verfrüht (oder verspätet). Durch diesen „Rückzug“ auf die Ordnung des Lehrgangs wäre dem Verfrühungsbegriff die ausschließlich abwertende Qualität genommen und die Möglichkeit eines kritischen Gebrauchs eröffnet. Jetzt könnten auch die Überlegungen von Wichmann, Kramp u. a. in der Fachdidaktik weitergeführt werden.

17 Das stellt Treinen in einer empirischen soziologischen Untersuchung fest (1965, S. 73 ff. und 254 ff.).
18 Sauter 1954, S. 13

5 Der Bildungswert von „Vorgriffen im Lehrgang“

Der Versuch, der Verfrühung einen positiven Ort im Unterricht zuzuweisen, erfordert die abschließende Frage: Unter welchen Bedingungen können Verfrühungen (= Vorgriffe in der Ordnung des Lehrgangs) einen Bildungswert besitzen?

Dass der Sinn solcher Vorgriffe nicht darin bestehen kann, abfragbares Wissen oder jederzeit aktualisierbare Fertigkeiten zu vermitteln, ist selbstverständlich. Wenn man aber davon ausgeht, dass Leistungen nur dort sichtbar werden, wo sie erwartet und provoziert werden, so können Vorgriffe im Lehrgang eine wichtige Korrekturfunktion ausüben: Sie machen den Lehrgang flexibel, weil sie seine Ordnung immer wieder am Wissen und Können der Schüler (das sich z. B. durch außerschulische Informationen unerwartet verändert haben kann) relativieren. Vorgriffe können auch eine Rolle bei der Motivation des Lernens spielen. Besonders bei begabteren Schülern kann der Stachel des Noch-nicht-Verstehens Anreiz zu weiteren Überlegungen sein. In dem Bewusstsein des Schülers, längst noch nicht alles zu können und noch viel lernen zu müssen, hat der Lehrer dann einen „Fürsprecher“ (Schleiermacher) erhalten.[19] Ein Beispiel: Wird im 3. Schuljahr der Globus eingeführt und der kleine Heimatort darauf lokalisiert, so wird dem Schüler dadurch das Ziel gesteckt, diese ganze Erde kennen zu lernen (auch wenn er die Einsicht in die Kugelgestalt der Erde noch nicht sofort nachvollziehen kann). Vorgriffe können so einem „Vorwärmen“ von Unterrichtsinhalten dienen.[20] Unter welchen Bedingungen ein solches „Vorwärmen“ möglich und sinnvoll ist, könnte an einer einklassigen Schule untersucht werden, an der ein Teil der Schüler die gleichen Inhalte jeweils ein oder zwei Jahre früher schweigend verfolgt hat, weil eine Differenzierung im Unterricht nicht möglich gewesen oder versäumt worden ist.

Dass solche *Vorgriffe* möglich sind, liegt daran, dass sie *im Medium der Sprache* stattfinden. Denn die Sprache ist der Sache, die im Unterricht zur Diskussion steht, vor- und nicht nachgeordnet. Bollnow schreibt dazu: „Die Sprache geht also voran und bahnt erst den Weg zur Sache; denn erst nachträglich können die im Wort vorgezeichneten Bahnen mit eigener Anschauung und allgemein mit eigener Erfahrung gefüllt werden.“[21] Diese „Vorstruktur“ der Sprache vor der Sache bedingt, dass im Unterricht prinzipiell die Gefahren, aber auch die Möglichkeiten der Verfrühung gegeben

19 Schleiermacher 1849, S. 733
20 Jeziorsky benutzt diesen Begriff, allerdings in engerem Sinne (1965, S. 61 f.).
21 Bollnow 1966, S. 25

sind. Die Sprache kann der Sache gleichsam davonlaufen. Sie kann die Einsichtskraft der Schüler immer wieder übersteigen. Das wird aber nur derjenige grundsätzlich zu vermeiden versuchen, der meint, die „Sache" müsse im Unterricht jeweils voll und ganz „ausgeschöpft" werden.

Ein Beispiel: Im Sachunterricht des 3. Schuljahrs wurde die „Zeitleiste" eingeführt. Es lag nahe, auf ihr beim Jahr 1966 beginnend immer weiter zurückzugehen, bis man zum Jahr Null kam.

Ein Gespräch begann:

Kathrin: „Bei Null, da war die Welt noch gar nicht da!"
Martin: „Die muss doch eigentlich schon da gewesen sein. Denn im Jahr Null ist doch Jesus geboren. Da muss die Welt ja schon da gewesen sein."
Kathrin: „Vor Milliarden Jahren, da war die Welt noch nicht da!"

Hier brachte das durch Sprache und Logik gesteuerte Nachdenken der Schüler die Einsicht in die zeitliche Gliederung über das Jahr Null hinaus. Haben die Schüler erst das Prinzip der Zeitleiste begriffen, werden sie auch umso häufiger auf ihr Einordnungen vornehmen und dort Möglichkeiten einer zeitlichen Einordnung entdecken, wo sie ihnen sonst entgangen wären. Es handelt sich wieder um eine Entgrenzung des schmalen Zeitraumes, den die Schüler selbst überschauen. Ähnlich wie bei der Einführung des Globus wird zugleich ein Rahmen für das abgesteckt, was noch zu erkunden ist.

Durch diese Vorstruktur vor der Sache erhält die Sprache eine konstitutive Bedeutung für die Erfassung der Wirklichkeit. Sie wird, wie Helmut Plessner sagt, zu einer „Sparmaßnahme"[22], weil sie der Erfahrung und dem, was die Heimatkundedidaktiker „unmittelbare Anschauung" nennen, immer schon vorgreift und diese Erfahrungen und Anschauungen teilweise erübrigt. Unter diesem Aspekt könnte man sagen, dass die Schule als der Ort, an dem immer gesprochen wird, eine Verfrühungsinstitution par excellence sei.

22 Plessner 1964, S. 38

Literatur

Bollnow, Otto Friedrich: Die Macht des Worts. In: Neue pädagogische Bemühungen, Bd. 16/17, 2. Aufl. Essen 1966

Geissler, Rolf: Für eine literarische Verfrühung. In: Pädagogische Rundschau, 11/1962 S. 794–801

Grotelüschen, Wilhelm: Eduard Spranger und die Heimatkunde. In: Westermanns Pädagogische Beiträge; 5/1968, S. 221–230

Jeziorsky, Walter: Allgemeinbildender Unterricht in der Grundschule. Braunschweig 1965

Karnick, Rudolf: Mein Heimatort, Bd. I. 9.–12. Aufl. Weinheim/Bergstr. 1964

Kramp, Wolfgang: Die Pädagogik des J. A. Comenius und das Problem der Verfrühung. Unveröff. Diss. Göttingen 1957

Kramp, Wolfgang: Überforderung als Problem und Prinzip pädagogischen Handelns. In: Westermanns Pädagogische Beiträge, 9/1961, S. 397–399

Kramp, Wolfgang: Verfrühung, Vorwegnahme. In: Pädagogisches Lexikon, hrsg. v. Hans-Hermann Groothoff/Martin Stallmann, 2. Aufl. Stuttgart 1964, S. 990–991

Odenbach, Karl: Das Wagnis des Unterrichts. 1. Aufl. Braunschweig 1967

Odenbach, Karl: Ist die Überforderung ein pädagogisches Prinzip? In: Westermanns Pädagogische Beiträge, 3/1962, S. 90–98

Plessner, Helmut: Conditio humana. Pfullingen 1964

Sauter, Karl: Der Heimatkunde-Unterricht. 6. Aufl. Rottenburg 1954

Schleiermacher, Friedrich D. E.: Erziehungslehre. Hrsg. v. C. Platz, Berlin 1849

Spranger, Eduard: Der Bildungswert der Heimatkunde. 6. Aufl. Stuttgart 1964

Stern, William: Psychologie der frühen Kindheit. 5. Aufl. Leipzig 1928

Thomae, Hans: Entwicklungsbegriff und Entwicklungstheorie. In: Handbuch der Psychologie, Bd. 3: Entwicklungspsychologie, hrsg. v. H. Thomae, Göttingen 1957, S. 3–20

Treinen, H.: Symbolische Ortsbezogenheit. In: Kölner Zeitschrift für Soziologie und Sozialpsychologie, 17. Jg., 1965, S. 73–98 und 254–271

Weniger, Erich: Theorie der Bildungsinhalte und des Lehrplans. In: Didaktik der Bildungslehre, Teil I, 8. Aufl. Weinheim/Bergstr. 1965

Wichmann, Otto: Eigengesetz und bildender Wert der Lehrfächer. 2. Aufl. Darmstadt 1964

Witte, Rudolf: Naturwissenschaftlicher Unterricht in der Grundschule. In: Westermanns Pädagogische Beiträge, 7/1966, S. 320–327

3 Aneignungsschwierigkeiten didaktischen Theoriewissens

(1983)

Dieser Text ist ein theoretischer Kommentar zu dem 1980 erschienenen Buch „Leitfaden zur Unterrichtsvorbereitung“. Ich wollte damit deutlich machen, warum ich die gängigen allgemein didaktischen Modelle für „Feiertagsdidaktiken“ hielt und wie ich mir eine stärker biografisch orientierte Vorbereitungstheorie und -praxis vorstellte.

1 Die Artisten in der Zirkuskuppel: ratlos!

Die für die Didaktik zuständigen Hochschullehrer treten in aller Regel mit dem Anspruch an ihre Studentinnen und Studenten heran, ihnen ein so genanntes didaktisches Konzept für die Unterrichtsgestaltung zu vermitteln; schön aus einem Guss und geeignet den Schulalltag zu verbessern. Aber haben Sie jemals in einem Schulkollegium einen Lehrer getroffen, der – befragt nach den Ursachen seines Unterrichtserfolgs – geantwortet hätte: „Na ja, ich hab ja auch gründlich Didaktik studiert!“ Ich kenne keinen solchen Lehrer! Und was soll ich jenem engagierten und intelligenten Studenten raten, der nach dem ersten Unterrichtspraktikum an die Universität zurückkam und mir sagte: „Das war echt ein Frusterlebnis, das ich im Praktikum erfahren habe: *Es geht auch ohne Theorie!* Irgendwie gingen da auch meine Ideale baden, die Absicht, ganz bewusst alle Aspekte des Unterrichts erfassen zu wollen.“ Soll ich Michael erklären, dass er ein falsches Theorie-Praxis-Verständnis hat? Oder ihm nachweisen, dass er in seinem Alltagsverständnis von Unterricht bereits eine Fülle von Theorie-Splittern verinnerlicht hat? Ich fürchte, dass Michaels sinnlich-handgreifliche Erfahrung „Es ging auch ohne Theorie“ tiefer sitzen wird als alle meine Belehrungsversuche.

Ich bin Lebenszeitbeamter mit festem Gehalt und ohne drohendes Berufsverbot. Ich hetze durch den Uni-Alltag, um möglichst viele Studenten möglichst schnell arbeitslos zu machen. Ich predige den Studenten, dass sie im Unterricht die materielle Lage der Schüler, ihre Bedürfnisse und Interessen zum Ausgangspunkt machen sollten, aber die Lebens- und Berufsperspektive der Studenten macht mich rat- und hilflos. Schaue ich zu den „fertigen“ Lehrern irgendwo im Schuldienst, so lösen sich meine

Probleme nicht. Nur wenige Lehrer leiten ihr berufliches Selbstverständnis aus dem Studium ihrer Berufswissenschaft, also der Didaktik, her. Und ich habe den Verdacht, dass dies in anderen akademischen Berufen, z. B. bei Medizinern, Theologen oder Psychologen, nicht so ist!

Wir sind – nicht erst, seit es Lehrerarbeitslosigkeit gibt – wie die Artisten in der Zirkuskuppel, vollführen schöne Drahtseilakte und Salti mortale, holen ab und an einen hoffnungsvollen Jungakrobaten zu uns nach oben und merken gar nicht, dass beträchtliche Teile der Studentenschaft das Zelt schon wieder verlassen haben, weil sie sich von der Wissenschaft kaum mehr etwas erhoffen. Ich halte nichts von Katastrophenmeldungen und Krisenbeschwörerei. Aber es ist offensichtlich, dass der Umgang der heute studierenden künftigen Lehrer mit Theoriewissen sich radikal vom Umgang der z. B. 1970 studierenden Generation unterscheidet.

2 Theorieaneignung mit Kopf, Herz, Händen und allen Sinnen

Didaktische Theorien werden keineswegs geradlinig und zielstrebig und so, wie es sich ihre Erfinder vielleicht erhoffen, vom Studenten übernommen. Theoriewissen wird – wenn überhaupt – in einem ganzheitlichen und komplexen Lernprozess angeeignet, verarbeitet, verworfen und manchmal bis zur Unkenntlichkeit verwandelt. Und das wird von vielen Hochschullehrern übersehen. Sie meinen, ein didaktisches Konzept „aus einem Guss" zu liefern, und vergessen, dass ihr Theorieangebot nur so aufgenommen wird, wie es die Lernbedingungen von Berufsanfängern, Prüfungskandidaten oder Routiniers zulassen. Der Berufsanfänger, der schon im ersten Semester weiß, dass er mit 90-prozentiger Wahrscheinlichkeit arbeitslos werden wird, geht emotionaler, kritischer und auch ehrlicher mit seinen Gefühlen um, als wir Hochschullehrer mit einer straff-asketischen Theoriesozialisation dies gewohnt sind. Und der Routinier? Sofern neues didaktisches Theoriewissen von ihm überhaupt zur Kenntnis genommen wird, so neigt er zu dessen Instrumentalisierung und skeptisch-spöttischer Relativierung. Denn man hat an seinem eigenen Lernweg erfahren, dass der Aufbau unterrichtlicher Handlungskompetenz nur zum geringeren Teil von der Qualität des vorher angeeigneten didaktischen Theoriewissens abhing und dass er zu sehr viel größeren Teilen von so schwer definierbaren Faktoren wie „Erfahrung", „Betriebswissen", „Lehrerpersönlichkeit", „Fantasie" und „Selbstbewusstsein" gesteuert worden ist. Und diese Faktoren überwölben auch die Theorieaneignung:

- Man erlernt didaktisches Theoriewissen nicht nur mit dem Kopf, sondern immer auch mit dem Herzen, den Händen und allen Sinnen, ja mit dem ganzen Körper. Ein „rein" kognitives Lernen gibt es überhaupt nicht, weil immer Kopf und Körper verbunden bleiben – auch dann, wenn gewaltsam die körperlichen Anteile am Theoriestudium zu verdrängen versucht wird.
- Man erlernt Theorien über die Glaubwürdigkeit der Personen, die sie vertreten. Und man gelangt zur Ablehnung von Theorien über die Personen, die sie vertreten.
- Man verinnerlicht Theoriewissen über die Art und Weise (alias: Methode), in der es vermittelt worden ist. Die vom Hochschullehrer gewählten Sozialformen, die kahlen Seminarraumwände, die brutale Betonarchitektur von Hochschulneubauten färben die Theorieaneignung ein – aber zumeist nicht buntscheckig und schillernd, sondern grau in grau.
- Man lernt Neues auf der Grundlage des Alten. Leicht integrierbare Theorien werden schneller assimiliert; völlig andersartige Theoriebestände weggedrückt, manchmal aber auch in Krisen in Erinnerung gerufen.
- Und vor allem: Man lernt Theorie nur dann kennen und erwirbt die Fähigkeit, ihren Geltungsanspruch zu beurteilen, wenn man *handelnden Umgang* mit ihnen pflegt – nicht, indem man sich in Vorlesungen davon berieseln lässt.

Man entwickelt im Studium und danach eine *Haltung*[1] gegenüber didaktischem Theoriewissen – auch, wenn man so gut wie kein prüfungsähnlich abfragbares Wissen behalten hat. Ja selbst dann, wenn man sich mit Erfolg am Didaktikstudieren vorbeigemogelt hat, hat man eine Haltung gegenüber der Didaktik entwickelt: die, sie für überflüssig zu halten. Und genau auf diese Haltung kommt es an, weil sie langfristig viel stabiler ist als das zumeist nur zu Prüfungszwecken eingebläute Sachwissen.

Wenn diese Behauptung stimmt, komme ich zu folgender Ausgangsthese über die Funktion didaktischen Theoriewissens: *Didaktisches Theoriewissen ist dazu verdammt, sich selbst überflüssig zu machen.* Denn jede Vorstellung einer direkten und geradlinigen „Steuerung" des Lehrerhandelns durch Theorievorschriften (wie sie z. B. in den Entscheidungsrastern der gängigen Didaktiken vorliegen) ist naiv. Unterrichtssituationen sind so komplex, dass sie über programmierte Entscheidungsabläufe nicht gesteuert werden können – es sei denn, man erkauft die Steuerungs-

1 Ich übernehme diesen alten-neuen Begriff von Ingo Scheller, weil er den Vorzug hat, körperliche und geistige Momente der Lehrerpersönlichkeit zu integrieren (vgl. Scheller 1982).

fähigkeit des Unterrichts durch dessen totale Erstarrung. Ziel der Aneignung didaktischen Theoriewissens muss also die konstruktive Abnabelung von diesem Wissen sein. Autonomes Lehrerverhalten setzt voraus, dass der Lehrer zu sich selbst gefunden hat – und nicht zu einem Buch.

Die Qualität didaktischen Theoriewissens darf also nicht allein an der theorieimmanenten Stimmigkeit dieses Wissens überprüft werden. Sie muss auch im Blick auf die Beachtung oder Nichtbeachtung dieses komplexen, ganzheitlich-sinnlichen Aneignungsprozesses beurteilt werden. Der Prozess des Theorieerwerbs muss in den Mittelpunkt der Aufmerksamkeit gerückt werden. Es gibt zwar einige Untersuchungen zu der Frage, wie der lernende Student oder Referendar die Unterrichtswirklichkeit wahrnimmt (Stichwort „Praxisschock"). Die gezielte Frage, welche Rolle dabei das didaktische Theoriewissen spielt, ist in solchen Untersuchungen aber zumeist vernachlässigt worden. Deshalb schlage ich vor, zunächst einmal so etwas wie didaktische Lernbiografien der Studenten nachzuzeichnen.

3 Lernbiografien

Die Aneignung didaktischen Theoriewissens erfolgt nie zufällig. Sie ist mit dem Lebenslauf des Lernenden vielfältig verwoben. Die schon von Dilthey an den Anfang jeglicher geisteswissenschaftlich-hermeneutischen Theoriearbeit gerückte biografische Methode ist in den letzten Jahren im gesamten sozialwissenschaftlichen Forschungsbereich wieder stark in den Vordergrund gerückt worden – meines Wissens ist die Aneignung didaktischen Theoriewissens aber noch nicht zum Gegenstand biografischer Analysen gemacht worden. Ich möchte deshalb zunächst nur einige *Splitter* solcher Biografien dokumentieren, die ich mehr oder weniger zufällig im Studienbetrieb gesammelt habe. Ich frage einen zweiphasig ausgebildeten Referendar, wo und wie er das erste Mal Kontakt mit didaktischer Theorie gehabt habe. Seine Antwort:

> „Im vierten Semester bin ich das erste Mal ins Erziehungswissenschaftliche Seminar gezuckelt. Da hielt ein Assi, den Namen habe ich vergessen, ein Seminar über so 'ne abenteuerliche Lernzielsache. Eine Taxonomie der Lernziele, von drei Amerikanern. Technokratische Scheiße! Da hatte ich die Nase so voll, dass ich vier weitere Semester brauchte, bis ich wegen der nahen Prüfung wieder ins Erziehungswissenschaftliche Seminar gehen musste!"

Aber auch dann, wenn der Einstieg in die Didaktik glücklicher verläuft, steht nicht das Theoriewissen im Vordergrund, sondern der Versuch, die eigene Berufsperspektive aufzubauen. Deshalb haben die Praktika zumeist einen sehr hohen Stellenwert. Sie sind nicht die Probe aufs Exempel (ob nämlich die zuvor angeeignete Theorie stimmig sei), sondern kräftiger Impuls für eine nachträgliche Suche nach Theorien. Ich habe eine Oldenburger Musikstudentin gefragt, was ihr erstes Praktikum mit didaktischem Theoriewissen zu tun gehabt habe. Hier ist Gabys Antwort:

> „Ich bin mit ganz hohen Erwartungen ins Praktikum gegangen. Ich wollte zu den Schülern einen guten Draht bekommen; meine Ängste abbauen, mich sicher und wohl fühlen. Diese Hoffnungen sind kaum erfüllt worden. Der Lehrer hat mich zwar gelobt, aber ich war mit mir selbst unzufrieden.
>
> Eine positive Erfahrung ist dann doch geblieben. Ich habe ungeheuer viele neue Fragen: Wie kann ich mit Disziplinschwierigkeiten pädagogisch sinnvoll umgehen? Nach welchen Kriterien soll ich die Qualität meines Unterrichts beurteilen? Wie kann ich Unterricht so offen planen, dass die Schüler mitbestimmen können, ohne dass ich gleich meine gesamte Planung über Bord werfen muss?
>
> *Ich glaube, jetzt anders studieren zu können, weil ich weiß, auf welche Fragen ich Antworten suchen muss.*"

Die Bereitschaft, sich didaktisches Theoriewissen anzueignen, ist also vorhanden. Es fragt sich nur, ob die Studentin im alltäglichen Unibetrieb Antworten auf ihre Fragen erhält. (Die Lehrveranstaltung zum Thema „Disziplinschwierigkeiten" z. B. sucht sie im WS 82/83 in Oldenburg vergeblich!) Auch sie wird sehr schnell gezwungen sein, statt eines selbst bestimmten Studiums die Sachzwänge der Prüfungsordnung zu exekutieren. Ich habe den Eindruck, dass ein angemessener und freier Umgang mit didaktischem Theoriewissen – wenn überhaupt – dann erst *nach* dem Zweiten Examen bzw. nach Abschluss der einphasigen Ausbildung möglich wird – also gerade dann, wenn ein gehöriger Teil der Lehrer im Begriff ist zu beschließen, sich um Klafki, Heimann/Otto/Schulz, Möller, Grell und wen auch immer nicht mehr zu kümmern. Dazu eine weitere wörtliche Stellungnahme eines Oldenburger Sonderschullehrers, der ein Jahr zuvor seine Examina hinter sich gebracht hatte. Auf meine Frage „Was hat dein Unterricht mit didaktischem Theoriewissen zu tun?" antwortete Heiner:

„*Ich richte mich nicht nach einer bestimmten Didaktik.* Ich will mich da nicht auf eine Richtung versteifen. Das ist jetzt bei mir ein ständiges Ausprobieren und Abwägen, was geht und was nicht geht.

Ich hab jetzt mehr pädagogische Probleme. Das ist die vierte Schule, an die ich innerhalb eines Jahres geschickt worden bin. Die Schüler trauern noch hinter ihrer alten Lehrerin her und das kann ich ihnen doch nicht übel nehmen.

Ich kann dir aber sagen, worauf ich jetzt Wert lege: Ich bemühe mich, auf die Schüler einzugehen. Und ich versuche, mit ihnen gemeinsam etwas zu machen. Ich war mit meinen Sonderschülern z. B. im Zirkus Roncalli und hinterher haben wir einen Elternabend daraus gemacht."

Dieser Lehrer hat sich für seine unterrichtspraktischen Prüfungsstunden selbstverständlich auf bestimmte didaktische Konzepte bezogen. Aber danach hat er sie erst einmal wieder zur Disposition gestellt. Nicht polemisch-aggressiv (wie Lea Fleischmann[2]), sondern vorsichtig-tastend. Man benötigt eben mehr Zeit, als Studiengänge und Prüfungsordnungen zugestehen, um sich die Frage zu beantworten, ob diese oder jene Theorie mir hilft, *mein* Bild vom guten Unterricht zu entfalten. Man wird nicht von Theorien geprägt, sondern vom erprobenden, tastenden und handelnden Umgang mit solchen Theorien im Schulalltag. Ich habe einem zweiten einphasig ausgebildeten, inzwischen arbeitslosen Sek-II-Lehrer, Wolfgang Grams, meine Standardfrage gestellt. Seine etwas längere Antwort soll hier ebenfalls wiedergegeben werden, weil in ihr die subjektive Wahrnehmung eines *Entwicklungsfortschritts* besonders deutlich wird:

„Im Umgang mit didaktischen Theorien hat es bei mir *mehrere Phasen* im Verlauf meines Studiums gegeben, deren Reihenfolge sicherlich nicht zufällig ist.

Ich erinnere mich, dass ich zunächst den Unterricht *stark vom Gegenstand her geplant habe.* Schlecht war dies insofern, als die Struktur des Gegenstandes schlicht auch die didaktische Struktur des Unterrichts abgab (wobei die in der eigenen Schülerzeit vermittelten Leitbilder sicherlich noch nachwirkten). Die Lernziele dieses stofforientierten Unterrichts kamen dann von irgendwo her. Gut war dieses Vorgehen insofern, als gerade die Ziele legitimiert wurden. Dazu machte ich Anleihen in der Fachwissenschaft, in der Fachdidaktik, in

2 Fleischmann 1980, S. 84–92

der Pädagogik und Wissenschaftstheorie und der eigenen reflektierten parteilichen Setzung.

Es begann dann eine *zaghafte, schließlich aber von skeptischer Zuversicht getragene Wanderung in Richtung auf die Schüler.* Zwar blieben sie weitgehend Objekte des Unterrichts, ich kam ihnen aber doch näher, je weiter die ersten Unterrichtsversuche zurücklagen. Einmal, weil ich sicherer wurde und ihnen mehr Spielräume lassen konnte, aber entscheidend auch durch didaktische Reflexion, die Pragmatismus und Eingewöhnung in konventionelle Unterrichtsbilder verhindern hilft. Dazu kam die Erfahrung aus Unterrichtsvorhaben, die Erfahrung von Erfolg, subjektiver Zufriedenheit und natürlich auch von Misserfolgen. Allesamt waren sie Gegenstand von Diskussionen mit Kommilitonen, Kommilitoninnen und Hochschullehrern. Dabei ging es um theoretische Positionen, aber die Begriffe wurden durch den Bezug auf die eigene Unterrichtserfahrung lebendig und konkret.

Die Schüler konnten ernst genommen werden, nicht nur, weil ich sicherer wurde, sondern auch, weil die Begriffsbildung über sie sicherer wurde. Ihre Wahrnehmungen des von mir veranstalteten Unterrichts, ihre Erkenntnisprozesse, ihre Interessen und ihre Unlust am Stoff wurden langsam zu neuen Kriterien für meine Entscheidungen und mein Handeln im Unterricht.

Damit wurden bisher bezogene didaktische Positionen (theoretisch wie praktisch begründet) verlassen, und gleichzeitig war der Weg für die Übernahme neuer Positionen geebnet. *Die didaktische Wanderung wurde in Richtung auf ein Konzept handlungsorientierten Unterrichts fortgesetzt.*

So gesehen haben *didaktische Theorien* eben doch etwas mit meinem Unterricht zu tun und bekommen nur so ihren Sinn. Sie dienen mir dazu, mich auch von ihnen zu emanzipieren!"

Die spannende Frage, die für mich bei der Lektüre der studentischen Stellungnahmen dieses Abschnitts entstand, lautet: *Gibt es eine Entwicklungslogik in der Theorieaneignung,* wie dies vom Studenten Wolfgang behauptet wird? Es könnte ja sein, dass hier lediglich eine nachträgliche Glättung subjektiver Wahrnehmungen des Studenten vorliegt, die durch meine provozierende Frage nach der Rolle des Theoriewissens verursacht worden ist. Für die Weiterentwicklung der didaktischen Theorie wäre es außerordentlich hilfreich, wenn – etwa analog zu Kohlbergs Stufenschema der Entwicklung der moralischen Urteilsfähigkeit – auch der Aufbau von Unterrichtskompetenz deutlich identifizierbare Stadien durchläuft. Ich kann diese Frage nicht beantworten, weil ich keine entsprechenden empirischen Untersuchungen kenne. Die inzwischen vorliegende methodologische Kritik an den Stufenkonzepten von Kohlberg, Piaget und anderen mahnt zur Vorsicht. Ich gehe deshalb davon aus, dass es keine gesetzmäßig durchschlagende Entwicklungslogik, wohl aber *typische Abläufe* in den Lernbiografien von Lehramtsstudenten gibt, die stärker als bisher für die Präsentation didaktischen Theoriewissens beachtet werden müssen:

- „Wanderbewegungen" zwischen z.T. höchst unterschiedlichen oder gar gegensätzlichen didaktischen Theorien sind nichts Ungewöhnliches, vielleicht sogar die Regel.
- Das „Ausschlachten" vorgeführter Theorien im Blick auf „verwertbare" Anteile ist ein völlig normaler Vorgang und deshalb bei der Theorieproduktion zu beachten.
- Typisch scheint schließlich für fast alle Anfänger zu sein, die Schüler zuerst als Objekte ihrer noch so gut gemeinten Absichten zu verstehen und erst ganz allmählich die Schüler als Subjekte mit eigenen Interessen und Handlungszielen wahrzunehmen.

Und was fangen *routinierte Lehrer,* die 5, 10 oder 20 Jahre lang im Schuldienst sind, mit didaktischem Theoriewissen an? Leider beziehen sich empirische Untersuchungen durchweg auf „auffällige" Lehrer, die als Mentoren, als freiwillige Mitarbeiter an Schulprojekten oder was auch immer tätig waren. Der „Otto Normalverbraucher" unter den Lehrern kommt in der empirischen Forschung kaum vor. Auch wir Hochschullehrer haben mit ihm so gut wie keinen Kontakt. Wir haben es immer schon mit einer „Motivationselite" zu tun. Ich habe deshalb einen gerade pensionierten Lehrer in Bremen angeschrieben und meine Standardfrage gestellt, welche Rolle didaktische Theoriebildung bei seiner Routineentwicklung gespielt habe. Seine Antwort war ehrlich, aber wenig hilfreich: „Ich habe schlicht keine Lust, nun auch noch nach der Pensionierung so schwierige Fragen zu beantworten."

4 Routinebildung bei der Unterrichtsvorbereitung

Routinierte Lehrer lehnen didaktisches Theoriewissen nicht grundsätzlich ab, aber sie sind ausgesprochen skeptisch und wählerisch. Sie haben an den allgemeinen Didaktiken – zumindest in der Form, in der sie heute als Buchwissen angeboten werden – wenig Interesse. Noch seltener haben sie ein Bedürfnis, die didaktische Theorien- und Modellbildung voranzutreiben. Neue didaktische Modelle, die auf den Markt kommen, werden – wenn's gut geht – ausgeschlachtet, um die eigenen Vorstellungen vom guten Unterricht besser auf den Begriff bringen zu können. Ein Routinier, befragt nach seinem Unterrichtskonzept, dürfte kaum sagen: „Ich bin Anhänger der kommunikationstheoretischen Didaktik." Er wird betonen, sein eigenes Konzept entwickelt zu haben und allenfalls zugestehen: „Na ja, wenn Sie unbedingt wollen, können Sie das, was mir in meinem Unterricht wichtig ist, auch mit solchen Begriffen umschreiben!"

Aber die Tatsache, dass fertig ausgebildete Lehrer sich nur sehr zögerlich auf neue didaktische Modellbildungen einlassen, bedeutet ja nicht, dass routinierte Unterrichtstätigkeit theorielos sei. Routinebildung bedeutet ja gerade, dass ursprünglich bewusst und kontrolliert abgelaufene Handlungsmuster verinnerlicht und automatisiert worden sind. Es ist also für eine gerechte Beurteilung routinierter Lehrer unbedingt erforderlich, eine *Oberflächenstruktur* von einer Tiefenstruktur zu unterscheiden.[3]

Routinierte Unterrichtsführung zeichnet sich gerade dadurch aus, bei Bedarf (also: wenn ein erhöhter Rechtfertigungszwang entstanden ist) theoretisiert werden zu können. Ich habe versucht, auf der Grundlage einiger weniger empirischer Untersuchungen und durch eigene kleine Experimente mit der Methode des „lauten Denkens"[4] die Charakteristika routinierter Unterrichtsplanung ein wenig genauer zu beschreiben:

Routiniertes Planungsverhalten von Lehrern zeichnet sich dadurch aus,

- dass es nicht linear der Ziel-, Inhalts- und Methodenkette folgt, sondern *problem- und aufgabenbezogen* ist,
- dass es *spiralförmig* alternative Problemlösungen immer wieder durchdenkt, verwirft und schließlich auswählt,
- dass es auf *mittlerem Abstraktionsniveau* verbleibt und situationsspezifische Entscheidungen offen lässt,
- dass es die Zielentscheidungen überwiegend *implizit* und nicht-operationalisiert trifft.

Ich möchte diese Charakteristika im Folgenden stichwortartig erläutern. Sollte dabei ein schiefes Bild vom Arbeitsplatz des Lehrers entstehen, so lasse ich mich gerne eines Besseren belehren.

3 vgl. die Studie von Peters et al. 1982

4 Ich habe Lehrer und Lehrerinnen in mein Universitätsseminar gebeten und sie aufgefordert, das Ausdenken einer Stundenplanung mit „lautem Denken", also mit begleitendem Verbalisieren vorzuführen (vgl. Bromme 1981).

Zeitbedarf

Die für die Unterrichtsvorbereitung aufgewandte *Zeit wird deutlich kürzer.* Zum Teil findet allerdings nur eine Umverlagerung von schriftlicher Arbeit am Schreibtisch zu mündlich-kognitiver Vorbereitungstätigkeit „nebenher" statt.

Heinz-Jörg Oehlschläger hat festgestellt, dass von den 61 Prozent der erfassten Lehrer, die angegeben hatten, sich täglich, aber nur kurz vorzubereiten, im Durchschnitt 15 Minuten Vorbereitungszeit je Unterrichtsstunde aufgewandt wurde. Und in dem von der GEW bestellten Gutachten des Instituts für Arbeitspsychologie der TU München vom Mai 1980 wird errechnet, dass ein Lehrer durchschnittlich je Unterrichtswoche *7 Stunden und 5 Minuten* für Vor- und Nachbereitung aufwendet.

Der Zeitbedarf routinierter Lehrer ist nach der Clark/Yinger (1979) auch nach Fächern deutlich unterschiedlich. Diese Autoren haben für muttersprachlichen Unterricht die längste, für Mathematik die zweitlängste, für sozialwissenschaftliche Fächer die drittlängste und für naturwissenschaftliche Fächer die kürzeste Vorbereitungszeit ermittelt.

Auf Grund eigener, aber noch nicht empirisch kontrollierter Erfahrungen kann zusätzlich davon ausgegangen werden, dass der Zeitaufwand vom eigenen Kompetenzgrad des Lehrers im jeweiligen Fach abhängt. Dabei gehe ich von der nur scheinbar paradoxen *Forschungshypothese* auf, dass sich routinierte Lehrer für Fächer, für die sie schlecht oder überhaupt nicht ausgebildet worden sind, weniger lange vorbereiten als für Fächer, die sie gründlich studiert haben!

Benutzung von Rastern

Die im Studium und Referendariat eingeübten *Raster der Stundenplanung* werden aufgegeben und durch eigene Techniken der Vorbereitung ersetzt.

Die meisten Didaktiker an Hochschulen gehen davon aus, dass es eine bestimmte Reihenfolge geben müsse, in der der Lehrer seine Planungsentscheidungen trifft. Erst müsse der Lehrer die Lernvoraussetzungen der Klasse ermitteln, dann müsse er die Lernziele festlegen, dann Inhalts- und Methodenentscheidungen treffen und im letzten Schritt die Lernkontrollentscheidungen machen. Genau dies ist nicht der Fall!

Problemorientierung

Es wäre jedoch völlig *falsch,* die Vorbereitungsarbeit des Routiniers als eine *verkrüppelte Schwundform* der „eigentlich" notwendigen Vorbereitung gemäß gängiger didaktischer Theorien zu betrachten.

An die Stelle der in der Ausbildung eingebläuten Raster tritt eine *ganzheitliche, stärker am zu lösenden Problem der neuen Schulstunde* orientierte Form der Vorbereitung: Nicht Zielformulierungen, nicht empirische Analyse der Lernsituation der Klasse, sondern das Durchdenken des geplanten Stundenverlaufs wird zum Kristallisationspunkt der Überlegungen! Dabei finden sehr wenige *Operationalisierungen* von Ziel-, Inhalts- und Handlungsplanungen statt. Die Planung erfolgt sehr viel abstrakter als beim Berufsanfänger; die fälligen Konkretisierungen (z. B. über den Wechsel von Lehrer- und Schüleraktivitäten, über die endgültige Formulierung der Hausaufgaben, über das Schwierigkeitsniveau der Aufgaben) werden flexibel während der Stunde getroffen.

Mündlich/schriftlich

Der größte Teil der Unterrichsvorbereitung des Routiniers erfolgt mündlich. Genauer müsste man formulieren: Es handelt sich um *mentale* Prozesse.

Nur ein kleiner Teil der vom Lehrer getroffenen Entscheidungen wird notiert – auf *Spickzetteln* oder in *Kladden.* Man notiert all das, was sich nicht auswendig zu lernen lohnt, weil es nur ein überflüssiger Gehirnballast wäre: Wörtliche Frageformulierungen; Differenzierungsmaßnahmen, Zensuren, Hausaufgaben, Medienentscheidungen usw. Gerade diejenigen Notizen, die dem Anfänger abverlangt werden, kommen kaum mehr vor: Lernzielfestlegungen; Analysen der Lernvoraussetzungen der Schüler; Zusammenhänge von Ziel-, Inhalts- und Methodenentscheidungen.

Benutzte Hilfsmittel

Der routinierte Lehrer benutzt nur diejenigen Hilfsmittel, die ohne zusätzlichen Zeitaufwand an seinem Arbeitsplatz greifbar sind:

- Das sind in der Regel *nicht die Richtlinien.* (Nur jeder zweite Lehrer hat Richtlinien in der Hand; die wenigsten blättern in ihnen vor Beginn der Vorbereitungsarbeit; (vgl. Oehlschläger 1978).
- Das häufigste Hilfsmittel sind die *Schülerbücher* und die Lehrerbegleithefte/ -bücher zu den Schulbüchern. (Heinz-Jörg Oehlschläger hat ausgezählt, dass diese Quelle für 84 Prozent aller befragten Lehrer primäres Hilfsmittel ist; nur 7 Prozent gaben an, regelmäßig zu fachwissenschaftlicher Literatur zu greifen.)
- Eine wichtige Quelle stellen sicherlich die *Gespräche mit Kollegen* und anderen Erwachsenen, z.T. auch die Gespräche und Auseinandersetzungen mit den Schülern dar.

- Als Hilfsmittel im hier verwandten Sinne müssen schließlich die *eigenen Unterrichtserfahrungen* angesehen werden, die während der Vorbereitungstätigkeit immer wieder aktualisiert werden.

Routinebildung beim Unterrichten ist überhaupt nicht zu vermeiden und deshalb auch nichts grundsätzlich Negatives. Sie setzt auch nicht erst nach dem Zweiten Examen ein, sondern in bestimmten Bereichen (z. B. bei der Technik des Schüler-Drannehmens) bereits nach wenigen Tagen des allerersten Praktikums. Routinebildung ist aber auch der Königsweg zur Anpassung an die herrschenden schulischen Verhältnisse. Sie verhindert eine radikale Auseinandersetzung mit unvereinbaren Erwartungen an die Lehrerrolle. Andererseits macht sich ein Lehrer ohne Routine sehr schnell kaputt. Erst Routine liefert diejenigen Reflexions- und Handlungserleichterungen für die alltägliche Schularbeit, die dann vielleicht ein wenig Kraft, Neugier und Mut für schulische Experimente und Innovationen freisetzen.

Nur eines erlaubt die Analyse routinierten Planungsverhalten nicht: Man kann aus ihr kein normatives neues Konzept für die Didaktik ableiten. Denn grundsätzlich darf man nicht das, was ist, unter der Hand als dasjenige ausgeben, was sein soll! Das, was sein soll, darf aber ebenso wenig freischwebend als Wolkenkuckucksheim einer gewünschten Didaktik formuliert werden. Erst, wenn man genauer weiß, welche Denkprozesse beim Lehrer ablaufen, wenn er auf dem Nachhauseweg, in den Pausen oder am Nachmittag an seinem Schreibtisch überlegt, wie die nächste Stunde laufen soll, kann man empirisch gehaltvolle Vorschläge zur Unterrichtsvorbereitung von Anfängern und von Routiniers machen.

5 Auf der Suche nach einem Prozessmodell der Theorieaneignung

Ich denke, dass die wenigen Beispiele und Konkretisierungen, die im dritten und vierten Abschnitt dieses Aufsatzes vorgenommen worden sind, eines deutlich gemacht haben: Die Frage nach der Qualität didaktischen Theoriewissens muss im Blick auf den Prozess[5] der Theorierezeption der Lehrerstudenten und Routiniers zu bestimmen versucht werden. Es reicht nicht aus, ein schönes neues, in sich stimmiges Didaktikmodell zu entwerfen. Man muss auch fragen, wie die Adressaten dieses Modells damit umgehen können. Und genau hier pflegen die Hochschullehrer die Grundsätze zu vergessen, die sie dem Lehrer im Blick auf deren Schüler anempfehlen. Die gängigen Didaktiken holen ihre Leser kaum dort ab, wo

5 vgl. dazu die sehr viel ausführlicheren Überlegungen bei Bastian 1978

sie stehen, sondern dort, wo sie gern hätten, dass sie stünden. Zwar ist die jahrzehntelange Tabuisierung der Rezeptionsprobleme didaktischen Theoriewissens seit drei, vier Jahren endlich durchbrochen worden. Es gibt inzwischen eine ganze Reihe empirischer und konzeptioneller Arbeiten zur Rezeptionsproblematik[6]. Aber diese Untersuchungen haben noch nicht zur Überarbeitung der wenigen gängigen, flächendeckend in der Lehrerausbildung der Bundesrepublik Deutschland eingesetzten Didaktikmodelle geführt. Es ist deshalb sicherlich kein Zufall, dass wir es uns gerade in der Lehrerbildung an der Universität Oldenburg angewöhnt haben, die gängigen didaktischen Theorien, die flächendeckend in der Bundesrepublik Deutschland in der ersten und zweiten Phase der Lehrerbildung angeboten werden, spöttisch als *Feiertagsdidaktiken* zu glossieren. Warum?

- Der unmittelbare *Berufsanfänger* ist mit den gängigen Didaktiken schlecht bedient, weil er bei der Lektüre mit wachsender Verärgerung feststellen wird, dass die psychisch-soziale Komplexität des Unterrichtens ausgeklammert bleibt. Er wird frustriert feststellen, dass immer schon ein Niveau an didaktisch-methodischem Geschick für die Nutzung dieser Modelle vorausgesetzt wird, das er doch durch die Einarbeitung in diese Modelle erst erwerben wollte!
- Und der *Routinier* wird feststellen, dass die in diesen Büchern formulierten Vorschläge mit seiner Alltagssituation so gut wie nichts zu tun haben. Bei vielen weckt die Lektüre dieser Bücher oft nur ein schlechtes Gewissen, weil einem wieder einmal vorgeführt worden ist, dass man sich „eigentlich" doch ganz anders hätte vorbereiten sollen!
- Nur der *Prüfungskandidat* kommt halbwegs auf seine Kosten: Für ihn haben diese Didaktiken zwar zumeist nur geringen Gebrauchswert für die Gestaltung des alltäglichen Unterrichts, aber doch einen hohen Tauschwert für die Examina. Hier findet er die Sprachspiele und das Legitimationswissen, das seine Prüfer von ihm erwarten.

Gerade in Oldenburg, dem einzigen Ausbildungsstandort in der Bundesrepublik, an dem wir Hochschullehrer noch für wenige Jahre die Studierenden von ihren ersten schüchternen Gehversuchen bis hin zum letzten Examen begleiten können,[7] ist deshalb die fiktion zerstört worden, dass es ein und dieselbe Didaktik geben könne, die „von der Wiege

6 Bromme 1981; Bromme/Seeger 1979; Clark/Yinger 1979; Geißler 1979; Grell 1981; Hofer 1981; Höhn 1980; Lowyck 1980; Oehlschläger 1978; Peters et al. 1982; Schründer 1982; Wagner u. a. 1981

7 Einen Überblick über Ziele und praktische Erfahrungen im Modellversuch zur Einphasigen Lehrerbildung finden Sie in: Bayer/Beck/Spindler/Tack 1982, S. 301–441.

bis zur Bahre" die sich wandelnden Erwartungen an die Didaktik zu befriedigen vermag. Nicht nur in der Präsentationsform, sondern auch in den Inhalten und Zielstellungen unterscheiden sich Anfängerdidaktiken grundsätzlich von Profi-Didaktiken. Dies schließt einen gemeinsamen wissenschafts- und bildungstheoretischen Begründungszusammenhang für die gesuchten „bereichsspezifischen" Didaktiken nicht aus.

In der *handgeschriebenen Skizze* (Seite 86) habe ich versucht, drei Stationen im langwierigen Prozess der Aneignung didaktischen Theoriewissens zu lokalisieren. Das verfügbare empirische Wissen über diese Lernorte ist allerdings unterschiedlich umfangreich:

- Wie eine *Profi-Didaktik* auszusehen hätte, ist am unklarsten. Es ist nicht einmal klar, ob eine solche Didaktik überhaupt als Theoriewissen im üblichen Sinne denkbar ist. Wolfgang Schulz (1980) hat eine neue Didaktik vorgelegt, die sich ausdrücklich an den „professional" wendet. Ich fürchte allerdings, dass sie ihn nicht erreichen wird. Denn Schulz hat die übliche Präsentationsform gängiger didaktischer Modelle gewählt.
- Wie die *Feiertagsdidaktiken* aussehen, ist bekannt. Wir haben mehr als genug davon. Die Skizze liefert nun allerdings (in Abweichung von meinem „Leitfaden zur Unterrichtsvorbereitung") eine gewisse Rehabilitierung dieser Didaktiken. Wenn sie gezielt in Richtung auf Prüfungsdidaktiken weiterentwickelt werden, so könnten sie dem Prüfling zwar immer noch kein Didaktikkonzept mit Gebrauchswert für den Schulalltag, wohl aber ein theoretisches Orientierungswissen mit Tauschwert für die Prüfung liefern.
- Am meisten Überlegungen habe ich dazu angestellt, wie eine *Anfängerdidaktik* aussehen könnte. Ich halte sie für unverzichtbar, weil sie einen notdürftigen und sicherlich auch widersprüchlichen Ersatz für die dem Anfänger fehlende Routine und Unterrichtserfahrung liefern kann. Sie muss zwei Aufgaben erfüllen: Sie muss einerseits Rezeptwissen und Handwerkszeug vermitteln; sie muss andererseits Identifikationsangebote liefern: eine konkrete Utopie, die die Richtung beschreibt, in der alltäglicher Unterricht weiterentwickelt werden sollte.
- Wie kommt man zu solch einer Anfängerdidaktik? Ich meine dadurch, dass man den *subjektiven Zugang* von Studenten zu didaktischem Theoriewissen genau studiert, weil er Ausdruck ihrer materiellen Lernbedingungen ist. Dies ist für mich der Grund, die *Tagträume* der Studenten (die manchem von uns Routiniers blauäugig, borniert-vorurteilshaft oder ideologisch fixiert erscheinen mögen) und die *Ängste* der Studenten (die uns vielleicht zu dem Aufschrei veranlassen, warum ausgerechnet dieses Menschenkind sich für den Lehrerberuf entschieden hat)

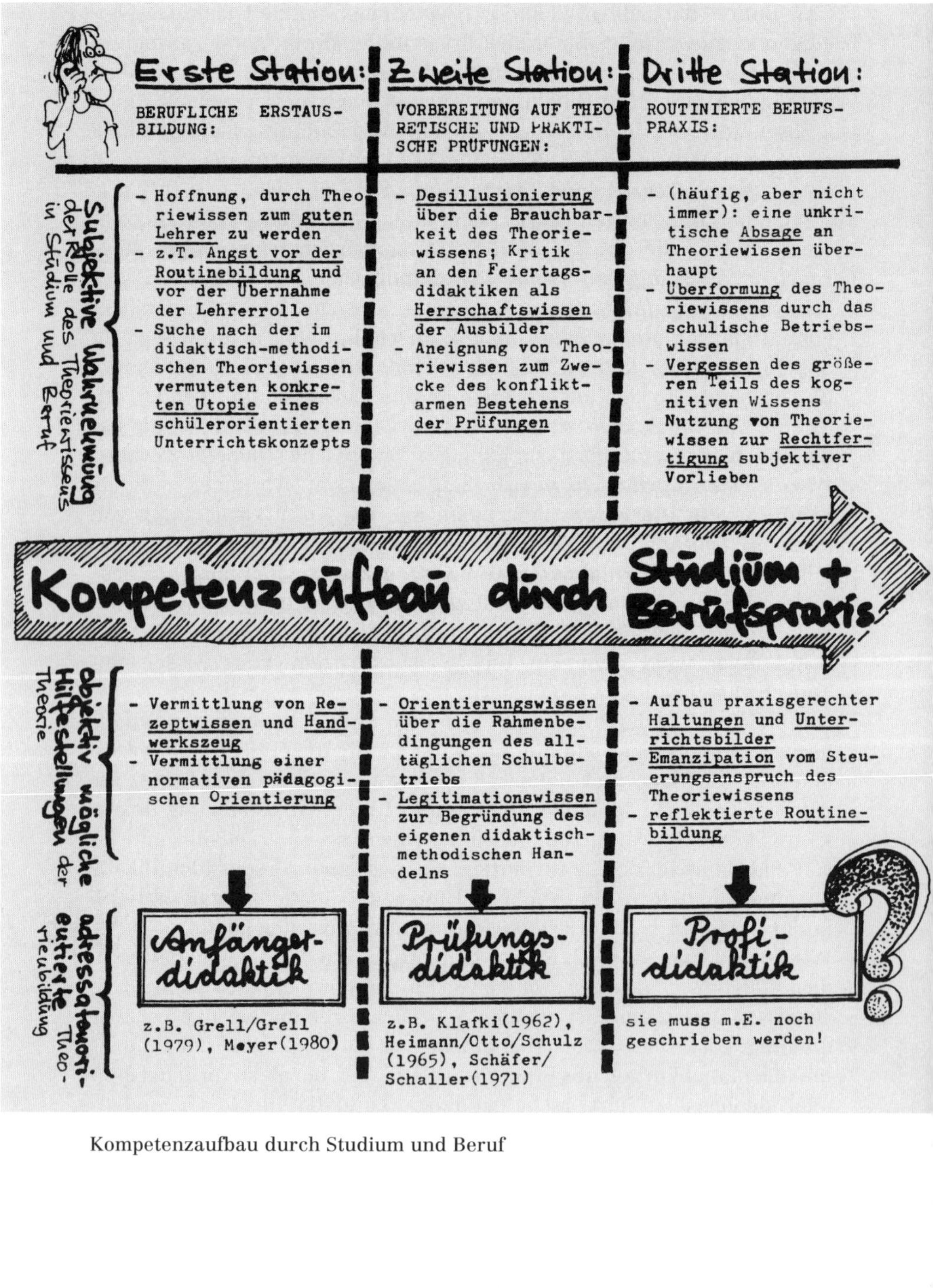

Kompetenzaufbau durch Studium und Beruf

ganz ernst zu nehmen. Es muss gelingen, Träume und Ängste der Studierenden in einen theoretischen Begründungszusammenhang einzuordnen und dadurch aufzuwerten. Gerade diese Ängste sind ja nur zum Teil subjektiv-privater Natur. Sie sind ebenso sehr Indikatoren für handfeste ungelöste Probleme des Schulalltags, für Entfremdungstendenzen in der Lehrerarbeit, die der routinierte Lehrer nicht mehr sensibel wahrzunehmen versteht.

- *Schülerorientierte Didaktik,* die ich an anderer Stelle konzipiert habe (vgl. Meyer 1980), ist für mich also nicht eine beliebige neue Feiertagsdidaktik neben anderen, sondern der Versuch, ausgehend vom *Alltagsbewusstsein der heutigen Studentengeneration* Identifikationsangebote für die Lehrerrolle zu produzieren.

Die drei Stationen unterscheiden sich aber nicht nur im Blick auf die Ziele und Inhalte didaktischen Theoriewissens. Sie unterscheiden sich wesentlich auch im *emotional-gefühlsmäßigen Zugriff auf Theorie!* Der Anfänger, der naiv-frohgemut von der Theorie erwartet, dass sie ihm hilft, praktische Probleme zu lösen, der Prüfungskandidat, der inzwischen gelernt hat, dass die häufigste Antwort der Wissenschaft darin besteht, dem Fragenden zu erläutern, weshalb er seine Frage falsch gestellt hat, und der Routinier, der gelernt hat, dass im Ernstfall er selbst und nicht irgendeine Theorie den Karren aus dem Dreck ziehen muss: Sie alle haben sinnlich-körperliche Erfahrungen mit Theoriewissen gemacht und ihre Haltung gegenüber diesem Theoriewissen durch diese Erfahrungen verändert.

6 Handelnder Umgang mit Theoriewissen

Die Verbesserung der Theoriearbeit in der Lehrerausbildung setzt also nicht nur eine Veränderung des Bewusstseins der Ausbilder von der Struktur der zu vermittelnden Theorien voraus, sondern auch eine Veränderung der Lernorte. Und deshalb halte ich den Abbruch des Modellversuchs zur Einphasigen Lehrerausbildung an der Carl von Ossietzky-Universität in Oldenburg für eine traurige Fehlentscheidung! Denn gerade die Didaktiker waren diejenigen, die am meisten von diesem Versuch profitiert haben! Nur dann, wenn den Studierenden ein mehrfacher Wechsel zwischen Theorie- und Praxisphasen gestattet wird und wenn sie *ausreichend Zeit* zugestanden bekommen, können sie einen konstruktiv-kritischen Umgangsstil mit Theoriewissen entwickeln und verinnerlichte Einsichten auch in unterrichtliche Haltungen übertragen. Didaktisches Theoriewissen wird vor allem dann für die Unterrichtsarbeit fruchtbar, wenn es im eigenen Unterricht erprobt und überprüft worden ist. Man muss also einen *handelnden Umgang* mit Theoriewissen üben. Aber wie macht man das?

Vom Studenten, der eine didaktische Theorie in einen Stundenablauf übertragen soll, wird eine recht *komplizierte Übersetzungsleistung* verlangt. Er muss ein mehr oder weniger konsistent aufgebautes theoretisches Gedankengebäude zunächst einmal studieren und kapiert haben – nicht in allen Details, aber doch in den wesentlichen Strukturlinien. Er muss dann aus dem Theoriegebäude einen Stundenentwurf entwickeln. Dazu benötigt er selbstverständlich nicht nur Theoriewissen, sondern auch didaktisch-methodische Fantasie. Dieser erste Übersetzungsschritt ist aber noch verhältnismäßig einfach (obgleich viele Hochschullehrer diese Hürde schon nicht mehr zu überspringen vermögen), weil hier das Medium „Sprache" nicht verlassen zu werden braucht. Im Unterrichtsvollzug kommt dann der zweite, sehr viel schwierigere Übersetzungsauftrag. Der Student muss den in der *„Grammatik der Sprache"* geschriebenen Entwurf in eine *„Grammatik von Handlungen"* übertragen:

- Er muss die von ihm formulierten Lehrziele in seine Körpersprache übersetzen.
- Er muss eine „Grammatik der Gefühle" entwickeln, auf die die Schüler reagieren können.
- Er muss seine Zeitplanung in Raumregie übertragen.
- Er muss die systematische Struktur seines Stundenschemas in schülerbezogene Handlungsmuster übertragen.

Er muss sozusagen als Deutscher Italienisch mit einer französischen Grammatik lernen, und dies fällt aus mehreren Gründen schwer:

- Die grundsätzlich positive Erinnerung an die eigene Schülerrolle überlagert die noch ungewohnte Übernahme der Rolle des Lehrers; es gibt immer wieder Solidarisierungsversuche mit den Schülern auch in der Körperhaltung, im Sprachjargon und in der Emotionalität, in der Kleidung, im Zeit- und Hausaufgaben-Pflichtbewusstsein. Diese Solidarisierungsversuche werden aber von vielen Schülern anders verstanden, als sie gemeint waren, nämlich als Schwäche, Unreife oder gar als Desinteresse.
- Berufsanfänger neigen gerade in Stresssituationen dazu, an die Stelle des fälligen Handelns und Entscheidens ein verbales Bereden zu setzen. Der mittelschichtspezifisch sozialisierte Lehrerstudent flüchtet sich in schwierigen Unterrichtssituationen in verbales Lamentieren, Bereden, Beschwören, Beschwätzen der Schüler, in Fragen-Wiederholen, Nachhaken, Moralisieren, Erinnern.

- Der Berufsanfänger kann noch nicht realistisch genug einschätzen, was machbar ist. Der abstrakte Glaube an die Wichtigkeit und Richtigkeit der formulierten Lehrziele verstellt den Blick auf die lebendigen Schüler.

Ich möchte diese Übersetzungsarbeit noch einmal schematisch verdeutlichen. Ein Student, der eine Unterrichtseinheit vorbereiten und durchführen muss, hat die folgenden drei komplexen Arbeitsschritte mehrfach zu durchlaufen:

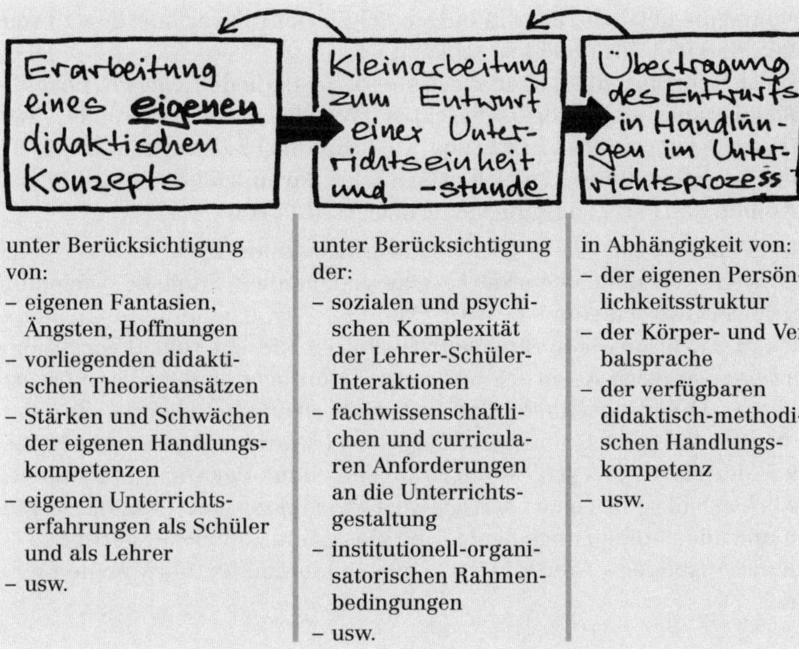

unter Berücksichtigung von: – eigenen Fantasien, Ängsten, Hoffnungen – vorliegenden didaktischen Theorieansätzen – Stärken und Schwächen der eigenen Handlungskompetenzen – eigenen Unterrichtserfahrungen als Schüler und als Lehrer – usw.	unter Berücksichtigung der: – sozialen und psychischen Komplexität der Lehrer-Schüler-Interaktionen – fachwissenschaftlichen und curricularen Anforderungen an die Unterrichtsgestaltung – institutionell-organisatorischen Rahmenbedingungen – usw.	in Abhängigkeit von: – der eigenen Persönlichkeitsstruktur – der Körper- und Verbalsprache – der verfügbaren didaktisch-methodischen Handlungskompetenz – usw.

Die neue Grammatik, mit der der Student zu sprechen lernen muss, ist keine geometrische Abbildung der Theorie in der Praxis, ja es ist nicht einmal klar, ob widerspruchsfreie Übersetzungen von Theorien in praktisches Handeln überhaupt möglich sind. Die „Übersetzung" von sprachlichen Symbolsystemen in sinnliche Handlungen ist immer auch eine Form der Abnabelung und Verselbstständigung weg von der Theorie. Wenn der Student – zu Recht oder zu Unrecht – aber überhaupt nicht gemerkt hat, dass er Theorien übersetzt hat, so kann er auch keine positive Haltung gegenüber didaktischem Theoriewissen entwickeln. Und deshalb gehören „Übersetzungsübungen" in jede Didaktikveranstaltung:

- Dieses *wunderliche Gefühl,* plötzlich allein vor der Schulklasse zu stehen und die Regie übernehmen zu müssen, ist durch keinen Theorievorlauf zu vermitteln. Da muss man schon selbst vor der Klasse gestanden haben.
- Es ist erforderlich, die handfesten *körperlichen Widerstände* an sich selbst zu erfahren, die bei der Realisierung von Sozialformentscheidungen im Unterricht entstehen. „Im Kopf" ist es sehr einfach, sich z. B. für Gruppenunterricht stark zu machen. Im Klassenraum selbst sieht dies anders aus. Man entdeckt plötzlich, dass der an der Hochschule nie gelehrte, aber in langen Schülerjahren verinnerlichte Frontalunterricht doch nicht so schlecht ist.
- Die Erfahrung, dass über die Unterrichtsmethoden *Gewalt* über die Schüler ausgeübt wird, erschreckt und verwirrt viele Studierende. „Rein theoretisch" ist diese Erfahrung wiederum nicht zu vermitteln. Ob ich die Gewaltausübung lustvoll erlebe oder daran leide, ist aber für den Aufbau der Lehrerhaltung von großer Wichtigkeit.

Die „Sache", um die es in der Lehrerausbildung geht, verändert sich also, wenn – wie hier gefordert – eine ganzheitlich-sinnliche Aneignung von Theoriewissen versucht wird. Das Interesse, das Studierende didaktischem Theoriewissen entgegenbringen, ist nie ein rein theoretisches Interesse, sondern Ausdruck eines mit Hoffnungen und Ängsten besetzten neuen Lebensabschnitts. Und die Verweigerung von Theoriearbeit darf nicht geradlinig als Dummheit interpretiert werden. Sie kann auch Ausdruck der bisherigen schlechten Erfahrungen mit der von uns gebotenen Theoriearbeit sein. Theoriewissen wird eben immer mit Kopf, Herz, Händen und allen Sinnen angeeignet. Und dies ist ein komplexer Lernprozess, den die Ausbilder – Gott sei Dank – nie voll in den Griff bekommen werden.[8]

Literatur

Adl-Amini, Bijan/Künzli, Rudolf (Hrsg.): Didaktische Modelle und Unterrichtsplanung. München (Juventa) 1980

Bastian, Johannes: Lernprozessorientiertes Lehren. Hochschuldidaktische Forschungsberichte, Bd. 9 der Arbeitsgemeinschaft für Hochschuldidaktik e.V. Hamburg (Eigenverlag) 1978

8 Dieser letzte Absatz fehlt in der Veröffentlichung von 1983. Er war dort aus Umfangsgründen gestrichen worden.

Bayer, Manfred/Beck, Johannes/Spindler, Detlef/Tack, Karl (Hrsg.): Alternativen in der Lehrerbildung. Reinbek (Rowohlt) 1982

Bromme, Rainer: Das Denken von Lehrern bei der Unterrichtsvorbereitung. Weinheim (Beltz) 1981

Bromme, Rainer/Seeger, Falk: Unterrichtsplanung als Handlungsplanung. Königstein/Ts. (Scriptor) 1979

Clark, Christopher M./Yinger, Richard J.: Teacher's Thinking. In: Peterson, P. L./Walberg, H. J. (Eds.): Research on Teaching. Berkeley 1979, S. 231–263

Fleischmann, Lea: Dies ist nicht mein Land. Hamburg (Hoffmann und Campe) 1980

Geißler, Harald (Hrsg.): Unterrichtsplanung zwischen Theorie und Praxis. Stuttgart (Klett) 1979

Grell, Jochen: Zwischen Theorie und Traditionen. Warum es so schwierig ist, das Unterrichten zu lernen. In: Alexander Weber (Hrsg.): Lehrerhandeln und Unterrichtsmethode. München (fink) 1981, S. 137–178

Grell, Jochen/Grell, Monika: Unterrichtsrezepte. München (Urban & Schwarzenberg) 1979

Hofer, Manfred (Hrsg.): Informationsverarbeitung und Entscheidungsverhalten von Lehrern. München (Urban & Schwarzenberg) 1981

Höhn, Karl-Rudolf: Schule und Alltag. Weinheim (Beltz) 1980

Lowyck, Jos: Prozessanalyse des Unterrichtsverhaltens – eine empirische Untersuchung. In: Unterrichtswissenschaft, 1/1980, S. 137–145

Meyer, Hilbert: Leitfaden zur Unterrichtsvorbereitung. Königstein/Ts. (Scriptor) 1980

Oehlschläger, Heinz-Jörg: Zur Praxisrelevanz pädagogischer Literatur. Stuttgart (Klett-Cotta) 1978

Peters, John et al.: Onderzoek naar Voorbereiding en Uitvoering van Leerkrachten. Naar een Handelingstheorie von het Onderwijzen, Vakgroep Onderwijskunde. Rijksuniversiteit Groningen, Maschinenschriftl. Okt. 1982

Scheller, Ingo: Lehrerhaltungen und was andere davon wahrnehmen. In: Westermanns Pädagogische Beiträge, 10/1982, S. 416–423

Schründer, Agi: Alltagsorientierung in der Erziehungswissenschaft. Weinheim (Beltz) 1982

Schulz, Wolfgang: Unterrichtsplanung. München (Urban & Schwarzenberg) 1980

Wagner, Angelika C., u. a.: Unterrichtspsychogramme – Was in den Köpfen von Lehrern und Schülern vorgeht. Reinbek (Rowohlt) 1981

4 Plädoyer für die Wiederbelebung des Frontalunterrichts

(1990/2000[1])

Wäre der Frontalunterricht wirklich so schlecht, wie dies sein Ruf in der didaktischen Theorie nahe legt, dann hätte er längst zusammengebrochen sein müssen. Er ist es aber nicht. Deshalb lohnt es sich, genauer nachzuschauen, was die Stärken und was die Schwächen dieser Sozialform sind.

aus: Johannes Hickel: Sanfter Schrecken

1 Begriffsklärung und Kritik

1.1 Ausgangsthese

Die seit der Reformpädagogik vom Beginn des 20. Jahrhunderts geläufige, keineswegs originelle Kritik am Frontalunterricht hat eine schwierige Situation geschaffen. Für die Theoretiker ist der Frontalunterricht weit-

1 Dieser Aufsatz ist die überarbeitete Fassung eines mehrfach gehaltenen Vortrags (mit Anleihen aus dem Band „UnterrichtsMethoden", Bd. 2, Berlin 1987, S. 181 ff. und dem Aufsatz „Frontalunterricht", in: Pädagogik, 11/1990).

gehend uninteressant[2] oder ein Objekt der Polemik.[3] Die Praktiker betreiben ihn notgedrungen, aber oft mit schlechtem Gewissen und ohne nennenswerte Impulse aus der Theorie. So ist m. E. eine Verkümmerung der Methodenkultur des Frontalunterrichts entstanden, die dringend korrigiert werden sollte. Frontalunterricht ist nicht zwangsläufig etwas Schlechtes, so wie Gruppenunterricht oder Freiarbeit nicht zwangsläufig etwas Feines sind. Im Gegenteil: Gut gemachter Frontalunterricht ist eine, wenn nicht *die* wichtigste Voraussetzung für die Weiterentwicklung der Lernkultur insgesamt.

In einer gründlichen empirischen Studie zum „Methodenrepertoire von Lehrern", die 1985 von der Fern-Universität Hagen veröffentlicht wurde (Hage u. a. 1985), sind die folgenden Häufigkeiten der vier Sozialformen ermittelt worden:[4]

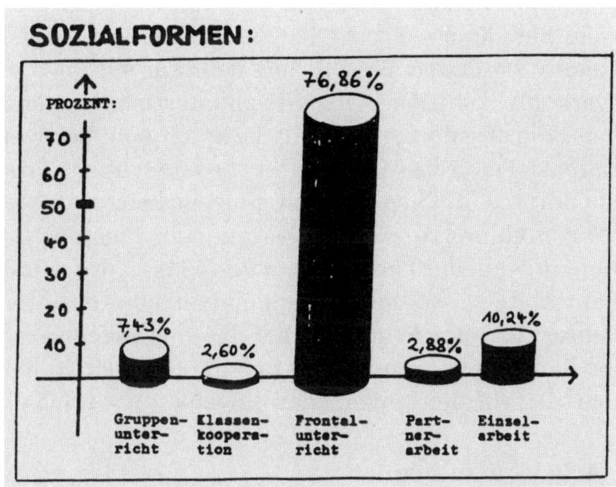

Man kann also fast von einer Monopolstellung des Frontalunterrichts sprechen, zumal es einzelne Untersuchungen über die Methodenhäufigkeit an Gymnasien und Realschulen gibt, die bis zu 90 Prozent Frontalunterricht ergeben. Deshalb lohnt es sich allemal, an die Verbesserung

2 Dies zeigt sich auch in der Literaturproduktion: Es gibt im deutschsprachigen Raum Hunderte von Büchern zum Gruppenunterricht und zur Projektarbeit sowie mehrere Zeitschriften und Fördervereine, aber nur dreieinhalb Monografien zum Frontalunterricht (Grell/Grell 1980; Meyer/Okon 1984; Aschersleben 1985 und 1999).

3 z. B. bei Illich (1972) oder Rumpf (1981)

4 Die Prozentwerte beziehen sich auf Unterricht in der Sekundarstufe I im Bundesland Nordrhein-Westfalen (Gymnasium/Haupt- und Gesamtschule; Deutsch/Gesellschaftslehre/Naturwissenschaften). Aktuellere Untersuchungen sind mir bis auf die Realschulstudie von Thorsten Bohl (2000) nicht bekannt.

dieser Sozialform zu gehen. Die Vorstellung, man könne, ja man müsse den Frontalunterricht demontieren, damit Gruppenunterricht, Projekt- und Freiarbeit umso besser zum Zuge kommen, ist auf jeden Fall unsinnig.

These 1:

Keine Minute mehr Frontalunterricht als nötig, aber wenn schon, dann bitte ohne schlechtes Gewissen und mit viel methodischer Fantasie.

1.2 Definition und Steckbrief

Was unter Frontalunterricht zu verstehen ist, ist nur scheinbar klar. Für viele Beteiligte – Theoretiker und Praktiker – handelt es sich um einen negativ besetzten Begriff, mit dem ein stark lehrerzentrierter und als „verkopft" kritisierter Sach-Fachunterricht bezeichnet wird. Ich benutze den Begriff jedoch rein analytisch, um eine der vier Sozial- oder Kooperationsformen des Unterrichts zu bezeichnen: Frontalunterricht, Gruppenunterricht, Partnerarbeit, Einzelarbeit.

Frontalunterricht bzw. Klassen- oder Plenumsunterricht ist ein Unterricht, in dem der Lernverband (die Klasse, der Kurs) ungeteilt bleibt.[5] Die Fantasiereise, an der alle teilnehmen, oder der Morgenkreis, in dem der Lehrer mit allen Schülern über das vergangene Wochenende spricht, fallen dann ebenso unter diese Definition wie ein Rollenspiel oder ein Standbild, das vor den Augen aller aufgebaut wird. Ich definiere:

Arbeitsdefinition:

Frontalunterricht ist ein lehrgangsförmiger, zumeist sprachlich vermittelter Unterricht, in dem der Lernverband gemeinsam unterrichtet wird und in dem der Lehrer – zumindest dem Anspruch nach – die Arbeits-, Interaktions- und Kommunikationsprozesse steuert und kontrolliert.

Im folgenden „Steckbrief" wird diese Definition ausdifferenziert:

5 Es gibt auch Mischformen, z. B. dann, wenn ein Lehrer die eine Hälfte der Klasse Gruppen- oder Partnerarbeit machen lässt und in der anderen Hälfte frontal weiterunterrichtet.

Steckbrief

- Im Frontalunterricht übernimmt der Lehrer die wesentlichen Steuerungs-, Kontroll- und Bewertungsaufgaben.
- Die direkte Zusammenarbeit der Schüler untereinander wird nur hin und wieder zugelassen.
- Die wichtigsten Inszenierungstechniken sind die Lehrerfrage und die Schülerantwort.
- Die wichtigsten Handlungsmuster sind das gelenkte Unterrichtsgespräch, der Lehrervortrag, Tafel- und Textarbeit:

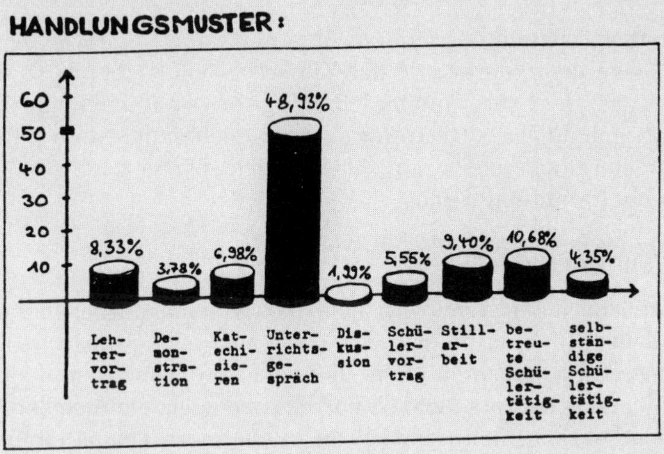

- Die Schüler müssen den größten Teil der Zeit sitzend zubringen und dabei nach vorn zum Lehrer oder an die Tafel schauen. Deshalb ist der Körper der Schüler eigentlich überflüssig; er ist nicht mehr als die „Prothese" des Kopfes (vgl. Rumpf 1981).
- Frontalunterricht wird überwiegend als Sach-Fachunterricht betrieben; er folgt einer lehrgangsmäßigen Ordnung; situationsbezogenes Ad-hoc-Lernen oder projektförmige Einschübe bleiben die Ausnahme.
- Frontalunterricht ist überwiegend thematisch orientiert. Die „Sache", um die es geht, wird deshalb überwiegend sprachlich, nur zum Teil bildlich und kaum über aktive Schülerhandlungen vermittelt. Dabei beträgt der Sprechanteil des Lehrers regelmäßig zwei Drittel, der der Schüler ein Drittel.

- Typische Medien sind Tafel, Schulbuch, Arbeitshefte, Overhead-Projektor, Anschauungstafeln usw.
- Die Lernergebnisse werden in regelmäßigen Abständen durch Klausuren oder Klassenarbeiten überprüft.
- Der Sicherung des Wissens dienen häufige Wiederholungs-, Übungs- und Anwendungsphasen.
- Eine fest institutionalisierte Unterrichtskritik ist selten. Eher werden während oder nach Konflikten das Leistungsverhalten der Schüler und/oder die Vorgehensweise des Lehrers thematisiert.

Typisch für den Frontalunterricht ist, dass ein *Macht- und Kompetenzgefälle* zwischen dem Lehrer und der Klasse besteht. Dabei ist es nicht erforderlich, dass der Lehrer immer leibhaftig vorn steht und Regie führt. Er kann sich vielfältige Stellvertreter suchen: Auch dann, wenn z. B. ein Schüler ein Referat hält oder wenn ein Unterrichtsfilm gezeigt wird, handelt es sich um Frontalunterricht.

1.3 Stärken und Schwächen

Frontalunterricht ist lehrerzentriert – und dies ist seine Stärke, aber auch seine Schwäche:

- Er ist gut geeignet, um einen Sach-, Sinn- oder Problemzusammenhang aus der Sicht des Lehrers fachlich korrekt und zügig darzustellen.
- Er ist unentbehrlich, wenn der Lehrer in ein neues Thema einführen und eine gemeinsame Orientierungsgrundlage schaffen will.
- Er ist unverzichtbar, um Ruhe und Kontinuität in den Lehr-Lern-Prozess zu bringen. (Deshalb unterrichten auch jene Lehrer, die einen schüleraktiven und handlungsorientierten Unterricht schätzen, immer wieder über längere Phasen hinweg frontal.)
- Er ist erforderlich, um die Spielregeln der Kommunikation einzuführen und zu üben und um soziale Konflikte zu besprechen und wenn möglich zu entschärfen.
- Er ist gut für die gemeinsame Auswertung von Einzel-, Partner- und Gruppenunterricht zu gebrauchen.
- Er ist hilfreich, um den (mündlichen) Leistungsstand zu ermitteln und die Akzeptanz der Notengebung durch die Vergleichbarkeit der gezeigten Leistungen zu sichern.
- Er ist die „Bühne" für die Inszenierung der Schülerpersönlichkeiten.

- Aber er ist kaum geeignet, die Selbstständigkeit im Denken, Fühlen und Handeln der Schüler planmäßig zu fördern, weil das Lernen immer an der kurzen oder langen Leine des Lehrers erfolgt.

Zugespitzt formuliert:

These 2:

Frontalunterricht erzieht zum Obrigkeitsstaat. Er zementiert die Abhängigkeit der Schüler vom methodischen Geschick des Lehrers.

These 2 soll nicht besagen, dass ein schülerorientierter Frontalunterricht grundsätzlich unmöglich ist, wohl aber, dass diese Schülerorientiertheit der Sozialform immer wieder mit viel Mühe und Kraftaufwand abgerungen werden muss.[6]

Typisch für Frontalunterricht ist denn auch ein hohes Maß an – tolerierten oder nicht mehr tolerierbaren – Schüler-Nebentätigkeiten. Dabei sind die Schüler ausgesprochen erfinderisch: „Schiffe versenken" unter der Bank, in der Nase popeln und aus dem Popel kleine Plastiken herstellen, die Nachbarin triezen. Man kann geradezu als Faustregel formulieren: Je verkopfter der Unterricht, umso höher das Ausmaß an Nebentätigkeiten. Die Schüler erobern sich eben die verlorene Ganzheitlichkeit des Lernens durch ihre Nebentätigkeiten zurück.

These 3:

Die Lehrerzentriertheit des Frontalunterrichts gilt nur im Prinzip. De facto wird auch dieser Unterricht durch die vielschichtige Dialektik von Führung und Selbsttätigkeit geprägt.

6 *Ein Wort zur Geschichte:* Frontalunterricht ist jünger als die meisten denken. Er ist unmittelbar mit der Erfindung der Jahrgangsklassen im 17. Jahrhundert verknüpft. Vorher dominierte eine Variante der Freiarbeit, bei der jeder einzelne Schüler sein individuell bemessenes Lernpensum bekam und dann in regelmäßigen Abständen nach vorn zum Magister gehen musste, um sich „verhören" zu lassen. Erst im Zeitalter des Barock wurde von Ratichius, Comenius und anderen der Klassenunterricht im modernen Sinne eingeführt und theoretisch begründet. Die schrittweise Durchsetzung der Allgemeinen Schulpflicht im 19. und zu Beginn des 20. Jahrhunderts hing ebenfalls unmittelbar mit der Erfindung des Frontalunterrichts zusammen: Nur in Form von Frontalunterricht konnten die großen Massen der Bevölkerung „beschult" werden – Hauslehrerunterricht für alle wäre viel zu teuer geworden. *Frontalunterricht war und ist mithin die preisgünstigste aller Unterrichtsformen.* (Comenius warb für den Frontalunterricht mit dem Argument, nun sei es ein Leichtes, mehr als 100 Schüler auf einmal von einem einzigen Lehrer unterrichten zu

2 Warum ist der Frontalunterricht trotz alledem so schön?

Warum hält sich der Protest der Lehrer und Lehrerinnen gegen die Zumutung, Frontalunterricht machen zu müssen, in engsten Grenzen? Drei Argumente werden immer wieder genannt.

2.1 Erstes Argument: „Ich komme sonst mit meinem Stoff nicht durch"

Dieses Argument ist aus Lehrersicht berechtigt. Man kommt in der Tat mit den durch die Richtlinien und Abiturnormen vorgegebenen Stoffpensen nicht durch, wenn man viel Gruppenarbeit, Projektlernen, Freiarbeit usw. macht. In der Schule herrscht die Diktatur der knappen Zeit. Langsame Schüler sind schlechte Schüler; sie werden durch schlechte Noten abgestraft.

Aber schon die sprachliche Formulierung des Stoff-Arguments setzt einen falschen Akzent. Statt „Ich komme sonst mit dem Stoff nicht durch" müsste es doch eigentlich heißen: „Der Stoff kommt sonst nicht bei meinen Schülern an." In dieser Umformulierung verliert das Stoff-Argument entscheidend an Gewicht:

- Je schneller das Lerntempo, umso weniger geht der vermittelte Lehrstoff „unter die Haut".
- Je höher der Zeitdruck, umso größer wird offensichtlich auch die Neigung der Schüler, einfach „abzuschalten" und sich den Lehrbemühungen zu entziehen.

Daraus folgere ich:

These 4:

Schnelligkeit im Lernen hört langsam auf, ein vernünftiges Ziel zu sein.

Wir müssen die Langsamkeit des Lernens neu entdecken (vgl. Meyer 1997, Bd. 2, S. 253 ff.). Weil es aber vielfältige, in der Natur des europäischen Zivilisationsprozesses liegende Ursachen für die wachsende Beschleuni-

lassen.) Dies darf nicht nur negativ gesehen werden. Weil der Frontalunterricht die Voraussetzung zur flächendeckenden Verwirklichung der allgemeinen, mindestens achtjährigen Schulpflicht war, trug er entscheidend zur politischen Emanzipation breiter Schichten der Bevölkerung und insbesondere der Arbeiter- und Bauernkinder bei.

gung unserer Lebensverhältnisse gibt, ist eine schlichte Umkehrung dieser Entwicklungstendenzen kaum möglich. Wenn überhaupt, so kann es nur darum gehen, hin und wieder und unter Ausnutzung aller verfügbaren Nischen *erholsame Gegenwelten* zur Hektik und zum Tempo des alltäglichen Schulbetriebs zu liefern.

Ruhe und Muße des Lehrens und Lernens müssen methodisch bewusst herbeigeführt werden. Ich meine, dass dies auch möglich ist, z. B.:

- durch das *Einfrieren und Auftauen* von Handlungs- und Gesprächsabläufen, wie es z. B. beim Standbild-Bauen, bei der Pantomime, in Übungen zur slow motion usw. geschieht (vgl. Scheller 1998);
- durch *übendes Wiederholen,* wie dies seit jeher fester Bestandteil des schulischen Methodenrepertoires war und wie es an eindrucksvollen Beispielen von Maria Montessori als Grundlage ihrer Freiarbeit beschrieben worden ist;
- durch das *Lernen mit allen Sinnen,* wie es insbesondere in Grundschulen mit viel Fantasie wieder eingeführt worden ist;
- durch das *meditierende Zur-Ruhe-Kommen,* wie dies z. B. durch eine Fantasiereise oder eine Konzentrationsübung möglich wird.

Wer zu spät kommt, den bestraft das Leben. Aber wer sich Zeit lässt, kann viel gewinnen:

These 5:

Die Intensität des Lernens kann durch eine methodisch bewusst herbeigeführte Verlangsamung des Lernprozesses wiederhergestellt werden.

Kurzfristig wird die bewusste Verlangsamung des Lernprozesses natürlich dazu führen, dass man noch schlechter mit seinem Stoff durchkommt. Mittel- und langfristig bin ich jedoch sicher, dass die gewonnene Intensität des Lernens die Leistungsfähigkeit und -bereitschaft der Schüler und Schülerinnen deutlich mehr erhöht als der übliche verbale „Beschallungsunterricht“.

2.2 Zweites Argument: „Nur im Frontalunterricht habe ich meine Pappenheimer halbwegs unter Kontrolle“

Auch dieses Argument ist zunächst einmal richtig und akzeptabel: Die Kinder und Jugendlichen werden immer unruhiger, verhaltensauffälliger und individualistischer; sie brauchen lange, bis sie kapiert haben, dass es gegen ihre eigenen Interessen geht, wenn sie die im Gruppenunterricht, in der Projekt- und Freiarbeit vorhandenen Spielräume missbrauchen. Nur im Frontalunterricht kann der Lehrer Normen und Spielregeln der Zusammenarbeit einführen und ihre Einhaltung kontrollieren. Aber auch hier kann und muss die Gegenrechnung aufgemacht werden: Frontalunterricht leistet die Disziplinierung der Schüler und Schülerinnen nur in einem oberflächlichen Sinne – nämlich so lange, wie der Lehrer im Klassenraum ist. Die Selbstdisziplin, auf die es eigentlich ankommt, ist frontal kaum zu üben.

These 6:

Frontalunterricht behindert die Selbstdisziplinierung der Schüler.

Dennoch wird kaum zu vermeiden sein, dass der Lehrer in disziplinschwierigen Klassen immer wieder zum Frontalunterricht zurückkehrt, um überhaupt erst einmal Ruhe und Ordnung herzustellen und die Spielregeln und Arbeitstechniken für ansatzweise selbst organisierten Unterricht einzuführen. Aber er sollte sich dann immer im Klaren sein, dass das eigentliche Ziel noch nicht erreicht ist, nämlich die Schüler zu befähigen, sich von den Sachansprüchen der gestellten Aufgabe und nicht von den Befehlen des Lehrers leiten zu lassen.

2.3 Drittes Argument: „Frontalunterricht macht mir selbst mehr Spaß"

Dies ist das Argument, auf das ich mich noch am ehesten einlassen könnte. Es ist in der Tat höchst befriedigend, die Schüler und Schülerinnen mit Geschick und methodischer Fantasie dazu zu bringen, komplizierte Sachverhalte zu kapieren; es macht Spaß, ihnen eine Geschichte zu erzählen, die „ankommt"; und es ist ein tolles Erlebnis, einen schwachen Schüler durch direkte Intervention doch noch zu einem befriedigenden Lernergebnis gebracht zu haben.

Gerade leistungsstarke Lehrer und Lehrerinnen haben im Frontalunterricht mehr Lustgewinn als in den anderen Unterrichtsformen, weil sie sinnlich-handfest und mit unmittelbaren Rückmeldungen erleben können, dass und was die Schüler bei ihnen selbst gelernt haben. Gegen ein solches Gefühl der Befriedigung ist überhaupt nichts einzuwenden. Im Gegenteil: Ohne eigene Erfolgserlebnisse würden wir bald den für den Lehrerfolg unverzichtbaren Schwung und Mut verlieren. Leicht gerät bei der

Begeisterung über den eigenen Lehrerfolg aber aus dem Blick und kurz darauf auch aus dem Bewusstsein, dass sich der Lehrer über gute Ergebnisse im Gruppenunterricht oder in der Freiarbeit noch mehr freuen müsste. Denn diese Erfolge haben eine noch anspruchsvollere Planungs- und Moderatorentätigkeit des Lehrers zur Voraussetzung.

Lernen und Lehren sind dialektisch miteinander verknüpft. Sie zielen darauf ab, den Lehrer überflüssig zu machen (s. o., S. 55). Deshalb gilt:

These 7:

Nur derjenige ist ein guter Lehrer, der sich selbst überflüssig macht und sich über die Abnabelung seiner Schüler freuen kann.

2.4 „Schwarzbrot und Rosinen"

Die drei genannten Argumente zur Rechtfertigung der Vormachtstellung des Frontalunterrichts sind nach meiner Überzeugung nicht stichhaltig. Dies ändert aber nichts daran, dass er auf absehbare Zeit die wichtigste Sozialform schulischen Lernens bleiben wird. Er ist und bleibt das „Schwarzbrot", das allerdings hin und wieder durch „Rosinenstücke" wie Stationenlernen, Projektwochen, Exkursionen und weiß der Himmel was sonst noch ergänzt werden muss.

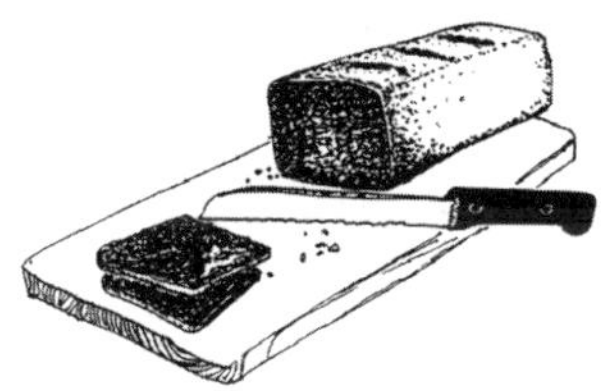

These 8:

Frontalunterricht ist das „Schwarzbrot" der Schule. – Die „Rosinenstücke" sollten hinzukommen, aber sie werden den Frontalunterricht nie vollständig ersetzen.

Wir brauchen deshalb so etwas wie eine „Schwarzbrotdidaktik", die dazu beiträgt, den Frontalunterricht für Lehrer und Schüler schmackhaft und bekömmlich zu machen.

3 „Strickmuster" und neuralgische Punkte des Frontalunterrichts

3.1 Individuelle Strickmuster und standardisierte Raster

In der unterrichtsmethodischen Literatur gibt es aufwendige Raster zur zeitlichen Strukturierung des Unterrichts: so genannte Stufen- oder Phasenschemata, die dabei helfen, einen plausiblen methodischen Gang in jede Unterrichtsstunde zu bringen.[7] In der alltäglichen Unterrichtspraxis sind diese theoretisch anspruchsvollen Schemata – bis auf einige Inseln – kaum bekannt. Stattdessen entwickeln Lehrer und Lehrerinnen schon nach wenigen Wochen Unterrichtspraxis individuelle „Strickmuster" der Phasierung des Unterrichts, die ihrem persönlichen Lehrstil und ihrer fachlichen Orientierung entsprechen.

Es lässt sich allerdings empirisch nachweisen, dass die scheinbar je individuellen Strickmuster der Phasierung gar nicht so individuell sind (vgl. Hage u. a. 1985, S. 76 ff.). Unterricht verläuft in immer wieder ähnlichen Verlaufsformen, die ich zu dem auf Seite 103 abgebildeten *Standardraster des Frontalunterrichts* verdichtet habe.

Wesentliche Ursache für diese Standardisierung des Frontalunterrichts sind zum einen äußerliche Zwänge der Schulinstitution: der 45-Minuten-Stundentakt, die bürokratischen Vorgaben zur Leistungskontrolle und anderes mehr. Für noch wichtiger halte ich aber, dass es der Handlungslogik des Lehrens und Lernens entspricht, so vorzugehen, wie dies im Standardraster vorgeschlagen wird. In diesem Raster steckt nämlich ein dreischrittiger methodischer Grundrhythmus von Einstieg → Erarbeitung → Ergebnissicherung, den ich nicht trotz, sondern gerade wegen seiner Schlichtheit für eine sinnvolle Orientierungshilfe für die Planung jeglichen Unterrichts halte.

These 9:

Gut gemachter Frontalunterricht folgt dem methodischen Grundrhythmus von Einstieg, Erarbeitung und Ergebnissicherung.

7 ausführlich dargestellt bei Meyer (1987, Bd. 1, S. 155 ff.); vgl. auch den einleitenden Aufsatz „Was ist Didaktik?", S. 52.

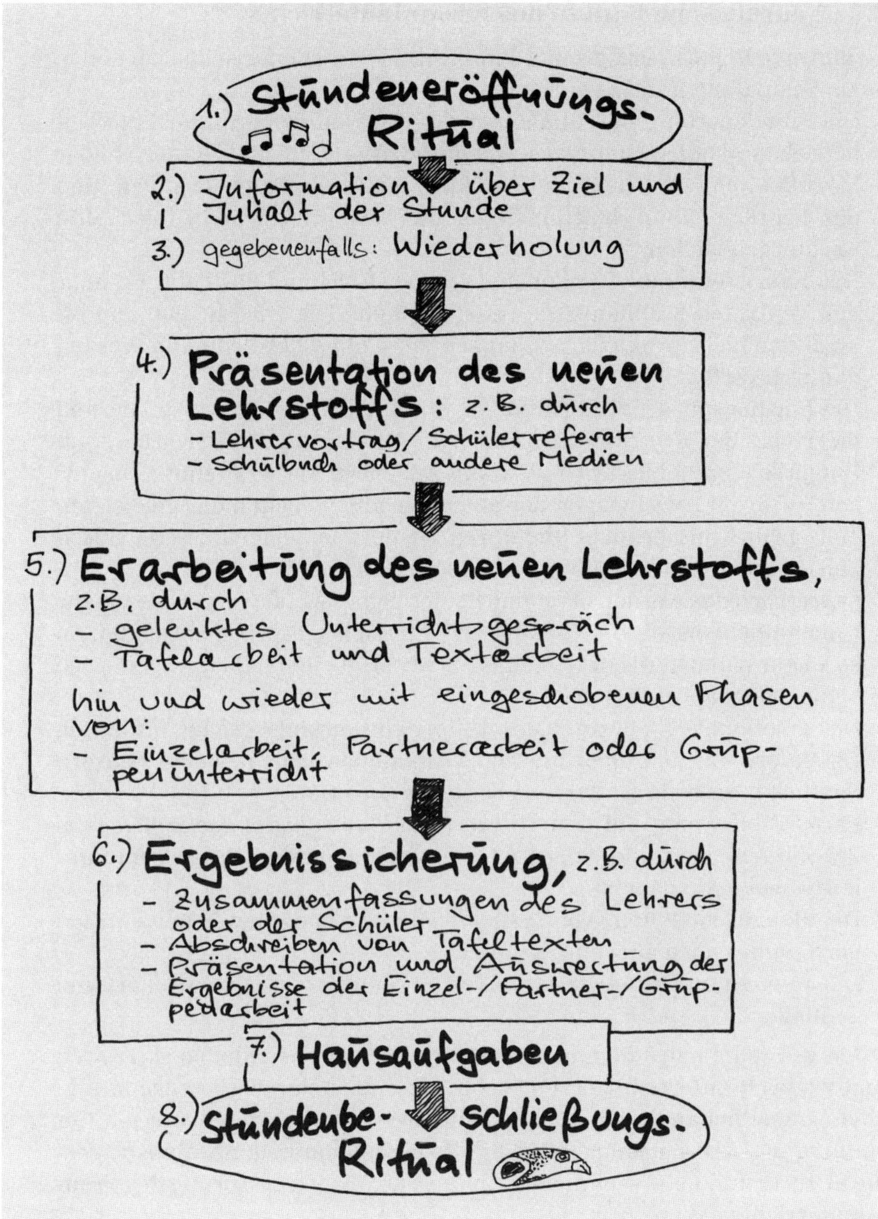

Standardraster des Frontalunterrichts

3.2 Neuralgische Punkte des Frontalunterrichts

Es gibt eine Reihe neuralgischer Punkte des Frontalunterrichts, bei denen es im Schulalltag immer wieder hapert:

- Die Stundeneröffnungsrituale werden mit viel mehr Aufmerksamkeit betrieben als die *Stundenbeschließungsrituale*. Es gibt immer wieder Machtkämpfe zwischen den Schülern, die in die Pause drängen, und den Lehrern, die noch schnell eben das vorher nicht mehr Geschaffte nachtragen wollen.
- Das Informieren der Schüler über die Vorbereitung des Lehrers, über den geplanten Stundenverlauf und die Lehrziele wird lustlos und oft auch gar nicht praktiziert. Chancen zur *Planungsbeteiligung* werden dadurch vertan.
- Die Einstiegsphase wird gründlich, die Erarbeitungsphase so lala und die Phase der *Ergebnissicherung* häufig überhaupt nicht vorbereitet. Entsprechend lieblos wird sie dann realisiert: Sie wird zum „Ausputzen" (also zum Nachtragen der aus Zeitgründen nicht mehr geleisteten Teilschritte) missbraucht und durch Wiederholungen einerseits, durch Leistungskontrollen andererseits überlagert.
- *Lehrervorträge* werden oft genug lieblos gehalten, oft werden sie bis zur Unkenntlichkeit mit dem gelenkten Unterrichtsgespräch vermengt. So ist's kein Wunder, dass die Schüler Schwierigkeiten haben, vernünftige Schülerreferate zu halten.
- Die emotionale Steuerung des Unterrichtsverlaufs erfolgt oft wenig reflektiert. Die Inszenierung von Wutanfällen gelingt vielen Lehrern deutlich besser als die *Inszenierung des Lobens*.
- Es wird zu wenig auf den *Wechsel der Symbolisierungsformen* (von der Sprache zum Bild, vom Bild zur Aktion, von der Aktion zum Zahlensystem usw.) geachtet.
- Die didaktische Potenz von *Lernspielen* und szenischen Arbeitsformen wird immer noch zu wenig genutzt.
- Die *Melde-* und *Drannehmtechniken* werden zu wenig kontrolliert und gepflegt.

Ich werde im Folgenden einige dieser neuralgischen Stellen skizzieren und zugleich unterrichtsmethodische Vorschläge zur Verbesserung machen. Dabei behandle ich auch scheinbare Äußerlichkeiten wie die Gestaltung des Klassenraums oder die Regelung von Organisationsfragen, die m. E. aber einen wesentlichen Einfluss auf die Verbesserung des Frontalunterrichts haben.

4 Zehn Ratschläge zur Verlebendigung des Frontalunterrichts

4.1 Die Klassenräume schön machen

Unterricht und Schulleben haben eine sichtbare und fühlbare ästhetische Dimension. Und damit meine ich sehr viel mehr als sauber gestrichene Wände und Gummibäume im Foyer. Auch die Gestaltung der Tafelschrift, die Rituale, Feste und Feiern zählen dazu.

Da der allergrößte Teil des Frontalunterrichts im Klassenzimmer stattfindet, sollte das Schön- und Wertvollmachen auch dort beginnen:

- Ich bringe nicht nur Sperrmüllmöbel, sondern wirkliche Wertstücke in meinen Klassenraum mit: einen Lehnstuhl, der immer dann in die Klassenmitte geholt wird, wenn eine Geschichte erzählt wird; einen Rosenstrauß, eine Handpuppe; ein Stück Strand – zwei Schnecken von Helgoland. Und ich trage mit Fassung, dass ich alles selbst zusammenschnorren und zum Teil auch bezahlen muss.
- Ich lasse mir die kalte Neonlampe an der Decke nicht länger bieten und bringe eigene Lampen mit, die so lange dort bleiben, bis der Schulträger für akzeptable „Leuchtkörper" gesorgt hat.
- Ich führe Unterrichtsrituale ein und verknüpfe sie mit schönen Gegenständen. Der Walrosszahn mit eingeritztem Vogelkopf – ein Flohmarktfund – dient nun im Morgenkreis als „Sprechstein". Die kleine Klangschale aus Messing – ein Reisemitbringsel aus Indien – dient dazu, das Ende der Einzelarbeit und die Pausen einzuläuten.

- Ich lasse nicht zu, dass lieblos hergestellte Wandzeitungen an die Wand gepappt, vergessen und nach drei Tagen vernichtet werden. Ich erarbeite stattdessen mit den Schülern einen Zeitfries, der laufend ergänzt und erweitert wird.
- Ich gönne mir und den Schülern hin und wieder eine Ruhepause, in der wir nichts anderes tun, als ein Musikstück anzuhören.
- Ich mache eine Lehrerfortbildung zu Meditationstechniken und beziehe sie schrittweise in meinen Unterricht mit ein.

Die bewusste ästhetische Gestaltung des Unterrichts ist Ausdruck der gewachsenen Bedeutung der Humanfunktion von Schule. Sie dient nicht nur der ästhetischen Erziehung (was allein die Anstrengungen rechtfertigen könnte), sondern fördert die Achtsamkeit vor der Natur, vor der Technik und vor Dingen, die mit Menschenwitz und -fleiß hergestellt worden sind.

4.2 Unterrichtsrituale wieder beleben

Rituale sind gleichförmige „zeremonielle" Handlungen, die durch ihre regelmäßige Wiederholung eine vom Lehrer und den Schülern geteilte symbolische Bedeutung erhalten haben. Dadurch wird die unmittelbare Machtausübung des Lehrers (oder der Klassengemeinschaft) auf einen Gegenstand bzw. ein Verfahren delegiert.

Früher war die Arbeit mit Unterrichtsritualen eine Selbstverständlichkeit. In den 70er-Jahren sind sie in Verruf geraten. Es handle sich um leicht zu missbrauchende und einseitig vom Lehrer genutzte Mechanismen der Herrschaftssicherung. In den 90er-Jahren hat eine Neubewertung stattgefunden (vgl. Piper 1997): Es ist überhaupt nicht möglich, die Ritualisierung bestimmter Handlungsabläufe des Unterrichts zu vermeiden. Also kommt es darauf an, sich der Ritualisierungen bewusst zu werden und den Einsatz der Rituale nach didaktischen Kriterien zu gestalten. Dazu einige wenige Anregungen.

Ich unterscheide zwischen herrschaftssichernden und demokratischen Ritualen, wobei beide Varianten für den Frontalunterricht wichtig sind:

- *Herrschaftsrituale* dienen dazu, die Machtbalance zwischen dem Lehrer und den Schülern zu sichern: Begrüßungs- und Verabschiedungsrituale, Stundeneröffnungs- und Stundenbeschließungsrituale, Rituale des Lobens und Strafens; Rituale der Leistungsbewertung.
- *Demokratische Rituale* sichern Beteiligungs- und Abgrenzungsrechte für Schüler und Lehrer: der „Sprechstein", der im Morgenkreis herumwandert und signalisiert, wer dran ist; die Glocke oder Klangschale, deren Erklingen anzeigt, dass der Lehrer oder ein Schüler um Aufmerksamkeit bittet; das „Blitzlicht", bei dem jedes Klassenmitglied etwas sagen kann, aber nichts sagen muss; der „Kummerkasten", in dem Beschwerden hinterlegt werden.

Was leisten diese Rituale im Schulalltag? Sie haben immer mehrere, je nach Gestaltung des Rituals positiv oder negativ zu bewertende *didaktische Funktionen:*

- Rituale schaffen Ruhe, Ordnung und Verlässlichkeit für Schüler und Lehrer.
- Sie produzieren eine pädagogische Atmosphäre (bei Leistungsritualen wie der ritualisierten Rückgabe der Klassenarbeiten eher eine negative, bei Beteiligungsritualen eher eine positive).

- Sie schaffen soziale Distanz zwischen dem Lehrer und den Schülern; zugleich und nur scheinbar widersprüchlich leisten sie aber auch eine soziale Integration: Die Beziehungen werden geklärt; die Arbeitsatmosphäre wird hergestellt.
- Rituale helfen, einen dramaturgisch gegliederten Unterrichtsablauf herzustellen. Sie schaffen markante Zäsuren im Unterrichtsprozess.

Mein Fazit: Wir sollten Rituale überall dort fördern, wo es gelungen ist, sie in einem Prozess demokratischer Willensbildung zwischen dem Lehrer und den Schülern zu vereinbaren. Wir sollten sie überall dort tolerieren, wo die Machtbalance zwischen Lehrer und Schülern anders nicht herzustellen und zu sichern ist.

4.3 Die Schüler über die Unterrichtsplanung informieren

Ich rate Ihnen, möglichst häufig den so genannten „informierenden Unterrichtseinstieg" zu praktizieren, also zu Beginn der Stunde kurz und ohne Schnörkel zu sagen bzw. an die Tafel zu schreiben, was auf die Schüler zukommt.[8] Diese schriftliche Fixierung des Unterrichtsablaufs hat den Vorteil:

- dass sich der Lehrer bzw. die Lehrerin selbst festlegt und diszipliniert,
- dass zu spät kommende Schüler informiert werden können, ohne dass der Unterrichtsablauf unterbrochen werden muss,
- dass auf halber Strecke oder am Schluss zügig über Planungskorrekturen verhandelt werden kann,
- dass sich die Schüler besser als bei einer lediglich mündlichen Absprache an die gemeinsame Planung gewöhnen können.

Die Idee zu solchen „Informierenden Einstiegen" stammt von Jochen und Monika Grell (1979, S. 134–171). Das Ehepaar Grell legt allerdings das Hauptgewicht darauf, die Schüler mündlich über die Lehrziele zu informieren. Das ist mir zu wenig und zu abstrakt. Aber der Zweck des Ganzen ist klar und richtig:

These 10:

Die Veröffentlichung der Unterrichtsplanung des Lehrers ist der erste Schritt zur Demokratisierung des Frontalunterrichts.[9]

8 Im Beitrag „Türklinkendidaktik" habe ich dieses Vorgehen näher erläutert.

9 In den meisten Bundesländern ist die regelmäßige Information der Schüler über die Unterrichtsplanung des Lehrers übrigens per Schulgesetz vorgeschrieben. – Aber nur ein kleiner Teil der Lehrerschaft hält sich daran.

4.4 Die Frage- und Drannehmtechniken entroutinisieren

Schon vor 120 Jahren hat der Volkspädagoge Adolph Diesterweg geschrieben, das Fragenstellen sei die schwierigste aller Unterrichtsmethoden.[10] Recht hat er! Das Fragenstellen ist so kompliziert, weil der Lehrer weiß, dass die Schüler wissen, dass der Lehrer die Antwort schon weiß. Dies lähmt die Freude am Antworten ungemein. Und dies erstickt auch oft genug die Lust, selbst Fragen zu stellen.[11] Deshalb zwei Ratschläge vorweg:

- Mehr zeigen – weniger fragen!
- Mehr vormachen – weniger problematisieren!

Das Problem „Lehrerfrage“ wird dadurch verschärft, dass sich beim Fragestellen und Drannehmen leicht schlechte Routinen einschleichen. Dies ist seit langem bekannt und genau untersucht.[12] Ich fasse einige der Forschungsergebnisse zusammen. (Dass es sich dabei um statistische Aussagen handelt, ist klar – löbliche Ausnahmen bestätigen die Regel.)

1. Lehrer neigen dazu, bei leistungsschwächeren Schülern *weniger Geduld* zu haben als bei leistungsstärkeren. Sie drängeln mehr, brechen die Befragung schneller ab, um den nächsten Schüler dranzunehmen.
2. Lehrer gehen mit *falschen Antworten* der für leistungsschwach gehaltenen Schüler anders um als mit falschen Antworten leistungsstarker Schüler: Sie geben seltener helfende Hinweise, und sie wiederholen die gestellte Frage seltener als bei leistungsstarken Schülern.
3. Lehrer *tadeln* leistungsschwache Schüler häufiger als leistungsstarke.
4. Einige Untersuchungen haben ergeben, dass schwache Schüler bei einer richtigen Antwort seltener *gelobt* werden als starke.
5. Einige Lehrer *bestätigen* richtige Antworten leistungsschwacher Schüler seltener als richtige Antworten leistungsstarker.
6. *Leistungsstarke Schüler* werden insgesamt *häufiger* als leistungsschwache aufgerufen. Diese Tendenz ist in höheren Klassen noch ausgeprägter als in niedrigen.

10 s. Meyer, 1987, Bd. 2, S. 290

11 Nur einmal im Leben ist es mir passiert, dass ein Kind gekommen ist und gesagt hat: „Herr Meyer, stell mir mal Fragen! Ich hab heut Lust zu antworten.“

12 vgl. den Bericht zum Stand der Forschung bei Brophy/Good (1976)

Wie kommen diese schlechten Routinen zu Stande? Die Erklärung der Wissenschaftler ist einleuchtend: Der gute Schüler „belohnt" den Lehrer durch Unterrichtserfolg, der schlechte „bestraft" ihn durch Misserfolg. Ich rate Ihnen: Holen Sie sich Studenten oder andere Beobachter in Ihren Unterricht und lassen Sie sie mit Stoppuhr und Strichliste kontrollieren, ob sich auch bei Ihnen schlechte Routinen eingeschlichen haben. (Durch Selbstbeobachtung ist so etwas nicht rauszubekommen.)

Sexismus im Unterricht

Schon seit über 15 Jahren ist empirisch präzise belegt, dass es in nahezu jeder Klasse und in allen Ländern der Erde deutliche geschlechtsspezifische Unterschiede beim Drankommen von Jungen und Mädchen gibt:

- Jungen werden regelmäßig bevorzugt. Dies rührt daher, dass sie lauter sind, dass sie sich vordrängeln und stören und dann „wider besseres Wissen" drangenommen werden, damit der Unterricht nicht noch mehr leidet.
- Jungen nehmen diese Bevorzugung nicht wahr. Wenn sie gleich oft wie die Mädchen drankommen, beklagen sie sich, ungerecht behandelt zu werden.[13]

Vielleicht kommt es Ihnen übertrieben vor, für diese Ungerechtigkeiten schon die Vokabel „Sexismus" zu benutzen. Darüber lässt sich streiten. Aber über die methodischen Konsequenzen sollte eine Verständigung möglich sein:

> **These 11:**
>
> *Lehrer und Lehrerinnen sollten die Schülerinnen beim Drannehmen bewusst bevorzugen. Nur dann bestehen Chancen einer gleichberechtigten Teilhabe am Unterricht.*

4.5 Den Lehrervortrag verbessern

Der Lehrervortrag ist bei den Schülern – wie entsprechende Befragungen ergeben haben – eher unbeliebt. Ich vermute, dass dies vor allem daran liegt, dass der Lehrervortrag immer wieder mit dem so genannten ge-

13 Diese schiefe Wahrnehmung schlägt sogar auf die Lehrer und Lehrerinnen durch. Dale Spender (1985, S. 94) berichtet, dass selbst solche Lehrer und Lehrerinnen, die sich absichtlich vorgenommen hatten, Jungen und Mädchen gleich oft dranzunehmen, das *Gefühl* einer gerechten Behandlung schon dann hatten, wenn sie lediglich 38% der verfügbaren Zeit den Mädchen widmeten.)

lenkten Unterrichtsgespräch vermengt wird, sodass am Schluss für die Schüler gar nicht mehr zu erkennen ist, wo der Vortrag angefangen hat und wo er beendet wurde. Deshalb der eindringliche Ratschlag: Sorgen Sie für *Formen-Klarheit* im Unterricht!

These 12:

Lehrervortrag und gelenktes Unterrichtsgespräch sollten nicht miteinander vermengt werden.

Stattdessen sollten Sie sich bemühen, den Vortrag als kleine, in sich geschlossene Kunstform wieder zu beleben.

Bevor Sie den Vortrag beginnen, sollten Sie:

- das Thema bzw. die Überschrift des Vortrags klarmachen,
- den Schülern erklären, welche Funktion der Vortrag für den nächsten Unterrichsschritt hat (Einstieg in ein neues Thema? Ergebnissicherung? Hilfe für den Arbeitsauftrag?),
- klären, ob sich die Schüler Notizen machen sollen oder nicht.

Achten Sie beim Vortragen auf folgende Gesichtspunkte:

- Der Vortrag sollte kurz und prägnant sein (fünf bis maximal zehn Minuten).
- Der Vortrag sollte übersichtlich gegliedert und geordnet vorgetragen werden. Er muss also einen klar definierten Anfang und ein ebenso deutlich mitgeteiltes Ende haben.
- Der Vortrag kann Wiederholungen enthalten – nur die Neigung zu ausschweifenden Exkursen ist unbedingt zu unterdrücken.
- Der Vortrag sollte lebendig und – falls dies nicht vom Thema her ausgeschlossen ist – humorvoll vorgetragen werden.
- Sie sollten regelmäßigen Blickkontakt zu den Schülern suchen und den Vortrag körpersprachlich untermalen.
- Lassen Sie während des Vortrags keine Zwischenfragen zu! Auch Verständnisfragen würde ich nicht erlauben, sofern der Vortrag wirklich kurz bleibt. (Die Schüler können sich ja Notizen machen und hinterher fragen.)
- Geben Sie zum Schluss des Vortrages noch einmal eine Zusammenfassung bzw. Wiederholung der wichtigsten Punkte.

Ich fasse die einzelnen Ratschläge und Hinweise zu drei Kriterien für einen guten Lehrervortrag zusammen:

L-K-G-Regel

Ein Lehrervortrag soll ***lebendig*** *vorgetragen werden; er soll* ***kurz*** *und gut* ***gegliedert*** *sein.*

Eine Alternative zum Lehrervortrag

Eine methodisch interessante Variante zum „normalen“ Vortrag ist das Zettel- oder Karteikarten-Referat, das auch den Schülern helfen kann, sich an das Halten kleiner Vorträge zu gewöhnen:

Zettelreferat

- Die Schüler der Klassen setzen sich in den Stuhlkreis.
- Der vortragende Lehrer oder Schüler hat das ganze Referat (das entsprechend kurz sein muss) stichwortartig auf Karteikarten aufgeschrieben.
- Vor den Augen der Schüler wird Blatt für Blatt vorgetragen und im gleichen Moment auf den Fußboden gelegt.

- Danach kann die Lerngruppe mit den Zetteln und Stichpunkten weiterarbeiten. Die Reihenfolge kann neu gelegt werden. Hypothesen können auf einen Zettel geschrieben und dazu gelegt werden usw.

Das Zettelreferat kann für Anfänger wie Routiniers die gleiche positive Nebenwirkung haben: Es reduziert die Ausschweifungen auf ein Minimum, weil die Zettel in der Hand „gelegt sein wollen“ und so den Vortrag vorantreiben.

4.6 Das gelenkte Gespräch reduzieren

Der Frontalunterricht besteht zu zwei Dritteln aus dem gelenkten Gespräch (s. o., S. 95). Wie kommt dieser wahnwitzig hohe Prozentsatz zu Stande? Einmal liegt dies sicherlich an der schleichenden Abwertung des Lehrervortrags, zum anderen an der Scheu, alternative Methoden wie Geschichtenerzählen, Rollenspiel oder Standbildbauen einzusetzen, zum Dritten daran, dass das Gespräch das „Schmieröl" für das Voranbringen des Unterrichts ist. Im Unterricht findet bei den meisten Lehrern eine fortwährende *verbale Rückversicherung* statt, durch die sie zu klären versuchen, ob die Schüler dem Unterricht folgen oder nicht, ob sie Verständnisprobleme haben oder nicht, ob sie emotional dabei sind oder nicht, ob sie den Arbeitsauftrag kapiert haben oder nicht.

Hier ist m. E. *die* neuralgische Stelle des Frontalunterrichts überhaupt angesprochen:

- Wir neigen dazu, das Unterrichtsgespräch fast automatisch für wichtig, gut und „demokratisch" zu halten.
- Schüler halten oft dagegen, klagen über die Langeweile und bezeichnen das gelenkte Gespräch als „Laber-Unterricht".

Ich denke, dass die Schüler in vielen Fällen mit ihrem Urteil richtig liegen und rate Ihnen deshalb:

> **These 13:**
>
> *Der Umfang der gelenkten Unterrichtsgespräche im Frontalunterricht sollte spürbar gesenkt werden, weil es zu oft zu unökonomischem „Labern" verkommt.*

Die dadurch gewonnene Zeit könnte genutzt werden, um schüleraktive Unterrichtsmethoden wie Standbildbauen, Rollenspiel, Experiment, Streitgespräch/Debatte, Meditation usw. häufiger als bisher üblich einzusetzen.

Eine Entwicklungsaufgabe

Unterrichtsgespräche sind auch deshalb oft so unbefriedigend, weil keine Formenklarheit hergestellt wird und weil zu wenig auf die Einhaltung der je unterschiedlichen Spielregeln für unterschiedliche Gesprächsformen geachtet wird. Versuchen Sie, in Ihrer Klasse möglichst eindeutige Unterscheidungen der folgenden Gesprächsformen herbeizuführen:

- *Gelenktes Unterrichtsgespräch/Lehrgespräch:* Es ist per definitionem lehrerzentriert und entfaltet sich im beständigen Wechsel zwischen Lehrerfragen/-impulsen und Schülerkommentaren.
- *Schülerdiskussion:* Sie hat nur dann Sinn, wenn die Schüler wirklich von sich aus diskutieren wollen. Der Lehrer ist allenfalls der Moderator – inhaltlich greift er nicht ein.
- *Pro-und-Kontra-Diskussion:* Es gibt einen klar definierten Konflikt, über den zu streiten sich lohnt; es gibt verschiedene Rollen, die vorher besprochen worden sind: den Gesprächsleiter oder Moderator, die Kontrahenten und die Zuschauer, die zuvor einen klaren Beobachtungsauftrag erhalten haben.
- *Prüfungsgespräch:* Der Lehrer diktiert Inhalt, Dauer und Fragerichtung; die Schüler müssen sich fügen und das Beste draus machen.
- *Unterhaltung:* Auch das sollte es hin und wieder im Frontalunterricht geben. Allen Beteiligten ist dann klar, dass locker und lustbetont persönliche Erfahrungen, Erlebnisse und Meinungen geäußert werden dürfen.

Eine Alternative zum gelenkten Gespräch

Eine interessante, bei sparsamem Einsatz wirklich Spaß machende Alternative zum mündlichen Gespräch ist das Schreibgespräch (oder auch „schriftliches Rundgespräch").

Schreibgespräch

- Die Schüler bilden Dreier-, Vierer- oder Fünfergruppen.
- Sie stellen sich in der Gruppe um einen Doppeltisch herum.
- Der Lehrer verteilt je ein DIN-A2-Blatt Papier auf die Tische und
- nennt das Stichwort/Thema, das Problem oder die These, um die es im Schreibgespräch gehen soll.
- Die Schüler schreiben das Stichwort/Thema in der Mitte auf das Blatt.

- Und nun kommentieren sie das Thema schriftlich. Jeder darf sich auf jeden beziehen; mit Pfeilen und Strichen können Querverbindungen hergestellt werden.

4.7 Mehr Geschichten erzählen

Scheinbar gehört das Geschichtenerzählen in die Grundschule oder den Religionsunterricht. – Aber der Schein trügt! Auf jeder Altersstufe (bis hin zur Universität) und in jedem Fach (einschließlich der Naturwissenschaften) kann und sollte das Geschichtenerzählen wieder belebt werden. Es gibt heute allerdings bei vielen mentale Widerstände gegen diesen Vorschlag. Mit gutem Grund. Eine Geschichte frei vor anderen zu erzählen, ist so etwas wie ein „charakterologischer Striptease“. Man gibt viel von seiner Persönlichkeit preis und man begibt sich in die Hände der Zuhörenden, weil man sich nun nicht mehr in die Rolle des Moderators zurückziehen kann, sondern „auf Gedeih und Verderb“ mit seiner Geschichte fertig werden muss.

Welche didaktischen Funktionen erfüllt das Geschichtenerzählen? Es ist eine sinnlich-ganzheitliche Methode mit notwendig hoher Lehrerdominanz, die aber regelmäßig eine hohe innere Aktivität der Schüler zur Folge hat:

- Die Erzählung kann dazu dienen, Sachinformationen zu vermitteln. Eine Entdeckung oder Erfindung kann nacherzählt werden. Ein vorher erarbeiteter Sachzusammenhang kann durch eine Erzählung kommentiert werden; mehrere Perspektiven auf ein und dieselbe Sache können in einer Erzählung verknüpft werden.
- Der Lehrer kann eine Erzählung nutzen, um seine eigenen Gefühle, Einstellungen und Wertorientierungen in einer glaubwürdigen, zugleich durch die Form der Erzählung ein wenig verfremdeten Art und Weise zu Gehör zu bringen.
- Er kann versuchen, das soziale Lernen der Schüler durch eine erzählte Geschichte zu fördern; er kann seine eigene Kritik, aber auch sein Lob in eine Geschichte kleiden.
- Er kann das Erzählen nutzen, um unruhige Kinder zu beruhigen und auf produktive Weise zur Aufmerksamkeit zu zwingen.
- Schließlich kann das Geschichtenerzählen der Schüler auch der eigenen Erfahrungssicherung dienen. Indem wir eine Geschichte über uns selbst erzählen, vergewissern wir uns unserer eigenen Identität, teilen uns dem anderen mit und lernen umgekehrt, wer der andere ist, wer er war und was er will (vgl. Baacke/Schulze 1993).

Das Geschichtenerzählen *schafft Nähe und Distanz zugleich:* Durch den direkten, lebendigen Kontakt zum Erzähler entsteht eine sinnlich-anschauliche Echtheit der Situation; es lädt den Zuhörenden aber zugleich ein in eine oft fiktive, vergangene oder zukünftige Welt, die nah und fern zugleich ist.

Worauf soll man beim Erzählen achten? Wichtig ist, dass Sie sich beim Erzählen halbwegs wohl fühlen. Suchen Sie sich eine geeignete Zeit dafür aus. Achten Sie darauf, dass Sie die Störenfriede der Klasse unter Kontrolle haben. Nehmen Sie sich ein Hilfsmittel mit: eine Handpuppe, die spricht; einen Stein, der herumwandert. Machen Sie sich, wenn Sie das erste Mal erzählen, einen Spickzettel, aber versuchen Sie auf jeden Fall, Teile der Geschichte frei zu erzählen. Versuchen Sie, bei der Ausformulierung der Erzählung die folgenden drei Regeln zu beachten:

- Versuchen Sie, den Sach-, Sinn- oder Problemzusammenhang zu *lokalisieren.* Irgendwo – sei es im Himmel oder auf der Erde – muss Ihre Geschichte ja schließlich stattfinden.
- Versuchen Sie, den Sach-, Sinn- oder Problemzusammenhang, den Sie vermitteln wollen, zu *personalisieren.* Übersetzen Sie abstrakte Vorgänge, Systeme, Strukturen und Entwicklungen in Handlungen, Gefühle, Konflikte und Entscheidungen leibhaftiger Menschen.
- Versuchen Sie, den Sach-, Sinn- oder Problemzusammenhang zu *dramatisieren.* Gefühle, Spannungen, seelische Konflikte, dramaturgische Effekte gehören in eine Geschichte.

Zusammengefasst:

L-P-D-Regel

Beim Geschichtenerzählen werden tote Sachverhalte in lebendige Handlungen übersetzt, indem der Sachverhalt

- lokalisiert,
- personalisiert und
- dramatisiert wird.

4.8 Wiederholungen methodisch variieren

Ohne Wiederholungen ist Unterricht nicht denkbar. Neunzig Prozent der Wiederholungen werden im Frontalunterricht gemacht, zwei Drittel davon wiederum in Form von gelenkten Unterrichtsgesprächen (vgl. Hage u. a. 1985, S. 81). – Kein Wunder, dass viele Schüler Wiederholungen hassen. Deshalb rate ich Ihnen, beim Wiederholen die Symbolisierungsform zu wechseln:

- Was in der vorhergegangenen Stunde zu einer Tabelle zusammengefügt wurde, könnte bei der Wiederholung in eine Erzählung umgeformt werden.
- Was aus der Perspektive der Eltern erzählt wurde, könnte aus der Perspektive der Schüler erzählt werden.
- Was klipp und klar war, könnte erneut verrätselt werden.

4.9 Den Overhead-Projektor in die Ecke stellen

Viele Lehrer und Lehrerinnen – insbesondere in der Sekundarstufe II – haben die Tafelarbeit inzwischen weitgehend eingestellt und nutzen stattdessen den OHP. Meine Meinung:

These 14:

Der Overhead-Projektor ist ein legales Folterinstrument für Schüler. Ihn sinnvoll einzusetzen erfordert eine hohe Selbstdisziplin.

OHP-Arbeit verleitet dazu, vorgefertigte Arbeitsblätter und Folien in viel zu hohem Tempo einzusetzen und so die Schüler „mit Stoff vollzuknallen“. Der Vorteil, dass man die OHP-Folie schon am Nachmittag vorher fertig stellen kann, ist also zugleich sein Gefährdungspozenzial. – Interessant ist der OHP dann, wenn Bilder, die anders nicht zu reproduzieren sind, betrachtet werden sollen oder wenn ein Arbeitsprozess vor den Augen der Schüler dokumentiert werden soll. Aber in diesem Falle kann in aller Regel die Tafel noch bessere Hilfen leisten. Es ist einfach leichter, darauf zu schreiben; es können mehrere gleichzeitig schreiben und es kann bequemer als auf dem OHP korrigiert werden.

4.10 Organisationskram vorher erledigen

In einer gründlichen empirischen Untersuchung über die Qualitätsindikatoren von Unterricht haben Michael Rutter und Mitarbeiter nachgewiesen, dass bis zu 15 Prozent jeder Schulstunde in den erforschten britischen Comprehensive Schools für die Regelung von Organisationsfragen verbraucht wurden. Zugleich hat die Studie ergeben, dass Unterrichtsstörungen mit dem Umfang des Organisationskrams korrelierten. Deshalb der arbeitsintensive, aber schülerorientierte Rat:

These 15:

Versuchen Sie, so viel Organisationskram wie möglich aus dem Frontalunterricht herauszuverlagern.

5 Zum Schluss kommen

Lehrer sind mit ihrer Unterrichtsarbeit so gut wie nie fertig. Wie sollten sie auch. Der Stundenschluss, der Wochenschluss, der letzte Schultag sind ja so gut wie nie ein echtes Ende, sondern zumeist ein Abbruch:

These 16:

Lehrer sind Weltmeister im Abbrechen und Stümper im Fertigwerden.

Das ist kein persönlicher Vorwurf, sondern Kritik am System. Es wird so getan, als ob der Normalfall – nämlich zu wenig Zeit zu haben – eine seltene Ausnahme sei. Das behindert die Suche nach Lösungen. Wir sollten deshalb eine Kultur des Zum-Schluss-Kommens entwickeln,

- indem wir das Abbrechen von Bildungsprozessen zum Regelfall erklären,
- uns dann aber deutlich mehr Gedanken darüber machen, wie die Schüler die Fragmente im selbst organisierten Lernen so lange ausbauen, bis sie sie miteinander vernetzen können.

Literatur

Aschersleben, Karl: Moderner Frontalunterricht. Frankfurt/M. u. a. (Peter Lang) 1985

Aschersleben, Karl: Frontalunterricht – klassisch und modern. Neuwied/Kriftel (Luchterhand) 1999

Baacke, Dieter/Schulze, Theodor: Aus Geschichten lernen. Zur Einübung pädagogischen Verstehens. Neuausgabe Weinheim/München (Juventa) 1993

Bohl, Thorsten: Unterrichtsmethoden in der Realschule. Bad Heilbrunn (Klinkhardt) 2000

Brophy, Jere E./Good, Thomas L.: Die Lehrer-Schüler-Interaktion. München (Urban & Schwarzenberg) 1976

Fichten, Wolfgang: Unterricht aus Schülersicht, Frankfurt/M. u. a. (Peter Lang) 1993

Grell, Jochen/Grell, Monika: Unterrichtsrezepte. München (Urban & Schwarzenberg) 1980 (Neuauflagen bei Beltz, Weinheim/Basel)

Hage, Klaus/Bischoff, Heinz/Dichanz, Horst, u. a.: Das Methoden-Repertoire von Lehrern. Eine Untersuchung zum Schulalltag der Sekundarstufe I. Opladen (Leske+Budrich) 1985

Illich, Ivan: Entschulung der Gesellschaft. München (Kösel) 1972

Meyer, Ernst/Okon, Wincenty: Frontalunterricht. Königstein/Ts. (Scriptor) 1984

Meyer, Hilbert: UnterrichtsMethoden, 2 Bde. Frankfurt/M. (Cornelsen Scriptor) 1987

Meyer, Hilbert: Schulpädagogik, 2 Bde. Berlin (Cornelsen Scriptor) 1997

Piper, Hauke: Das Ritual als inszenierte Widersprüchlichkeit. In: Hanna Kiper: Selbst- und Mitbestimmung in der Schule. Baltmannsweiler (Pädagogischer Verlag Schneider) 1997, S. 217–242

Rumpf, Horst: Die übergangene Sinnlichkeit. Drei Kapitel über die Schule. München (Juventa) 1981

Rutter, Michael, u. a.: 15000 Stunden. Schulen und ihre Wirkung auf die Kinder. Weinheim (Beltz) 1980

Scheller, Ingo: Praxishandbuch Szenisches Spiel. Berlin (Cornelsen Scriptor) 1998

Spender, Dale: Frauen kommen nicht vor. Sexismus im Bildungswesen. Frankfurt/M. (Fischer) 1985

5 Türklinkendidaktik

(1998[1])

Eine meiner Studentinnen, Ulrike Schröder, brachte aus ihrem ersten Schulpraktikum folgenden Spruch mit:

Es gibt drei Sorten von Lehrern: Autodidakten, Türklinkendidaktiker und Hammertypen: Die Autodidakten bereiten sich im Auto auf der Fahrt zur Arbeit vor; die Türklinkendidaktiker, wenn sie die Türklinke des Klassenzimmers in die Hand nehmen; und die Hammertypen gehen in die Klasse und fragen: „Was ham'mer denn in der letzten Stunde gemacht?"

Ulrikes Spruch ist geeignet, die Feiertagsdidaktiker auf den Boden der Tatsachen zurückzubringen und die wirklich interessanten Fragen zu stellen: Was spielt sich im Kopf des Türklinkendidaktikers ab? Wie kommt es, dass manche der überhaupt nicht vorbereiteten Stunden gar nicht so übel laufen? Verhalten sich die Hammertypen dumm oder klug? Diese und weitere Fragen sind Thema des folgenden Beitrags zur Kurz-, Kürzest- und Überhaupt-nicht-Vorbereitung von Unterricht.

1 Kurz vorbereiteter Unterricht – ein Tabu-Thema?

Kurz oder überhaupt nicht vorbereiteter Unterricht ist kein seltenes Ereignis, sondern eine Dauererscheinung im Schulbetrieb. Die Grundbelastungen und die Zusatzaufgaben, der Alltagstrott und die Vertretungsstunden, der innere Schweinehund und die großen und kleinen Katastrophen – all dies führt dazu, dass wir uns immer wieder auf Kurz- und Kürzestvorbereitungen einlassen, auch wenn dies den einstmals in der Ausbildung vermittelten Normen zuwiderläuft.

Nach welchen pädagogischen Maßstäben sollte dann aber kurz vorbereiteter Unterricht beurteilt werden? Die Antwort fällt schwer, weil die kritische Auseinandersetzung mit dieser Frage offensichtlich durch die Vorherrschaft der Feiertagsdidaktiken tabuisiert worden ist.[2] Konzepte

1 Überarbeitete Fassung des Aufsatzes „Lob und Last der Kurzvorbereitung", in: Jahresheft 1998 des Friedrich Verlags, Seelze: „Arbeitsplatz Schule", S. 64–68.

2 Dass diese Tabuisierung immer noch vorliegt, kann auch daran abgelesen werden, dass nirgendwo eine empirische Erhebung und schon gar keine Monografie zum Thema „Kurzvorbereitung" zu finden ist. Was Lehrer tun, wenn sie nur drei oder fünf Minuten Vorbereitungszeit haben, ist so gut wie unerforscht. (Am Rande thematisiert wird das Problem in der nach dem Verfassen dieses Beitrags erschienenen empirischen Studie von Anton Haas (1998, S. 218 ff.); Informationen zum Stand der Forschung über „Lehrerwissen" finden sich bei Wahl 1991; Dick 1996; Kansanen et al. 1997).

und Raster für einen zwölfseitigen Prüfungsstundenentwurf gibt es in Hülle und Fülle – Maßstäbe und Anregungen für eine mündliche Drei-Minuten-Vorbereitung sind im didaktischen Blätterwald nirgendwo zu finden. Aber durch Totschweigen in der Theorie ist noch niemandem geholfen worden. Deshalb meine nüchterne Ausgangsthese:

These 1:

Kurzvorbereitung ist weder „an sich gut", noch „an sich schlecht". Es kommt drauf an, was man daraus macht.

2 Was leisten Kurzvorbereitungen?

Kein Profi stellt den Anspruch, auf der Grundlage von Kurzvorbereitungen zu pädagogischen Meisterleistungen zu kommen. Man ist schon zufrieden, wenn es gelingt, durch einige wenige themen- und methodenbezogene Vorentscheidungen die diffuse und tendenziell Angst machende Überforderungssituation in eine konturierte und dadurch bearbeitbar gewordene Situation umzuformen:

These 2:

Kurzvorbereitung sichert ein Minimum an intellektueller und emotionaler Aufgeräumtheit für die Bewältigung einer eigentlich nicht zumutbaren Unterrichtssituation.

Die Art und Weise, in der diese emotionale Aufgeräumtheit hergestellt wird, kann – je nach Lehrerpersönlichkeit – sehr unterschiedliche Formen annehmen, wie die folgenden Zitate von Lehrern belegen, die ich zur Vorbereitung dieses Beitrags interviewt habe.

- Kollege Fichten stellt Aufgeräumtheit dadurch her, dass er Risiko-Minimierung betreibt: „Da bekommst du direkt vor der Stunde den Marschbefehl von deinem Schulleiter oder vom Stundenplankoordinator – die Lerngruppe ist dir unbekannt – und du versuchst, das Beste aus der ärgerlichen Situation zu machen. Dann greife ich in mein vorhandenes Repertoire: Übungen, Spielchen, Texte, die ich kenne und ohne langes Nachdenken einsetze. Die Sozialform ist dann fast immer der Frontalunterricht. Da gehe ich das geringste Risiko ein. Schließlich will ich möglichst unzerzaust wieder aus der Stunde rauskommen!“
- Kollegin Jahnke-Klein bereitet sich vor, indem sie die Überforderungssituation in eine Glückssituation umdeutet: „Eigentlich ist es ja ein Geschenk, wenn ich unerwartet und unverhofft eine Stunde dazubekomme und endlich einmal ohne Zeitdruck das tun kann, was ich schon immer machen wollte!“
- Und Kollegin Berger stellt ihre durch die weggefallene Freistunde gefährdete intellektuelle und emotionale Aufgeräumtheit dadurch wieder her, dass sie zwei Minuten lang meditiert und ihren Pulsschlag in Ordnung bringt.

Gerade engagierte Lehrer und Lehrerinnen stellen an kurz oder gar nicht vorbereitete Stunden hohe professionelle Ansprüche. Sie wollen keine „Daddelstunde“ geben, sondern bestehen darauf, dass etwas Vernünftiges dabei herauskommt.[3] Warum ist das so? Auch in kurz oder gar nicht vorbereiteten Stunden übernehme ich die volle pädagogische Verantwortung für mich und meine Schüler. Und wenn die Schüler wiederholt erfahren müssen, dass ihre Lehrer den Unterricht schludrig vorbereitet haben, so braucht man sich nicht zu wundern, wenn die Schüler zum „Modelllernen“ übergehen und das Lehrerverhalten imitieren.

3 Arbeitsdefinitionen

Der Begriff „Kurzvorbereitung“ lässt unterschiedliche Deutungen zu. Fängt die Kurzvorbereitung bei fünf Minuten und weniger an? Oder bei zwanzig Minuten? Da uns die Fachliteratur[4] auch in dieser Frage im Stich lässt, habe ich mir – im Anschluss an die Autodidakten, Türklinkendi-

3 Ina Ulrich, Hauptschullehrerin: „Ich könnte Stunden, in die ich unvorbereitet gehe, natürlich zu Daddelstunden machen: den Schülern 'ne Cola ausgeben und sie Schiffe versenken spielen lassen. Aber dazu sind mir solche Stunden zu kostbar.“

4 vgl. den Überblick zum Forschungsstand bei Haas (1998, S. 25 ff.)

daktiker und Hammertypen – mein eigenes Vokabular zurechtgelegt. Ich unterscheide die in der Abbildung auf der Zeitachse angeordneten fünf Formen der Lang-, Kurz- und Kürzestvorbereitung:

Vorbereitungsformen

- **Definition 1:** Als *Kurzvorbereitung* bezeichne ich alle Formen der direkten, von der Hintergrundvorbereitung abzugrenzenden mündlichen und/oder verschriftlichten Vorstrukturierung des Unterrichts. Sie kann sich auf die Aufgabenstellung, das Thema, die Stoffauswahl, die Methoden, Medien und die organisatorischen Voraussetzungen der Unterrichtsstunde beziehen. *Sie kann zwei bis fünf Minuten dauern.*
- **Definition 2:** *Türklinkendidaktik* oder auch Kürzestvorbereitung ist die direkte, unmittelbar vor Unterrichtsbeginn geleistete Ad-hoc-Entscheidung über die Aufgabenstellung, die Stoffauswahl sowie gegebenenfalls die Methoden und Medien einer Unterrichtsstunde. *Sie kann von fünf Sekunden bis zu ein oder zwei Minuten dauern.*
- **Definition 3:** *Synchronvorbereitung* ist die zu Stundenbeginn beim Singen eines Liedes, während eines gelenkten Gesprächs oder in einer Stillarbeitsphase geleistete Situationsklärung über die Aufgabenstellung, über Schülerwünsche und methodisch-mediale Möglichkeiten einer Einzelstunde. *Sie dauert drei bis fünf Minuten, manchmal auch bis zu zehn Minuten.*

  Im weiteren Verlauf einer solchen Stunde können mehr oder weniger gründlich durchdachte Alternativpläne sowie Pläne zum Umgang mit Störungen zum Zuge kommen (vgl. Mühlhausen 1994).

- **Definition 4:** Als *Feiertagsvorbereitung* bezeichne ich die in den gängigen Didaktiken propagierte gründliche schriftliche Vorbereitung einer Einzelstunde, wie sie aus Anlass einer Examenslehrprobe oder bei der Bewerbung auf eine Funktionsstelle angefertigt wird. Feiertagsvorbereitungen liefern einen begründeten Zusammenhang von Ziel-, Inhalts-, Methoden- und Organisationsentscheidungen. Dabei wird mit einem Höchstmaß an Kompetenz und verfügbarer Zeit (mehrere Tage bis zu mehreren Wochen) gerechnet. Solche Vorbereitungsformen kommen im Unterrichtsalltag nicht mehr vor, sie haben aber eine begrenzte Berechtigung in der Ausbildung (vgl. Meyer 1980, S.180).
- **Definition 5:** *Hintergrundvorbereitung* bezeichnet alle mittelfristig und langfristig angelegten Tätigkeiten, die direkt oder indirekt die Fach- und Handlungskompetenz im Unterricht erhöhen. Bei engagierten Lehrern kann sie rund um die Uhr stattfinden und ein Leben lang anhalten (vgl. Bauer/Kopka/Brindt 1996, S. 225 ff.).

Ich werde nun einige Kommentare zur Kurzvorbereitung (Abschnitt 4 bis 6), zur Türklinkendidaktik (Abschnitt 7) und zur Synchronvorbereitung (Abschnitt 8) geben und hier und dort Ratschläge formulieren – wohl wissend, dass berufserfahrene Lehrer und Lehrerinnen keine Rezepte nötig haben.

4 Wie laufen Kurzvorbereitungen ab?

Ich hatte oben definiert, dass Kurzvorbereitungen zwei bis maximal fünf Minuten Zeit in Anspruch nehmen. Dies ist kein ungewöhnlich kurzer Zeitbedarf, sondern ein eher „normaler“ Rahmen. Wer für den nächsten Schulvormittag vier oder fünf, vielleicht sogar sechs oder sieben Einzelstunden vorbereiten muss, wird neben der Hausaufgabenkontrolle, dem Vorbereiten und Kontrollieren von Klassenarbeiten, dem Herstellen von Lernmaterialien und anderem mehr kaum sehr viel länger als 50 bis 60 Minuten Zeit für die unmittelbare Planung der Einzelstunden aufwenden können.[5] Das heißt im Blick auf unser Thema:

These 3:

Langvorbereitungen (15 Minuten und mehr) sind die Ausnahme – Kurzvorbereitungen sind die Regel.

5 vgl. den Beitrag „Aneignungsschwierigkeiten“ in diesem Band S. 81 und Haas (1998, S. 25 f.)

Wie laufen Kurzvorbereitungen ab? Ich habe in meinem Uni-Seminar zwei Lehrerinnen mit gut zehn Jahren Berufspraxis gebeten, „um die Wette“ eine Kurzvorbereitung mit Hilfe der Methode des lauten Denkens[6] vorzuführen. Keine der beiden hatte das Fach Deutsch studiert, aber beide gaben es in ihrer Grundschul- bzw. Sekundarstufenklasse. Welcher Unterrichtsinhalt vorgegeben wurde, war vorher nicht bekannt.

Der *Arbeitsauftrag* lautete: „Überlege dir in maximal zwei Minuten eine Stundenplanung für das Fach Deutsch zu dem dreistrophigen Gedicht „Die Möwen sehen alle aus, als ob sie Emma hießen“.

Die *erste Lehrerin* benötigte die vollen zwei Minuten, um den Inhalt des dreistrophigen Gedichts und die Reimfolge zu identifizieren, um sich für einen Wechsel zwischen einer lehrer- und einer schüleraktiven Phase zu entscheiden, um zwei Ziele zu definieren, den Einstieg auszudenken und zwei weitere Schritte zu formulieren.

Die *zweite Lehrerin* benötigte 90 Sekunden, um den Einstieg festzulegen („Ich zeichne ein Bild an die Tafel: ‚Möwen am Meer‘“), um die Form der Erarbeitung des Textes festzulegen (Vorlesen/Nachsprechen), um einen ersten Arbeitsauftrag zu formulieren, um zwei weitere Schritte festzulegen und die Hausaufgabe auszudenken.

Das Experiment belegt: Berufserfahrene Lehrer und Lehrerinnen haben Reflexionsroutinen entwickelt, die in Sekundenschnelle aktiviert werden können und zu akzeptablen Ergebnissen führen. Das Experiment belegt darüber hinaus, dass das vorgängige Durchdenken des Unterrichts deutlich anders abläuft, als es die Feiertagsdidaktiken empfehlen. Es folgt nicht dem Dreischritt „Zielklärung – Inhaltsstrukturierung – Methodenauswahl“. Vielmehr ist ein spiralförmiges mehrfaches Durchdenken der zu lösenden Aufgabe die Regel (vgl. Meyer 1983; Seel 1997):

Bei der ersten Nachdenk-Schleife kann dann z. B. das Unterrichtsmaterial im Vordergrund stehen, beim zweiten Durchgang sind's die drei schwierigen Schüler der Klasse und beim dritten Durchgang die Konsequenzen für die anstehende Klassenarbeit; beim ersten Durchgang wird die Inhaltsauswahl mitgetroffen, beim zweiten Durchgang wird der Ziel-

6 Beim lauten Denken wird die Versuchsperson gebeten, das, was sonst nur gedacht wird, laut zu sagen, sodass es mitverfolgt und protokolliert werden kann.

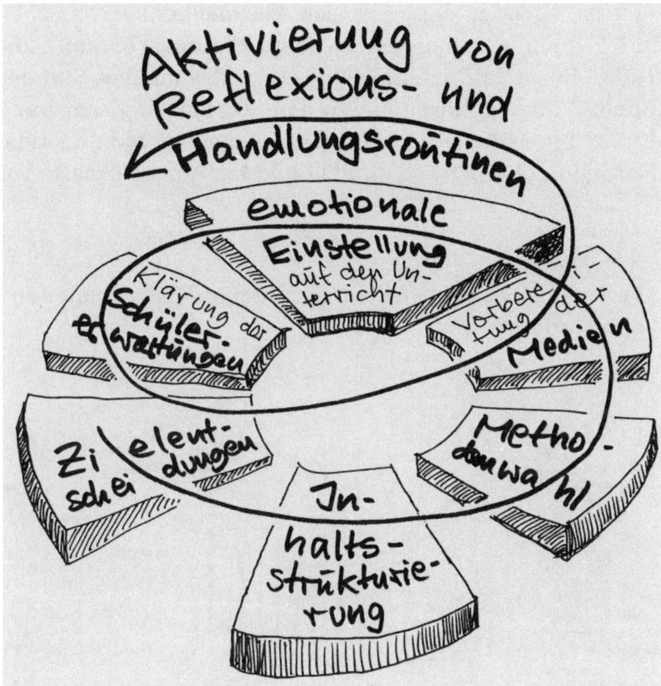

Vorbereitungs-
spirale

komplex „soziale Lernziele" gestreift, im dritten Durchgang wird mitentschieden, ob es eine Abweichung von der Sozialform Frontalunterricht geben soll.

5 Individuelle Profile

Die beiden „Versuchskaninchen" aus Abschnitt 4 verhielten sich unterschiedlich. Die erste Lehrerin plante die Stunde anhand einer „Blitzanalyse" des Inhalts; die zweite Lehrerin stieg methodenorientiert ein und kam erst am Schluss dazu, über den Inhalt des Gedichts nachzudenken. Es gibt offensichtlich ein breites Spektrum je individueller Profile bzw. Stile des Vorbereitens:

- Der eine Lehrer fühlt sich ohne akkurate schriftliche Vorbereitung todunglücklich, der andere fühlt sich gegängelt.
- Die eine Lehrerin braucht einen Spickzettel, die andere hat die Scharnierstellen der Stunde im Kopf.
- Die eine organisiert ihre Stundenabläufe mit Vorliebe über das Tafelbild, die andere konzentriert sich auf den Einstieg.

Es ist wichtig, dass Sie sich klarmachen, welcher Planungstyp Sie sind. Zählen Sie sich eher zu den „Planungschaoten", die erst dann zu großer Form auflaufen, wenn sie während der Stunde improvisieren können? Oder gehören Sie zu den „Planungsfetischisten", die möglichst Minute für Minute im Vorhinein festgelegt haben? Oder sind Sie ein „Normalo", der sich regelmäßig und kurz, aber präzise vorbereitet?

Arbeitsauftrag:
Versuchen Sie bitte sich auf der „Meinungslinie" mit den beiden Polen einzuordnen.

Fühlen Sie sich wohl mit Ihrer Selbstdefinition? Oder weicht die alltägliche Praxis Ihrer Vorbereitung deutlich ab von dem, was Sie eigentlich für erforderlich halten?

Den Planungsfetischisten sei ins Stammbuch geschrieben: „Wer besonders gründlich plant, wird vom Zufall besonders hart getroffen!" Den Planungschaoten sei gesagt: „Es gibt im Lehrberuf so gut wie keine Naturtalente. Genialität muss hart erarbeitet werden!" Und für die „Normalos" gilt der alte APO-Spruch: „In der Not bringt der Mittelweg den Tod!"

Ihr individuelles Vorbereitungsverhalten hat wahrscheinlich ein *bisschen* mit den von Ihnen unterrichteten Fächern und der von Ihnen gewählten Schulform und *sehr viel* mit Ihrer Persönlichkeitsstruktur zu tun. Es gibt eben Menschen mit hohem und andere mit niedrigem Sicherheitsbedürfnis; es gibt Menschen mit hohen fachlichen und andere mit hohen sozialkommunikativen Ansprüchen an den Unterricht. Da diese individuellen

Profile nicht nur die Praxis der Vorbereitung, sondern auch die Unterrichtsgestaltung selbst massiv beeinflussen, gehört es m.E. zur Professionalität des Lehrerhandelns, sich das eigene Profil bewusst zu machen und identifizierte Einseitigkeiten, die zu Lasten der Schüler und Schülerinnen gehen könnten, abzubauen.

6 Ratschläge

Die meisten Lehrer sind, wie empirische Erhebungen gezeigt haben, mit ihrer eigenen Vorbereitungspraxis unzufrieden (vgl. Pilz 1985). Sie haben oft ein schlechtes Gewissen, weil sie meinen, „eigentlich" noch sehr viel mehr Zeit für die Vorbereitung aufwenden zu müssen. Dass dieses ungute Gefühl kein individuelles Versagen darstellt, ist oben bereits gesagt worden. Wie aber kann die Zufriedenheit mit der eigenen Vorbereitungspraxis erhöht werden?

Es wäre grundverkehrt, nun ein neues *Raster* zu erfinden, das die Arbeitsplatzstrukturen der Profis erfasst. Ein solches Raster, das allen Vorbereitungsprofilen gerecht wird, gibt es nicht! Nötig ist vielmehr, jeden einzelnen Lehrer dazu zu ermutigen, *je individuelle* Denk- und Handlungsroutinen für die Kurzvorbereitung zu entwickeln, die sich durch eine „berufsbiografische Passung" (Dirks 1999, S. 29) zur Persönlichkeit, zur Fachsozialisation und zum Unterrichtskonzept dieses Lehrers zusammenfügen.

These 4:

Jeder Lehrer sollte im Verlauf seiner Berufsausbildung ein zu seiner Berufsbiografie passendes, individuelles Schema zur Unterrichtsvorbereitung entwickeln und sich seiner Stärken und Schwächen bewusst werden.

Dazu einige Ratschläge:

„Eine Konserve aufmachen"

„Konserven" sind Standardstunden, die ich so oder ähnlich schon mehrfach gegeben habe und deshalb aus dem Stand wiederholen kann: die Rätselstunde, die Kommasetzungsstunde, die Übung zum Bruchrechnen – also nützliche Themen aus dem Bereich des Kanonwissens, der Grundfertigkeiten und der Allgemeinbildung.

Viele Konserven-Stunden kommen, von Tafel und Kreide abgesehen, ohne weitere Medien aus. Deshalb können sie kurzfristig zum Einsatz gelangen. Die meisten Lehrer haben jedoch in ihrem „Vorratskeller" auch noch drei, vier oder meinetwegen auch siebzehn anspruchsvolle Stundenkonserven, die um ein lieb gewonnenes Medium herum organisiert sind: z. B. die jederzeit greifbare Hörfunk-Konserve, die PC-Software, die witzige Kurzgeschichte, das geliebte Frühlingslied usw.

Die Vorbereitung einer Konserven-Stunde beginnt im Lehrerzimmer beim schnellen Griff zum Schulbuch, in den Ordner oder zu anderen Lernmaterialien. Dazu Sylvia Jahnke-Klein: „Was man sich an Vorbereitung und Entlastung kaufen kann, das kauf ich mir. Und jammer nicht, dass ich das selbst bezahlen muss. In meinem Fach im Lehrerzimmer habe ich einen ganzen Ordner mit Arbeitsblättern und Aufgaben für solche Fälle. Und auch die Computer-Software wird ja immer besser. Der absolute Renner sind bei mir Übungsprogramme für Mathematik."

Einen „Bauchladen" einrichten

Ein professioneller Lehrer ist für Notfälle gewappnet. Er hat ein Vorlesebuch in der Tasche, ein oder zwei Lernspiele oder Infos vom Arbeitsamt; er hat, wenn er Mathematik- oder Techniklehrer ist, den Zollstock dabei und zwei Stück Kreide, um ein Quadrat auf den Fußboden zu zeichnen, an dem dann gerechnet wird; er kennt sich im PC-Raum aus und hat im Wäldchen neben der Schule eine Moosstelle ausgekundschaftet, auf der eine Klasse Platz nehmen und zuhören kann.

Den Weg in den Klassenraum nutzen

Die knappe Zeit auf dem Weg vom Lehrer- in das Klassenzimmer ist für die Vorbereitung besonders kostbar. Frau Böhme, Rektorin einer Grundschule: „Ich entscheide noch im Lehrerzimmer, welches Thema drankommen soll, konzentriere mich auf dem Weg in die Klasse dann ganz auf den vorgesehenen Inhalt, z. B. ein Gedicht oder ein Multiplikationsproblem. Und dann beginne ich die Stunde und irgendwie läuft's dann auch. Meistens gehe ich in unvorbereiteten Stunden sogar stärker als sonst auf die Kinder ein. Ich bin ja auf sie angewiesen. Und da entstehen dann im Gespräch Ideen, auf die ich sonst nicht gekommen wäre."

Mit Spickzetteln arbeiten

Als Spickzetteldidaktik bezeichne ich die sowohl von Anfängern wie auch von Profis genutzte Praxis der schriftlichen Kurzvorbereitung, bei der die wichtigsten Schritte und die „Scharnierstellen" einer Unterrichtsstunde notiert werden, um sie während der Stunde jederzeit abrufen zu können (vgl. Meyer 1980, S. 58). Die Funktion von Spickzetteln ist unstrittig: Sie dienen dazu, den Kopf während des Unterrichts für die wirklich wichtigen Dinge freizuhalten. Ihre Effektivität ist allerdings meines Wissens noch nie empirisch erforscht worden.

Was gehört auf einen Spickzettel? Alles das, was nicht durch Routineentscheidungen im Unterricht abgedeckt ist, aber für die Prozesssteuerung wichtig werden könnte. Also sicherlich nicht die so genannte didaktische Analyse, auch keine Zielkataloge, sondern jene Fragmente des „geplanten Stundenverlaufs", die vom Üblichen abweichen und schwer im Kopf zu behalten sind:

- vielleicht eine methodische Idee für die Einstiegssituation
- ein oder zwei Leitfragen für das gelenkte Gespräch
- der Arbeitsauftrag in Stichworten
- vielleicht das Tafelbild oder Teile davon, die Overhead-Folie oder ein Arbeitsblatt
- die Hausaufgaben

Spickzettel von Profis unterscheiden sich äußerlich oft nur wenig von denen der Anfänger, aber der Profi kann aus seinen Kürzeln und Chiffren sehr viel mehr an Hilfen ziehen als der Anfänger.

Den Spickzettel für den informierenden Unterrichtseinstieg nutzen

Man kann den Spickzettel auch veröffentlichen und so die Beteiligungschancen der Schüler erhöhen. Ein Beispiel aus meiner eigenen, über Jahre hinweg entwickelten Vorbereitungspraxis finden Sie auf Seite 130:

Ich schreibe zu Beginn fast aller Seminarsitzungen meinen Spickzettel *an die Tafel.* Die Rechtecke symbolisieren lehreraktive, die Kreise schüler- bzw. studentenaktive Phasen. Die Größe der Kreise und Rechtecke symbolisiert den (ungefähren) Zeitbedarf. Symbole kündigen die Pause, die Sprechstein-Runde oder die Gruppenarbeit an.

Die Veröffentlichung des Spickzettels an der Tafel hat folgende Vorteile: Die Schüler bzw. Studierenden werden über die Absichten des Lehrers informiert; und sie können sich, falls die Planung umgeworfen werden muss, zügig an der Diskussion von Alternativen beteiligen.

Ob Sie *jeden* neuen Schulvormittag mit einem informierenden Einstieg in Piktogrammform beginnen (wie dies z. B. Heide Bambach von der Laborschule Bielefeld tut) oder ob Sie Ihren Spickzettel nur hin und wieder veröffentlichen, müssen Sie selbst entscheiden.

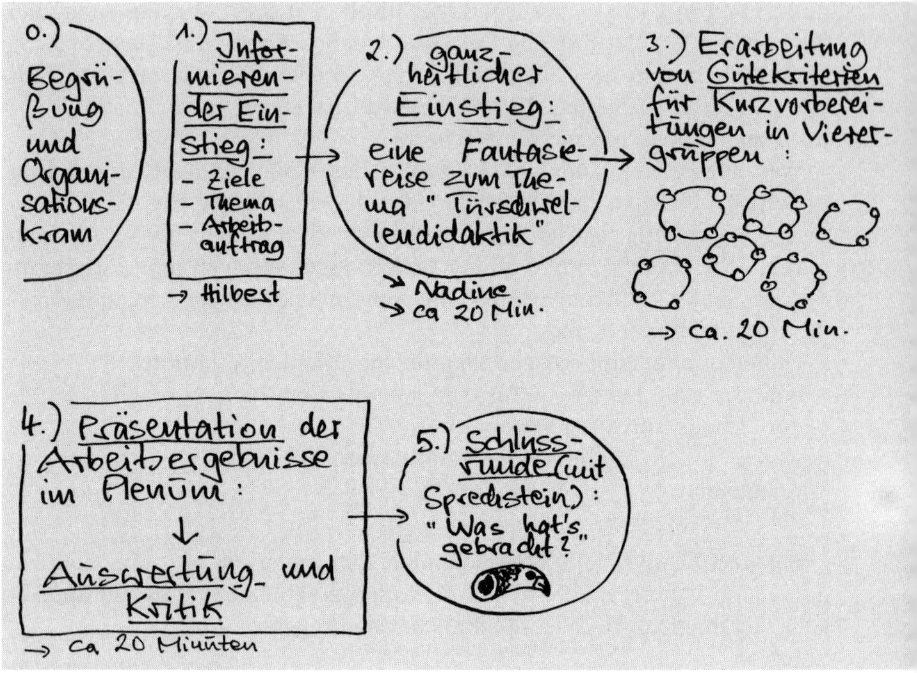

Spickzettel als Tafelanschrieb

Mit Unterrichtsmethoden experimentieren

Wer in Stress gerät, geht zumeist auf „Nummer sicher". Dennoch ein gut zu begründender Ratschlag: Wenn Sie – aus welchen Gründen auch immer – nicht im Stoff fortfahren können, kann zum Beispiel eine Übung zur Entfaltung der Methodenkompetenzen der Schüler eingefügt werden:

- Sie können die Methode des „Schreibgesprächs" neu einführen. Was damit gemeint ist, wird auf Seite 113 beschrieben.
- Sie können zwei Schüler eine kurze Szene vorspielen lassen und dann das Anfertigen eines Protokolls üben.
- Sie können von den Schülern Kriterien für die Gruppenbildung erarbeiten lassen.[7]

7 Viele weitere Methodenanregungen finden Sie in: Heinz Klippert: Methodentraining. Weinheim (Beltz) 1994; Günther Gugel: Methoden-Manual I: Neues Lernen. Tausend Praxisvorschläge für Schule und Lehrerbildung. Weinheim (Beltz) 1997; Johannes Greving/Liane Paradies: Unterrichtseinstiege. Berlin (Cornelsen Scriptor) 1996; Wilhelm H. Peterßen: Kleines Methoden-Lexikon. München (Oldenbourg) 1999

Letzte Rettung: Arbeit mit dem Schulbuch

Wenn Ihnen überhaupt nichts anderes mehr einfällt, können Sie auch zur Standardlösung greifen und mit dem Schulbuch arbeiten. Das wird die Schüler nicht vom Hocker reißen, aber es ist risikoarm.

Mein Fazit: Sie sollten Kurzvorbereitungen nicht nur als Last, sondern auch als Chance verstehen. – Sie können die „geschenkte Stunde“ nutzen, um offen auf die Klasse zuzugehen und das zu tun, was Sie schon lange einmal tun wollten.

7 Türklinkendidaktik

Ich benutze den Begriff Türklinkendidaktik aus den eingangs genannten Gründen ohne polemische Untertöne: Türklinkendidaktik ist eine unmittelbar vor oder beim Betreten des Klassenraums geleistete Form der Kürzestvorbereitung, die durchaus den Standards professionellen Lehrerhandelns genügen kann (nicht muss!). Sie leistet eine radikale Komplexitätsreduktion und konzentriert sich zumeist auf die blitzartige Festlegung eines Stundenthemas und die Sicherung basaler organisatorischer Voraussetzungen.

Besonders freimütig äußern sich Schulleiter zum Thema Türklinkendidaktik. Sie sind sozusagen von Amts wegen legitimiert, unvorbereitet einzuspringen. Und sie haben durchweg eine positive Einstellung zu diesem Teil ihres Berufsalltags. Ich habe Werner Kähler, Rektor einer Oldenburger Hauptschule, folgende Frage gestellt: „Was denkst, fühlst und tust du, wenn du nur eine Minute Zeit zur Vorbereitung einer Stunde hast?“

„Wenn ich unvorbereitet in eine Klasse gehe – und das passiert bei mir immer wieder –, bin ich gar nicht traurig und ich habe auch keine wirklichen Probleme damit. Peinlich-stille oder gar tote Phasen hat es bei mir noch nie gegeben. Meistens gibt es in jeder Klasse Besprechungspunkte, die schon lange auf meinem inneren Merkzettel gestanden haben. Da freue ich mich, wenn ich 45 Minuten Zeit habe, in Ruhe bestimmte Dinge mit meinen Schülern zu klären.

Anders sieht's aus, wenn ich unvorbereitet Fachunterricht gebe. Da bleibt mir gar nichts anderes übrig, als eine Konserve aufzumachen. Das beginnt fast immer mit einem kurzen Gespräch mit den Schülern. Ich vergewissere mich, wo sich die Klasse befindet. Dann frage ich, welchen Lern- oder Übebedarf die Schüler haben – es könnte ja eine Klassenarbeit anstehen und ich kann mich dann nützlich machen. Spätestens fünf Minuten nach Unterrichtsbeginn ist dann klar, was in dieser Stunde passiert.

Und dann läuft ein immer wieder ähnliches Schema ab:

(1) Ich skizziere das fachliche Problem, um das es in dieser Stunde geht. Dabei vergewissere ich mich durch gezielte Rückfragen, welche Vorkenntnisse die Schüler mitbringen.

(2) Ich formuliere einen möglichst präzisen Arbeitsauftrag für die Einzel- oder Teamarbeit; dazu nutze ich vorher gegriffene mediale Hilfen, z. B. das Mathebuch oder einen Zeitungsartikel oder eines der vielen Hörspiele, die ich in den vergangenen Jahren mit Schülern erarbeitet und immer griffbereit habe.

(3) Dann lasse ich alle konzentriert arbeiten und achte darauf, dass die Ruhe gewahrt wird.

(4) Fünf oder zehn Minuten vor Stundenschluss komme ich zur Ergebnissicherung, falls erforderlich zum nochmaligen Erklären und Wiederholen."

Ich deute diesen Erfahrungsbericht auf der Grundlage der von Rainer Bromme vorgelegten Studie über den „Lehrer als Experten" (1992, S. 40–45):

- Die Vorbereitungspraxis des Experten ist *ganzheitlich und aufgabenbezogen*. Es gibt also keine streng einzuhaltende Entscheidungskette, sondern ein sekundenschnelles spiralförmiges Durchdenken der Situation (s. o.).
- Experten sind *schneller* als Nichtexperten in der Lage, einzelne Informationen zu verknüpfen. Sie sehen rasch eine mögliche Problemlösung.
- Experten benötigen deutlich *weniger Informationen* über die zu lösende Aufgabe als Anfänger.
- Expertenwissen ist *abstrakter* als das Wissen von Nichtexperten. Experten verlieren sich nicht in die Details.
- Experten sind in der Lage, die *Struktur* eines Problems sehr schnell zu erfassen; sie haben Strukturschemata verinnerlicht und können auf reiche Erfahrungen in der Umsetzung zurückgreifen.

- Experten können *Sachwissen* (zum Unterrichtsthema) und *prozedurales Wissen* (= Wissen über Formen und Verfahren des Unterrichtens) schnell und effektiv miteinander *verknüpfen*.

Ich meine, dass alle von Bromme erarbeiteten Charakteristika auch für den Praxisbericht von Werner Kähler gelten: Er kann mit wenigen Informationen eine zumindest rudimentäre Stundenplanung aus den Ärmeln schütteln.[8] Und er hat auch keine Probleme, die Situation emotional zu meistern. Deshalb meine nächste These:

These 5:

Die Türklinkendidaktik ist keine Schwundform des „eigentlich" wünschenswerten Planungsverhaltens, sondern eine effektive, professionellen Standards der Berufsausübung genügende Überlebensstrategie im Schulalltag.

8 Synchronvorbereitung[9]

Mit diesem Begriff bezeichne ich die Praxis, die Stundenvorbereitung während der Eingangsphase der Stunde nachzuholen. Das klingt unseriös, obwohl es sich um ein durchaus professionelles Vorgehen handeln *kann*, wie es von Experten in anderen akademischen Berufsfeldern in vergleichbarer Form geleistet wird. (Die Betonung liegt natürlich auf dem Wörtchen „kann": Es geht um unverschuldetes Einspringen, nicht um die Rechtfertigung von Schlendrian!)

Synchronvorbereitung hat sowohl eine kognitive wie auch eine emotionale Dimension:

- Die kognitive Seite besteht darin, dass ich das Kunststück vollbringen muss, mich ohne genaue stoffliche Vorbereitung, ohne Medien (bis auf Tafel, Heft oder Schulbuch) und ohne ausdifferenzierte Zielsetzungen durch eine Stunde hindurchzulavieren.
- Die emotionale Dimension besteht darin, dass ich gerade in unvorbereiteten Stunden mit meiner ganzen Lehrerpersönlichkeit gefordert bin. Ich muss mit einer diffusen Unterrichtssituation umgehen. Und

8 Unsere Alltagssprache ist auch hier aufschlussreich: Die schnelle Lösung des Experten wird „aus den Ärmeln geschüttelt" und nicht „aus dem Kopf gepresst"!

9 Das neu ausgedachte Wort hat – rein logisch betrachtet – wenig Sinn, weil wir mit dem Wort „*Vor*bereitung" ja gerade die „*Vorher*-Bereitung" meinen. Ein passenderes Wort für das ohne Zweifel existente Phänomen fehlt aber noch.

dies gelingt mir umso besser, je mehr ich mit mir selbst, also mit den Ansprüchen an meinen Beruf, ins Reine gekommen bin.

Wer unvorbereitet in eine Klasse geht, muss mit allen Sinnen aufsaugen, was einem an leisen oder lauten Signalen von den Schülern entgegenkommt. Und er muss diese Signale blitzschnell mit dem, was er an Fachwissen und prozeduralem Wissen verinnerlicht hat, verknüpfen können.

Folgende Ratschläge fallen mir zur Synchronvorbereitung ein:

Ein Gespräch anzetteln

Wenn Sie völlig unvorbereitet sind, bleibt Ihnen gar nichts anderes übrig, als zunächst einmal die Situation zu klären. Wolfgang Fichten, Gymnasiallehrer: „Ich eröffne die Stunde mit einem kurzen Unterrichtsgespräch – eine Diskussion wird angezettelt – und dann ist schon mal eine Ausgangssituation entstanden, in der ich auf zwei Schienen weiterarbeite: Ich lenke die Diskussion und nutzte die Zeit zugleich, den weiteren Ablauf zu planen.“

Die geschenkte Zeit nutzen

Je kürzer die verfügbare Vorbereitungszeit ist, umso mehr rückt die Herstellung einer erträglichen Lernsituation in den Vordergrund und die Stoffbewältigung in den Hintergrund. Sylvia Jahnke-Klein, Gymnasiallehrerin, schreibt: „In Mathe finde ich's sogar ganz schön, wenn ich eine unvorbereitete Stunde gebe. Da lasse ich den Schülern viel mehr Zeit als sonst. Und alle, auch die Langsamen, haben die Chance, zum Ergebnis zu kommen. Im vorbereiteten Unterricht habe ich meine festen Ziele, und das führt dann fast zwangsläufig dazu, dass ich zerre und beschleunige.“

Lustvoll üben

Sie können, wenn Sie schon keinen neuen Stoff präpariert haben, aus der Not eine Tugend machen und Zufallsstunden zum Üben nutzen. Das Üben im Unterricht ist in vielen Bereichen in Vergessenheit geraten, aber es gibt deutliche Anzeichen, dass es aus dem Dornröschenschlaf aufgeweckt werden kann:[10]

- Es kann dem Lehrer und den Schülern Spaß machen, ein Gedicht so lange auswendig herzusagen, bis es „sitzt".

10 Viele Hilfen und Anregungen finden sich im Jahresheft 2000 des Friedrich Verlags, Seelze: „Üben und Wiederholen".

- Es kann Spaß machen, Grammatikunterricht mit Gymnastik zu verbinden, wie dies Una Dirks in einem Aufsatz zum Englischunterricht (1993) vorgeführt hat.
- Es kann den computerverwöhnten Schülern sogar Spaß machen, das Schönschreiben neu zu entdecken.

„Metaunterricht" ausprobieren

Mit diesem etwas unglücklichen Wort wird „Unterricht über Unterricht" bezeichnet. Es geht – zumeist im gelenkten Gespräch oder in einer Schülerdiskussion – darum, anstehende Probleme der Klassengemeinschaft, der Leistungsbewertung, der Klassendisziplin usw. zu besprechen und zu konstruktiven Entscheidungen zu kommen.

Synchronvorbereitungen enthalten Chancen, weil sie von dem sonst vorherrschenden Stoffdruck entlastet sind. Ich formuliere als Arbeitshypothese:

- Je besser die Stunde vorbereitet ist, umso dicker ist das Stoffpensum, das sich der Lehrer vornimmt. – Je dicker das Stoffpensum, umso lehrerzentrierter die Stundenführung.
- Je schlechter die Stunde vorbereitet wurde, umso schmaler ist das Stoffpensum. – Je schmaler das Pensum, umso größer die Chancen für die Schüler, sich in die Stundengestaltung einzubringen.

Es gibt hier aber sicherlich keine Automatik: Schlechte Vorbereitung führt nur dann zu mehr Schülerorientiertheit, wenn der Lehrer über ein reiches Methodenrepertoire verfügt und wenn auch ansonsten „die Chemie" zwischen dem Lehrer und der Klasse stimmt.

Mein Fazit: Synchronvorbereitungen leben von den oben schon genannten Handlungs-, Gefühls- und Reflexionsroutinen, die Lehrer und Lehrerinnen im Laufe ihrer beruflichen Sozialisation angehäufelt haben. Sie helfen, zügig aus dem Zustand der „aufgeschreckten Planlosigkeit" in eine Situation „informierter Willkür" überzuwechseln.

9 Hintergrundvorbereitung

Als Hintergrundvorbereitung bezeichne ich alle mittelfristig und langfristig angelegten Tätigkeiten, die direkt oder indirekt die Fach- und Handlungskompetenz im Unterricht erhöhen (vgl. auch Bauer/Kopka/Brindt 1996):

- die Lektüre von Fachliteratur
- die Einübung neuer Unterrichtsmethoden,
- die langfristige Stoffplanung
- die Herstellung hauseigener Lehrpläne
- die Herstellung von Arbeitsblättern, Lernmaterialien, Tests, Klassenarbeitsaufgaben usw.
- Teilnahme an Fortbildungen
- Museumsbesuche, Bildungsreisen, Surfen im Internet
- gezieltes Fernsehen
- Mitarbeit in außerschulischen Projekten

Engagierte Lehrer befinden sich nahezu immer in einem rollenden Prozess solcher Vorbereitung. Sie saugen auf, was sie erleben – beim Zeitunglesen, im Urlaub, im Sportverein, auf Reisen. Und sie integrieren diese neuen Informationen in ihr Themen- und Methodenrepertoire. Hintergrundvorbereitung ist den Schülern und Eltern schwer zu vermitteln – aber dies ändert nichts an ihrer grundlegenden Bedeutung:

These 6:

Die Kurzvorbereitung lebt vom Reichtum der Hintergrundvorbereitung.

Hintergrundvorbereitung ist ziellos und zielstrebig zugleich. Sie hilft, neugierig auf Kinder zu bleiben und ist insofern das beste Gegengift gegen das Burnout-Syndrom. Auch zur letzten These ein Ratschlag, diesmal aus der Feder der polnischen Pädagogin Stefania Wilczynska, der vergessenen Mitarbeiterin von Janusz Korczak:

„Wenn du die Kinder erziehen willst, musst du dein eigenes Leben reich gestalten. Lies, gehe ins Theater, liebe die Natur, versuche dich selbst zu fühlen, so weit und so viel du nur kannst. Alles, was in dir selbst geschieht, was in dir selbst lebendig werden kann, kommt schließlich der Pädagogik zugute“ (zit. nach Güffens 1995, S. 74).

10 „KVK“

Was ist das Band, mit dem die skizzierten Varianten der Kurzvorbereitung zusammengehalten werden? Ich denke, dass Lehrer und Lehrerinnen gar nicht umhin kommen, schon nach wenigen Jahren eigener Berufspraxis etwas zu erlernen, das in keinem Lehrerbildungscurriculum vorkommt, aber für das Überleben im Schulalltag unverzichtbar ist – die **K**urz**V**orbereitungs**K**ompetenz. Ich definiere:

Kurzvorbereitungskompetenz ist die Fähigkeit berufserfahrener Lehrer,

- auf der Grundlage weniger aktueller Informationen über den Lernstand der Klasse
- durch die Aktivierung verinnerlichter Reflexions-, Gefühls- und Handlungsroutinen
- schnell und elegant

eine zum Lernen anregende pädagogische Situation herzustellen.

Die einzelnen Bestandteile der KVK sind in den vorhergehenden Abschnitten schon andiskutiert worden. Noch nicht erwähnt wurden die Persönlichkeitsvariablen. Ein Lehrer mit KVK benötigt:

- Offenheit (d. h. eine große Portion Gelassenheit und ein Quäntchen Humor),
- Verbindlichkeit im Setzen der Regeln,
- „Stehvermögen“ und Autorität.

Offenheit und Verbindlichkeit sind zwei Seiten ein und derselben Medaille. Sonst verkommt die Offenheit zu Beliebigkeit und Laisser-faire.

11 Ratschläge für Berufsanfänger

Da auch Referendare und Berufseinsteiger, ja selbst Praktikanten aus der ersten Phase[11] immer wieder unvorbereitet unterrichten müssen, will ich zum Schluss drei Maximen für Anfänger formulieren:

11 Meine eigenen langjährigen Erfahrungen besagen, dass zwei Drittel aller von mir betreuten Praktikanten schon im ersten Praktikum unvorbereitet Vertretungsunterricht geben.

Die Situation klären

Schüler und Schülerinnen spüren mit seismografischem Geschick, ob jemand wirklich offen ist oder ob er die Offenheit nur vortäuscht. Und sie kennen allerlei Tricks, um vorgetäuschte Offenheit auszutesten. Deshalb gibt's nur eins: in die Situation hineingehen und die gegenseitigen Erwartungen klären. Ulrich Getsch, Berufsschullehrer aus Göttingen: „Ich weiß ja nicht, was mich erwartet, wenn ich in eine fremde Klasse komm. Woll'n die was lernen? Oder woll'n die mich auseinander nehmen? Da hilft kein langes Spekulieren. Da muss ich reingehen und erst einmal die Situation klären."

Wie macht man das, „die Situation klären"? – Ich rate Ihnen, einerseits klar zuzugeben, dass Sie sich nicht vorbereiten konnten, andererseits von der ersten Sekunde an deutlich zu machen, dass Sie keine Daddelstunde machen wollen. Zwei Ideen:

- Einstieg mit einem „warming up", also einer ganzheitlich-körperbezogenen Übung wie „Stadtbummel" oder „Ganzkörperknobeln". Oder eine Konzentrationsübung, die den Lärmpegel senkt: Augen schließen und Geräusche erraten, die Gegenstände machen, wenn sie vom Lehrer auf das Pult geworfen werden.
- Danach ein maximal fünfminütiges Gespräch über zwei Alternativen: Weiterarbeit im Schulbuch oder Ausprobieren einer neuen Unterrichtsmethode.[12]

Pseudo-Offenheit vermeiden

Die blödeste Strategie zur Kompensation einer aus welchen Gründen auch immer unterbliebenen Unterrichtsvorbereitung besteht darin, die Stunde mit der nur scheinbar schülerorientierten Frage zu eröffnen „Was möchtet ihr denn?" Dies führt in aller Regel zu einer Überforderung der Klasse und des Lehrers. Die Lauten setzen sich durch, die Stillen haben das Nachsehen; Modethemen siegen, das wirklich Notwendige bleibt liegen; die Chancen für gezieltes Üben, wiederholendes Erklären oder für ein Metagespräch werden vertan.

Den Umgang mit Überraschungen üben

In dem lesenswerten Buch „Überraschungen im Unterricht" hat Ulf Mühlhausen von der Universität Hannover ein Konzept der situativen Unterrichtsplanung entwickelt, mit dessen Hilfe der Umgang mit unerwarteten Ereignissen im Unterricht trainiert werden kann.

12 Anregungen finden Sie z. B. bei Gugel (1997) oder Klippert (1994).

12 Warnung vor Legendenbildung

Das erfolgreiche Durchstehen unvorbereiteter Stunden lädt zur Legendenbildung und Heroisierung ein. Ich erinnere mich noch genau daran, wie stolz ich 1965 war, als ich in meiner Grundschulklasse eine Mathestunde völlig unvorbereitet und dazu noch in alkoholisiertem Zustand gemeistert hatte. (Der Konrektor feierte in der großen Pause seinen 60. Geburtstag.) Die nüchterne Frage, ob mehr oder weniger als im gründlich vorbereiteten Unterricht herausgekommen ist, bleibt dann leicht auf der Strecke. Deshalb ist die Fähigkeit und Bereitschaft zur Selbstkritik ein unverzichtbares, vielleicht sogar das wichtigste Element der Kurzvorbereitungskompetenz.

Literatur

Bauer, Karl-Oswald/Kopka, Andreas/Brindt, Stefan: Pädagogische Professionalität und Lehrerarbeit. Eine qualitativ empirische Studie über professionelles Handeln und Bewußtsein. Weinheim/München (Juventa) 1996

Bromme, Rainer: Das Denken von Lehrern bei der Unterrichtsvorbereitung. Weinheim/Basel (Beltz) 1981

Bromme, Rainer: Der Lehrer als Experte. Zur Psychologie des professionellen Wissens. Bern/Göttingen/Toronto (Huber) 1992

Dick, Andreas: Vom unterrichtlichen Wissen zur Praxisreflexion. 2. Aufl. Bad Heilbrunn (Klinkhardt) 1996

Dirks, Una: Kernprobleme im Berufsalltag von GymnasiallehrerInnen (Englisch). In: Una Dirks/Wilfried Hansmann (Hrsg.): Reflexive Lehrerbildung. Weinheim (Beltz/Deutscher Studien Verlag) 1999, S. 25–41

Güffens, Friederike: Die Pädagogin Stefania Wilczynska. Nachforschungen zu Janusz Korczaks vergessener Mitarbeiterin. Oldenburg (Zentrum für pädagogische Berufspraxis) 1995

Gugel, Günther: Methoden-Manual I: „Neues Lernen". Weinheim/Basel (Beltz) 1997

Haas, Anton: Unterrichtsplanung im Alltag. Eine empirische Untersuchung zum Planungshandeln von Hauptschul-, Realschul- und Gymnasiallehrern. Regensburg (Roderer) 1998

Hage, Klaus/Bischoff, Heinz/Dichanz, Horst, u. a.: Das Methoden-Repertoire von Lehrern. Eine Untersuchung zum Schulalltag der Sekundarstufe I. Opladen (Leske + Budrich) 1985

Kansanen, Pertti/Tirri, Kirsi/Meri, Matti, et al.: Getting to know Teacher's Pedagogical Thinking – Linking various approaches. University of Helsinki, Department of Teacher Education 1997; in dt. Übersetzung Frankfurt/M. (Peter Lang) 2001

Klippert, Heinz: Methoden-Training. Weinheim/Basel (Beltz) 1994

Krapf, Bruno: Aufbruch zu einer neuen Lernkultur. Bern (Haupt) 1993

Meyer, Hilbert: Aneignungsschwierigkeiten didaktischen Theoriewissens. In: Westermanns Pädagogische Beiträge, 2/1983, S. 61–71 (Wiederabdruck in diesem Band)

Meyer, Hilbert: Leitfaden zur Unterrichtsvorbereitung. Frankfurt/M. (Scriptor) 1980

Mühlhausen, Ulf: Überraschungen im Unterricht. Situative Unterrichtsplanung. Weinheim/Basel (Beltz) 1994

Pilz, Eva: Wie peinlich! Anmerkungen zur alltäglichen Unterrichtsvorbereitung. In: Westermanns Pädagogische Beiträge, 10/1985, S. 446–452

Seel, Andrea: Von der Unterrichtsplanung zum konkreten Lehrerhandeln – Eine Untersuchung zum Zusammenhang von Planung und Durchführung von Unterricht bei Hauptschullehrerstudentinnen. In: Unterrichtswissenschaft 3/1997, S. 257–273

Wahl, Diethelm: Handeln unter Druck. Der weite Weg vom Wissen zum Handeln bei Lehrern, Hochschullehrern und Erwachsenenbildnern. Weinheim (Deutscher Studien Verlag) 1991

Teil 2: Schulentwicklung und Professionalisierung

6 Was ist eine Lernende Schule?

(1998/2000)[1]

Dieser Beitrag ist ein kleiner „Leitfaden zur Schulentwicklung". Im ersten Abschnitt werden die Ansprüche und die Rahmenbedingungen für eine an den Bedürfnissen und Interessen der Beteiligten orientierte Schulentwicklung skizziert. Im zweiten Abschnitt beschreibe ich mein eigenes Leitbild einer „Lernenden Schule". Der dritte Abschnitt liefert einen kategorialen Rahmen für die Definition von Schulentwicklungsaufgaben. Im vierten, fünften und sechsten Abschnitt werden allerlei Anregungen und Ratschläge formuliert, die dabei helfen können, das skizzierte Leitbild einer Lernenden Schule ansatzweise umzusetzen.

1 „Die Menschen zuerst!" – Pädagogische Ansprüche an Schulentwicklung

1.1 Lernende Schule – mehr als ein Schlagwort?

Seit kurzem geistert ein neues Schlagwort durch die schulpolitische Landschaft. Es lautet: *Lernende Schule.* Eigentlich ein sympathischer Begriff. Das Schlagwort signalisiert, Fehler machen zu dürfen, auf dem Wege zu

1 Dies ist die stark überarbeitete Fassung des Aufsatzes „Was ist eine Lernende Schule?" aus Lernende Schule, 1/1998, Supplement, S. 1–20.

sein, noch nicht genau zu wissen, wohin die Reise geht. Das Schlagwort soll Mut machen, statt neue Ansprüche aufzutürmen.

Aber handelt es sich um mehr als eine Worthülse, die andere, wohlfeile Schlagworte ablöst? Als ich meinem Oldenburger Kollegen Jörg Schlee erzählte, dass ich einen Vortrag mit dieser Überschrift halte wolle, wurde er ungehalten. „Lernende Schule“ sei eine eindeutig missglückte Formulierung! Denn nicht Schulen würden lernen, sondern einzig und allein die Menschen, die in diesen Schulen arbeiten. Ich bin dennoch bei der Überschrift geblieben. Warum? Schließlich gibt es eine Reihe von Alternativen: Seit längerem ist der Begriff „Offene Schule“ geläufig; Hans-Günther Rolff spricht von der „Problemlöse-Schule“; Lehrer und Lehrerinnen der Bielefelder Laborschule sagen, sie hätten eine „selbstreflexive“ Schule aufgebaut; noch andere reden von der autonomen oder zumindest teilautonomen Schule. Ich ziehe die Formulierung *Lernende Schule* vor, weil sie m. E. nüchterner und insofern redlicher ist. Zu keiner der mir bekannten Schulen würde ich sagen, sie sei wirklich autonom oder offen oder sie löse alle ihre Probleme. Aber wenn mich jemand fragt, ob ich eine *Lernende Schule* kenne, so könnte ich sofort mehrere benennen.

These 1:

Eine Lernende Schule ist keine Vorzeigeschule und kein elitäres Modell, sondern eine „stinknormale“ Schule von nebenan, die sich auf den Weg gemacht hat, ihr Konzept selbst zu bestimmen.

In These 1 steckt eine Hypothese, die ausformuliert folgendermaßen lautet:

Schulen sind soziale Systeme, die sich durch das Handeln ihrer Subjekte verändern können. Die Schule als Ganzes macht dabei einen Lernprozess durch.

Sie lernt

- anders,
- anderes,
- weniger,
- und mehr

als jedes einzelne Mitglied der Schule.

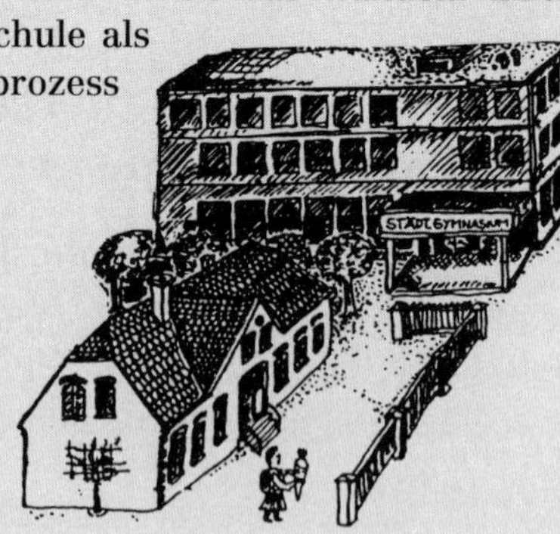

1.2 „Die Menschen zuerst!“

Die für die Schulentwicklung Verantwortlichen (Schulverwaltungsbeamte, Wissenschaftler, Buchautoren, engagierte Praktiker) haben inzwischen einen Schulentwicklungs-Jargon geschaffen, der es Neulingen im Geschäft schwer macht, überhaupt zu verstehen, wovon die Rede ist:

- Da wird von Selbst- und Fremdevaluation, von Qualitätssicherung und Organisationsentwicklung, von *lean management*, von *bottom up* und *top down* gesprochen.
- Da wimmelt es von Abkürzungen: OE und QUESS, SchiLF und Schelf, ISP und ISO 2000.

Eine solche Sprache schafft bei vielen Kolleginnen und Kollegen Misstrauen, weil sie das Gefühl haben: „Meine Probleme kommen überhaupt noch nicht vor!“ – Das ist in der Sache nicht unbedingt richtig, aber der Eindruck lähmt die Mitarbeitsbereitschaft. Deshalb ist eines der Ziele dieses Beitrags, eine allgemein verständliche sprachliche Ausgangsbasis für Schulentwicklungsdiskurse zu schaffen.

Dabei ist die Abstraktheit des sprachlichen Zugriffs kein Zufall, sondern eine Folge der gewählten Ebene, auf der das Problem, um das es geht, abgehandelt wird (vgl. Gairing 1996):

- Man bewegt sich zu lange auf der *Systemebene,* also bei der Betrachtung der Frage, wie eine Schule als Handlungseinheit agieren und reagieren kann.
- Man kommt gar nicht oder zu spät zur *Subjektebene,* also zu der Frage, was der Einzelne tun und lassen soll.

Die Kosten einer ausschließlich systembezogenen Betrachtungsweise werden oft nicht ausreichend bedacht. Hartmut von Hentig, der bekannte Bielefelder Pädagoge, hat vor einigen Jahren den pädagogischen Slogan geprägt: „Die Sachen klären – die Menschen stärken!“ (v. Hentig 1985). Ich finde diesen Satz sehr gelungen, weil in ihm die Verknüpfung von System- und Subjektebene deutlich gemacht wird und weil die Formulierung offen lässt, was Ursache und was Wirkung ist. Ist die Klärung der Sachfragen eine Voraussetzung für die Stärkung der Menschen? Oder ist es umgekehrt? Die Antwort kann eigentlich nur in einer dialektischen Vermittlung gesucht werden. Indem wir die Sachfragen klären, wachsen wir auch als Menschen; und wenn wir als Menschen unterstützt und gestärkt werden, lassen sich auch die Sachfragen besser klären.

Schulentwicklungskonzepte, die den „Faktor“ Mensch vernachlässigen, sind unvollkommen. Sie sind nicht nutzlos, aber verbesserungsbedürftig und -fähig, und dies schon deshalb, weil der Zweck, für den wir Schulentwicklung betreiben, ja nicht eine abstrakte Idee ist, sondern die angestrebte konkrete Verbesserung der Lebens- und Lernbedingungen an einer Einzelschule.

These 2:

Die Schulentwicklung ist kein Selbstzweck. Ihre einzige Legitimation besteht darin, das Lernen und Lehren für alle Beteiligten humaner und erfolgreicher zu machen.

1.3 Wer oder was ist der Motor der Schulentwicklung?

In meiner Region – also im Raum Oldenburg/Ostfriesland – ist die Schullandschaft seit Mitte der 80er-Jahre wieder kräftig in Bewegung geraten: An vielen Grundschulen wird Offener Unterricht erprobt. Es gibt auch bei uns viele Initiativen zur gemeinsamen Unterrichtung von behinderten und nichtbehinderten Kindern. Die ökologische Umgestaltung der Schulen schreitet voran. Teamarbeit, vor einigen Jahren noch ein Fremdwort, wird an mehr und mehr Schulen praktiziert. Reale und virtuelle Lernortnetze werden ausgebaut.

Was sind die Motive dieser Lehrer und Lehrerinnen für die freiwillige Mehrarbeit? Sicherlich nicht Spaß an der Selbstausbeutung, auch nicht eine besondere Attraktivität der angebotenen theoretischen Konzepte, sondern das Gefühl, dass die herkömmlichen Formen, Schule zu gestalten, immer weniger greifen:

- Viele Schüler bringen einen immer dickeren Packen ungelöster Probleme von zu Hause mit; viele sind durch die Medien verwöhnt, andere sind physisch und/oder psychisch chronisch krank; und viele benehmen sich so, als ob sie alle Prinzen und Prinzessinnen wären.
- Herkömmlicher Frontalunterricht erfordert einen immer größeren Disziplinierungsaufwand; aber der Gruppenunterricht will erst recht nicht gelingen.
- Schulen mit Schülern aus 15 oder 20 verschiedenen Ethnien sind keine Seltenheit mehr.
- Die Unterrichtsversorgung bricht immer wieder zusammen. Ruhe und Muße (= die ursprüngliche Bedeutung des griechischen Worts *scholé*) sind an den meisten Schulen zu einem Fremdwort geworden.

Was tun? Viele Lehrer und Lehrerinnen sind krank geworden; immer mehr werden frühpensioniert; einige Kollegen sind in die innere Emigration gegangen, andere suchen ihr Heil in außerschulischen Aktivitäten.

Aber ein Teil der Kollegen – nach meinen Erfahrungen erstaunlich viele – stellt sich der Herausforderung, krempelt die Ärmel hoch und beginnt mit der Arbeit, weil er bzw. sie es nicht mehr lange aushalten würde, noch jahrelang im gleichen Trott weiterzutapern. Bei vielen Kollegen entsteht die Sehnsucht, noch einmal etwas Neues anzufangen:

- Sehnsucht nach selbst bestimmter Arbeit mit schwieriger und fordernder gewordenen Schülern und Schülerinnen
- Sehnsucht nach Arbeit im Team statt Arbeit im Takt
- Sehnsucht nach Ruhe und Verlässlichkeit
- nach Professionalität an Stelle von Flickschusterei

Kurz gesagt: Sehnsucht nach einer Arbeit, die *Sinn* hat! Engagement für die Schulentwicklung erfolgt dann nicht aus Spaß an der Freude, sondern weil man's anders nicht mehr aushält!

These 3:

Motor der Schulreform ist der Leidensdruck im Schulalltag.

Was folgt aus dieser These? Es dürfte klar sein, dass Schulentwicklung, die keine spürbare Verbesserung der Arbeitsplatzsituation der beteiligten Kollegen schafft, in recht kurzer Zeit wieder zusammenbrechen dürfte. Der Erfolg der Schulentwicklungsarbeit ist an bestimmte Voraussetzungen gebunden, die alles andere als selbstverständlich sind: zu allererst ein reformorientiertes kollegiales Klima, in dem die geleistete Arbeit anerkannt wird; als zweites Ruhe und ein klarer Kopf und als drittes viel, viel Zeit. Geld ist auch wichtig, aber nicht der ausschlaggebende Faktor. Wichtiger sind Tugenden wie Verlässlichkeit und Achtsamkeit, Liebe und Toleranz. Und die können nicht von oben verordnet werden. Sie müssen im Kollegium von unten wachsen.

1.4 Vom Eigensinn zum Lustgewinn?

Wer sich aufrafft und aus einer schwierigen Arbeitsplatzsituation heraus den aufrechten Gang zu gehen versucht, hat auch das Recht, eigensinnig zu sein. Damit meine ich das Recht, Kritik anzumelden; das Recht, laut nein zu sagen, wenn man dies für notwendig hält; und das Recht, ungewöhnliche Positionen zu vertreten, ohne sich dafür sofort wieder entschuldigen zu müssen.

Wer eigensinnig ist, ist auch eher in der Lage, Arbeit für das Gemeinwohl mit einem persönlichen Nutzen zu verknüpfen – und das ist gut so!

„Vom Eigensinn zum Lustgewinn“ haben wir in Oldenburg eine Lehrerfortbildungsveranstaltung betitelt. Den erwarteten Widerspruch gegen diesen Slogan gab es nicht. Offensichtlich waren mehrheitlich solche Kollegen gekommen, die diese Maxime für richtig halten und danach leben:

These 4:

Vom Leidensdruck zum Eigensinn! – Vom Eigensinn zum Lustgewinn!

Die Schulreformer von heute sind nicht die pflegeleichten und glatten Lehrer, sondern die eigensinnig-kantigen! Und es sind zumeist jene, die selbst gern unterrichten, die neugierig auf Schüler sind und nicht Schulentwicklung betreiben, um aus dem Klassenzimmer fliehen zu können.

2 Was ist eine Lernende Schule?

2.1 Begriffsklärungen

Die Begriffe Schulentwicklung, Schulprofil, Schulleitbild usw. müssen auseinander gehalten werden, weil sonst bei der konkreten Schulentwicklungsarbeit „Kopfsalat“ entsteht. Vor allem muss genau geschaut werden, ob es sich um einen deskriptiv-analytischen (beschreibenden) oder intentional-wertsetzenden (normativen) Begriff handelt. Ich definiere im Anschluss an die aktuelle Schulentwicklungsdebatte:

- *Schulentwicklung* bezeichnet den Prozess der Profilbildung einer Einzelschule durch Selbstorganisation (vgl. Rolff 1993; Altrichter/Schley/Schratz 1998).
- *Unterrichtsentwicklung* bezeichnet die planmäßige Ausdifferenzierung der an einer Schule praktizierten Lehr-Lern-Formen zu einem von der ganzen Schule getragenen Unterrichtskonzept (vgl. den Beitrag „Unterrichtsentwicklung als Kern der Schulentwicklung“ in diesem Band).
- *Erziehungsentwicklung* bezeichnet den systematischen Aufbau erziehungsunterstützender Maßnahmen und Einrichtungen als Teil eines Schulkonzepts.
- Das *Schulprofil* einer Einzelschule besteht aus den selbst erarbeiteten Schwerpunkten der Unterrichts- und Erziehungsarbeit, durch die der Bildungsauftrag dieser Schule kreativ ausgelegt wird.
- Schulische *Entwicklungsaufgaben* sind subjektiv als sinnvoll wahrgenommene, anhand professioneller Standards der Schulentwicklung überprüfte Herausforderungen zur Profilbildung einer Einzelschule (vgl. Meyer 1999, S. 52).

- Das *Schulleitbild* ist die Summe der von einer Schulgemeinschaft verinnerlichten normativen (inhaltlichen und/oder prozessorientierten) Vorstellungen für die Inszenierung von Schule und Unterricht. Es kann als Ergebnis eines Diskussions- und Klärungsprozesses schriftlich ausformuliert werden. Man kann und muss also zwischen dem impliziten und dem expliziten Schulleitbild einer Schule unterscheiden (Philipp/Rolff 1998; Meyer 1999).
- Das *Schulprogramm* ist ein von einer Schule erarbeitetes und verabschiedetes Entwicklungskonzept, das die Leitlinien der Schulprofilbildung beschreibt (Philipp/Rolff 1998; Meyer 1999). Statt vom Schulprogramm kann man auch vom Schulkonzept bzw. Schulentwicklungskonzept sprechen.
- *Evaluation* ist die datengestützte Überprüfung der Effekte von Schulentwicklung. Man kann zwischen schulinterner und -externer sowie prozessbezogener und produktbezogener Evaluation unterscheiden (Burkard/Eikenbusch 2000).

Die Begriffe Schulentwicklung, Unterrichts- und Erziehungsentwicklung sowie Schulprofil sind per definitionem *deskriptiv;* sie beschreiben die Ziele, Inhalte und Rahmenbedingungen der Schulentwicklung und die durch Schulentwicklung herbeigeführten Profilierungen – also die Eigenarten, Stärken und Schwächen, die eine Schule tatsächlich hat. Das Gleiche gilt für die Evaluation. Sie beschreibt keine guten Absichten, sondern analysiert, was der Fall ist.

Schulleitbilder, Schulprogramme und -konzepte sind demgegenüber per definitionem *normativ,* sie enthalten die postulierten und/oder faktisch handlungsleitenden pädagogischen Grundüberzeugungen der Schulgemeinschaft.

2.2 Acht Merkmale institutionellen Lernens

Ich hatte eingangs schon darauf hingewiesen, dass die Vorstellung, eine Schule als Ganzes könne lernen, gewöhnungsbedürftig ist. *Dass* dies möglich ist, gilt inzwischen aber als gesichert (vgl. Schönig 1993; Oelkers 1995; Senge 1996; Schratz/Steiner-Löffler 1998; Fullan 1999). *Um welche Art* von Lernprozessen es sich dabei handelt, ist allerdings noch wenig erforscht:

- Lernt ein Kollegium vom Widerstand in den eigenen Reihen? Wenn ja, wie? (Bohnsack 1995)
- Lernt ein Kollegium aus den eigenen Erfolgen? Und aus den eigenen Niederlagen und Fehlern?

- Lernt ein Kollegium von der Schulleitung?
- Lernt es von den eigenen Schülern und Schülerinnen?

Folgende acht Merkmale scheinen mir für das institutionelle Lernen von Schulen typisch zu sein:

(1) Schulen lernen nicht just for fun, sondern dann, wenn neue Herausforderungen sichtbar werden, wenn Probleme aufgetaucht oder Schwächen erkannt worden sind, die nun behoben werden sollen. Das institutionelle Lernen ist (fast immer) *anlassbezogen.*

(2) Lernen findet nur dann statt, wenn die einzelnen Mitglieder *zu lernen bereit* sind. Solche Bereitschaft kann zwar von der Obrigkeit moralisch eingeklagt werden, aber man kann sie nicht erzwingen.

(3) Institutionelles Lernen ist *selbst initiiert, selbst kontrolliert* und *selbst verantwortet.*

(4) Es erfolgt im *Wechsel von Handlung und Reflexion* (vgl. den Beitrag „Professionalisierung in der Lehrerbildung“ in diesem Band).

(5) Es ist *ergebnisoffen.* (Wäre schon klar, was herauskommen muss, wäre das Lernen überflüssig.)

(6) Es führt regelmäßig zu Veränderungen der *Organisationsstruktur.* Es schafft sich neue Rahmenbedingungen.

(7) Institutionelles Lernen ist *sozial folgenreich.* Es verändert ja in aller Regel die Struktur des Arbeitsplatzes – z. B. dann, wenn neue Unterrichtsformen Lehrer-Teamarbeit nahe legen oder wenn komplexe Entwicklungsziele eine kollegiale Schulleitung interessant machen.

(8) Deshalb wird institutionelles Lernen zumeist von intensiven *Emotionen* begleitet.

Institutionelles Lernen ist – anders als manches Schüler-Lernen – kein Lernen auf Halde. Es soll ja unmittelbar relevant für die Umgestaltung des Arbeitsplatzes bzw. die Weiterentwicklung der ganzen Schule werden. Es ist nur in Ausnahmefällen systematisch angelegt und vorweg geplant. Es gleicht am ehesten dem in der Didaktik entwickelten Konzept des handlungsorientierten Unterrichts:

These 5:

Die Schule als Ganzes lernt, wenn überhaupt, handlungsorientiert und ergebnisoffen.

2.3 Arbeitsdefinition „Lernende Schule“

Eine Lernende Schule ist eine selbstreflexive (= ihren eigenen Entwicklungsprozess reflektierende) Schule. Dazu wird sie nicht durch Beschluss der Gesamtkonferenz gebracht, sondern dadurch, dass in ihr ein Klima gegenseitiger Achtsamkeit und aufgabenbezogener Ernsthaftigkeit herrscht, das das institutionelle Lernen erleichtert:

- Die Lernende Schule bemüht sich, ihre Rahmenbedingungen nüchtern zur Kenntnis zu nehmen.
- Sie arbeitet kontinuierlich an der Weiterentwicklung ihres Profils.
- Sie setzt sich selbstbewusst und selbstbestimmt Entwicklungsaufgaben, aber sie achtet darauf, sich nicht zu überheben.
- Sie bemüht sich um Selbst- und Fremdevaluation.
- und formuliert zur Selbstvergewisserung und Außendarstellung ein Leitbild ihrer Ziele, Menschenbildannahmen und Handlungsmaximen.

Eine Lernende Schule hat sich auf den Weg gemacht, um den Herausforderungen der Zukunft zu begegnen, ohne im Detail zu wissen, wohin die Reise geht. Ich definiere:

Arbeitsdefinition:

1. Eine *Lernende Schule* ist eine Einzelschule, die ihren Entwicklungsprozess bewusst
   - reflektiert,
   - so weit wie möglich steuert und
   - kontrolliert.
2. Eine *Lernende Schule* hat kein starres Schulprogramm, auf das hin die Entwicklung vorgenommen wird, sondern rechnet mit einem dynamischen Prozess der Ziel- und Maßnahmen-Klärungen.
3. Bei diesem Prozess werden alle von der Schulentwicklung Betroffenen zu Beteiligten gemacht:
   - Lehrer und Lehrerinnen
   - Schüler und Schülerinnen
   - die Schulleitung
   - die Eltern
   - Hausmeister und weiteres Personal

Eine solche Schule steht in der Tradition der Philosophie der Aufklärung. Sie nimmt die aus den Wirtschafts- und Sozialwissenschaften stammenden Konzepte des „Lernenden Unternehmens“, der Organisationsentwicklung und der Schulkultur auf.

Sie entfaltet eine soziale Architektur, in der die Menschen mit ihren Stärken und Schwächen zu gemeinsamer Problemlösung ermutigt werden, in der die Betroffenen zu Beteiligten gemacht werden und in der jede und jeder seine eigenen Grenzen ziehen darf, aber auch die Grenzen der anderen akzeptiert.

Sie verfügt über Instrumentarien, um die eigene Praxis kritisch zu reflektieren, um aus Widerständen und Konflikten zu lernen und um die vereinbarten Entwicklungsziele selbstbewusst zu verantworten.

2.4 Leitbild „Lernende Schule“

Schulleitbilder bringen die Entwicklungsphilosophie einer Schule auf den Punkt (s. o.). Sie können ethische Grundsätze, Menschenbildannahmen, Rollenbeschreibungen, Ideen zur Unterrichtsorganisation und anderes mehr enthalten, aber sie sollen die Fantasie nicht einengen, sondern Mut machen und zum Weiterdenken einladen.

Wenn Sie an Ihrer eigenen Schule an das Ausformulieren eines Leitbilds gehen, können Sie die nachfolgende Skizze als Folie nutzen. Weitere Anregungen finden Sie bei Philipp/Rolff (1998).

Leitbild einer Lernenden Schule

(1) Eine Lernende Schule ist eine *lebensnahe Schule.* Sie öffnet sich gegenüber ihrem Umfeld und sie akzeptiert die Schüler und Schülerinnen so, wie sie sind.

(2) Sie ist eine *Schule der Region.* Sie kooperiert in einem Lernortenetz mit Eltern, Kirchen, Vereinen, Gewerkschaften und den Vertretern der regionalen Wirtschaft. Sie versteht sich als Ansprechpartner für alle, die Bildungsfragen klären wollen.

(3) Eine Lernende Schule ist eine *experimentierfreudige Schule,* in der Lehrer und Lehrerinnen, Schüler und Schülerinnen, die etwas anders als bisher machen wollen, ermutigt und nicht unter zusätzlichen Legitimationsdruck gesetzt werden.

(4) Eine Lernende Schule ist eine *selbstbewusste Schule.* Sie überprüft ihren Entwicklungsstand in regelmäßigen Abständen. Sie ist

sich ihrer Stärken und Schwächen bewusst und vermeidet, sich bei neuen Aufgaben zu überheben.

(5) Eine Lernende Schule *ruht in sich selbst.* Sie nimmt sich das Recht, angesichts konkurrierender gesellschaftlicher Erwartungen an Schule eine eigene, pädagogisch verantwortete Aufgabenplanung vorzunehmen. Dabei haben die Bedürfnisse und Interessen der Schüler und Lehrer dieser Schule Priorität vor den Anforderungen von außen.

(6) An einer Lernenden Schule herrscht ein *Berufsethos* der Lehrenden, das in Anlehnung an das vom Schweizerischen Lehrerverband (LCH 1993) formulierte Berufsleitbild „Lehrer/Lehrerin sein" von folgenden Maximen ausgeht:

- Lehrer und Lehrerinnen einer Lernenden Schule sind *Fachleute* für das Lehren und Lernen, aber auch für die Erziehung von Kindern und jungen Menschen. Die Lehrer übernehmen Verantwortung für diese Menschen, kooperieren mit anderen Fachleuten, um ihren Schülerinnen und Schülern dort weiterzuhelfen, wo sie dies aus eigener Kraft nicht mehr vermögen.
- Die Lehrer und Lehrerinnen der Lernenden Schule sehen in ihrer *Verschiedenheit* und in ihren unterschiedlichen Fähigkeiten und Interessen eine Bereicherung und nicht eine Behinderung der Berufsarbeit. Sie bringen sich als ganze Menschen in ihre Arbeit ein; sie gestehen sich und anderen Stärken und Schwächen ein.
- Für die Lehrer und Lehrerinnen einer Lernenden Schule sind *Selbst- und Fremdbeurteilung* ihrer Arbeit ein selbstverständlicher Bestandteil ihres Berufs. Sie praktizieren einen selbstbewussten Umgang mit der Schulaufsicht und beteiligen sich an der Evaluation des Schulentwicklungsprozesses.
- Sie sind bereit, im *Team* zu arbeiten, Kollegen und Kolleginnen an ihrem Unterricht teilnehmen zu lassen und Unterrichtsergebnisse zu veröffentlichen.

(7) Jeder Lehrer und jede Lehrerin trägt Verantwortung für den eigenen Unterricht, für die außerunterrichtliche Lehr-Lern-Kultur und für die Schulentwicklungsarbeit. Die Arbeitspensen werden nicht nur nach den abgehaltenen Unterrichtsstunden, sondern im Blick auf die Gesamtleistung als *pädagogische Arbeitszeit* verrechnet.

(8) Lernende Schulen entwickeln ein *Schülerleitbild.* Die Schüler tragen Verantwortung für ihren eigenen Lernfortschritt, aber auch für die Berufszufriedenheit ihrer Lehrer und für die Weiterentwicklung der ganzen Schule. Die Schüler sind nicht nur akzeptierte Gesprächs-, sondern auch Kontraktpartner für Lehr-Lern-Kontrakte, Projekte und Schulentwicklungsvorhaben.

(9) Die *Schulleitung* moderiert den Entwicklungsprozess der Lernenden Schule auf der Grundlage des Schulgesetzes und in Abstimmung mit der Schulaufsicht. Sie verpflichtet sich, Grundsatzfragen erst nach gründlicher Diskussion in den zuständigen Gremien zu entscheiden.

(10) Eine Lernende Schule ist nicht zuletzt eine „Anstalt", in der *Lehren und Lernen (wieder) Spaß* machen, in der gelacht und geweint werden darf, ohne dass man sich dafür entschuldigen müsste.

Wie wirken Leitbilder? Durch die sanfte Spannung zwischen Wunsch und Wirklichkeit! Während sich die in langen Berufsjahren verinnerlichten „Unterrichtsbilder" in den Köpfen, Herzen und fingerspitzen immer schon von selbst dick und breit machen (s. S. 35), bedürfen die Leitbilder einer behutsamen Pflege. Sie müssen immer wieder, aber möglichst ohne moralischen Zeigefinger, in Erinnerung gerufen und zum Anlass für die Weiterentwicklung des Schulprofils genommen werden.

These 6:

Schulleitbilder wirken, wenn sie eine überbrückbare Distanz zwischen Wunsch und Wirklichkeit beschreiben.

Schulleitbilder können auch Rost ansetzen! Sie zehren sich selbst auf, wenn die Widersprüche zwischen dem erklärten Ideal und den alltäglichen Erfahrungen der Kollegen, Schüler und Eltern zu groß geworden sind.

3 Entwicklungsaufgaben einer Lernenden Schule

3.1 Müssen, Können und Wollen

Schulen stehen immer wieder vor einem mehr oder weniger großen Berg von Herausforderungen:

- Die zunehmende Gewaltbereitschaft eines Teils der Schüler erzwingt geradezu ein Entwicklungskonzept zur Gewaltprävention.
- Die wachsenden Lern- und Motivationsschwierigkeiten erzwingen geradezu die Erarbeitung eines Förderkonzepts.
- Die Konkurrenz mit dem Nachbargymnasium erzwingt geradezu eine Profilbildung im außerunterrichtlichen Bereich, um das weitere Absinken der Schülerzahlen zu stoppen.

Wie wird aus solchen Herausforderungen eine schulische Entwicklungsaufgabe? Eine wirklich übernommene Aufgabe liegt offensichtlich erst dann vor, wenn die Verantwortlichen die Herausforderung erkannt und akzeptiert haben und wenn sie davon überzeugt sind, die Herausforderung mit Bordmitteln oder verfügbaren anderen Hilfen bearbeiten zu können. Ich definiere:

Arbeitsdefinition:

Eine schulische Entwicklungsaufgabe ist eine subjektiv als sinnvoll wahrgenommene und nach redlicher Prüfung objektiv als geboten anerkannte Herausforderung zur Profilbildung einer Einzelschule.

Dass Schulen solche Aufgabe haben, ist nichts Neues. Neu ist jedoch, dass die Verantwortung dafür, welche Entwicklungsaufgaben mit Vorrang anzupacken sind und welche in die „Vorratskiste“ kommen, an die Einzelschulen delegiert worden ist. Dies ist kein Gnadenakt der Schuladministration, sondern eine Konsequenz der schmerzlichen Einsicht, dass die Effektivität zentraler Steuerung von Schule seit Jahrzehnten sinkt:

These 7:

Weil Unterrichten und Erziehen immer komplizierter geworden sind, müssen die Schulen, um einem Kollaps des Bildungssystems zuvorzukommen, spürbar freier in der Formulierung ihrer Aufgaben werden.

Man erspart sich nicht nur Ärger, sondern kommt auch zu besseren Lösungen, wenn die „Profis vor Ort“ in immer mehr Entscheidungsfeldern die Regie übernehmen.[2] Das Recht, die Entwicklungsaufgaben einer Schule selbstständig festzulegen, ist mithin der Kern der viel beschworenen Schulautonomie. Dies heißt nicht, dass Schwerpunktsetzungen beliebig erfolgen könnten. Nötig ist vielmehr, die konkreten Aufgaben vor Ort und die für das Schulsystem insgesamt anstehenden Schlüsselprobleme des Bildungssystems aufeinander zu beziehen und widersprüchliche Erwartungen auszubalancieren. Schulentwicklung erfolgt grundsätzlich im Spannungsfeld von „müssen“, „können“ und „wollen“:[3]

- (flexible) Einhaltung der gesetzlichen Vorgaben und der Richtlinien
- Reaktion auf die Akzeptanz der Schule in der Gemeinde/der Region
- Umsetzung von Zielvereinbarungen

- Bereitstellung der erforderlichen Schulentwicklungsressourcen: Personal/Zeit/Raum
- Weiterentwicklung der Fach- und Methodenkompetenzen des Kollegiums
- Strategien der Personal- und Organisationsentwicklung

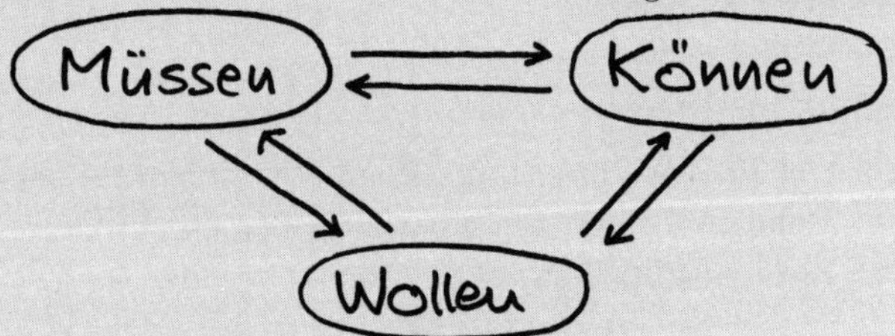

- Entwicklung und Pflege des Berufsethos der Lehrer
- Stärkung des Verantwortungsgefühls der Schüler für ihren Lernprozess
- Herstellung einer entwicklungsorientierten Arbeits-, Kommunikations- und Streitkultur
- Schaffung persönlicher Anreize für Schulentwicklungsengagement

- *Müssen:* Es gibt unabweisbare Pflichten und Vorgaben (von der Pflicht, Abschlüsse zu vermitteln, bis zum Einhalten der Grundrechte oder der Pflicht zum sparsamen Umgang mit Steuermitteln).

2 Dass diese These eine gesamtgesellschaftliche Entwicklungstendenz markiert, wird in dem Buch von Helmut Willke „Die Ironie des Staates“ erläutert: „Komplexe Systeme können von einer hierarchischen Spitze aus nicht mehr adäquat gesteuert werden“ (1996, S. 68). Deshalb fordert Willke eine „dezentrale Kontextsteuerung“ als Planungskonzept der Gegenwart.

3 Idee und Füllung stammen von Anton Strittmatter, Sursee/Schweiz.

- *Wollen:* Schulentwicklung lebt davon, dass es Kollegen, Schulleitungen, Schüler und Eltern gibt, die mit dem Bestehenden unzufrieden sind und an die Arbeit gehen wollen. (Dabei können die Motive sehr unterschiedlich und hochkomplex sein. Einige Kollegen folgen ihrem pädagogischen Ethos, andere wollen Karriere machen, und hin und wieder geht's auch nur darum, der Schulleitung eins auszuwischen.)
- *Können:* Nicht alles, was Sinn hat, ist auch tatsächlich möglich. Die Rahmenbedingungen können das Anpacken einer wünschenswerten Entwicklungsaufgabe verbieten. Im Prinzip behebbare Kompetenzdefizite können dagegenstehen.

Die Skizze von Seite 154 soll verdeutlichen: Es wäre unprofessionell, wenn eine Schule die Entscheidung, ob sie sich an der Schulentwicklung beteiligt oder nicht, allein von der subjektiven Befindlichkeit ihrer Mitglieder (vom privaten Wollen) abhängig machte. Es wäre aber ebenso unprofessionell, wenn sie ein Schulprogramm verabschiedet, dessen Uneinlösbarkeit für alle Insider offensichtlich ist.

These 8:

Das eigentliche Kunststück einer demokratischen Schulentwicklung besteht darin, die drei Pole „Wollen", „Können" und „Müssen" auszubalancieren und bei diesem Balanceakt eine größtmögliche Transparenz des Entscheidungsprozesses herzustellen.

3.2 Schulentwicklungswürfel

Wo sollen die Schulen mit der Arbeit anfangen? Um bei der Klärung dieser wichtigen Frage zu helfen, habe ich mir den Schulentwicklungswürfel von Seite 156 ausgedacht. Er enthält vier Grundbegriffe, die m.E. in jedem Schulentwicklungsprozess zu beachten sind.

Dieser Würfel kann oben beginnend im Uhrzeigersinn abgearbeitet werden. Dies ist die „klassische" Vorgehensweise. Man kann aber mit guten Gründen auch in jeder anderen Ecke beginnen, und zwar deshalb, weil es zwischen den vier Ecken keine Kausal- oder Deduktionsbeziehungen gibt. Schon aus rein logischen Gründen darf aus dem, was ist, nicht abgeleitet werden, was sein soll. Und ebenso wenig lässt sich aus den abstrakten Vorgaben eines Leitbilds konkret deduzieren, welche Entwicklungsaufgaben eine Schule anpacken *muss*. Der Schulentwicklungswürfel beschreibt also so etwas wie ein schulpraktisch wirksames theoretisches Spannungsfeld. Jeder konkrete Schulentwicklungsprozess wird von allen vier

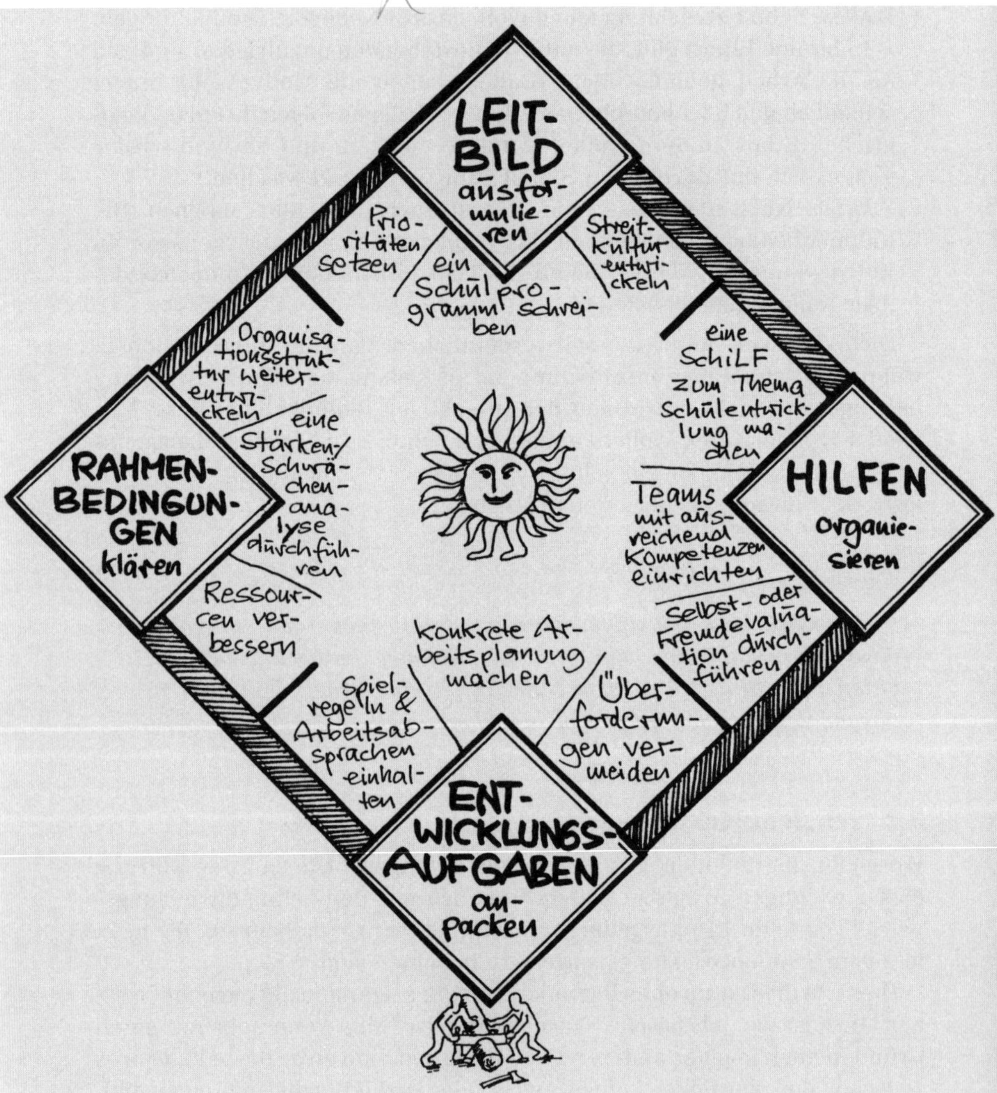

Schulentwicklungswürfel

Ecken aus beeinflusst – aber nie in totaler Determination, sondern in einem Wechselwirkungsprozess. Dies schafft große Handlungsspielräume für die Arbeit vor Ort:

- Eine Schule könnte ihren Schulentwicklungsprozess damit starten, dass sie eine, zwei oder drei *Entwicklungsaufgaben* vereinbart (z. B. die Bewerbung um den Status einer Europa- oder Unesco-Schule, die Einführung von Jahrgangsteams oder von regelmäßigen Mitarbeitergesprächen, die Beteiligung an einem Modellversuch oder ...).
- Eine Schule könnte im ersten, aber ebenso gut im zweiten Schritt versuchen, ein gemeinsames *Leitbild* zu erarbeiten. Das ist insbesondere dann sinnvoll, wenn es bereits eine Reihe konkreter Entwicklungsvorhaben gibt, aber unklar ist, ob sie zusammen ein Ganzes ergeben oder sich gegenseitig behindern.[4]
- Eine Schule, in der die *Rahmenbedingungen* noch nie gemeinsam analysiert wurden und in der jeder vor sich hin wurstelt, kann sinnvoll in der linken Ecke des Würfels anfangen. Das Kollegium wird dann bald merken, dass in jede Analyse der Rahmenbedingungen immer auch schon Leitbildannahmen und Ideen über konkrete Entwicklungsvorhaben einfließen können.
- Eine Schule könnte die Programmentwicklung mit dem Evaluieren, also in der Ecke *„Hilfen"* beginnen. Auch hier ist zu beachten, dass in jeder Evaluationsmaßnahme implizite Leitbildannahmen stecken: Ich evaluiere, weil ich bei der Lösung eines Problems nicht vorankomme. Ich könnte eine Evaluation auch deshalb vornehmen, weil ich von der Qualität eines „Sahnestückchens" meiner Schule überzeugt bin, aber handfeste Belege erhalten möchte, um diese Bewertung an Dritte weiterzuvermitteln. Auch die Bereitstellung einer konkreten Hilfe (z. B. ein Supervisionsangebot oder zusätzliche Finanzmittel) kann zum Auslöser für ein Entwicklungsvorhaben werden.

Ich fasse zusammen: Wo eine Lernende Schule mit der Arbeit beginnen soll, ist theoretisch nicht zu entscheiden. Die Entscheidung wird dadurch aber nicht beliebig oder gar irrational; und zwar deshalb nicht, weil die lokalen Rahmenbedingungen der Schule und die individuelle „Lerngeschichte" jedes Kollegiums bestimmte Entwicklungsschwerpunkte nahe legen und andere als weniger attraktiv erscheinen lassen.[5]

4 Das Wort „Leitbild" verleitet dazu, Schulentwicklung einseitig als „Top-down-Bewegung" zu betrachten. Es ist in vielen Fällen klüger, induktiv als deduktiv vorzugehen, also das Leitbild aus konkreten Entwicklungsvorhaben hochzurechnen, statt es aus abstrakten Vorlagen kleinzuarbeiten. Das so induzierte vorläufige Leitbild wird dann genutzt, um die Entwicklungsvorhaben der Schule zu überprüfen und um Anregungen für weitere Vorhaben zu sammeln.

5 Kompakte Entscheidungshilfen für die Entwicklungsarbeit finden Sie in Schratz u. a. (2000).

3.3 Entwicklungsfelder

Schulentwicklung ist ein ganzheitlicher Prozess. Schon kleinere Veränderungen im Klassenzimmer haben Rückwirkungen auf die Personalversorgung, auf die Lehrerfortbildung und die Leitungsstrukturen. Alles hängt eben mit allem zusammen. Deshalb ist die Steuerung von Schulentwicklungsprozessen auch so kompliziert. Und darum hat es Sinn, unterschiedliche Aufgabenbereiche oder „Felder" der Schulentwicklung zu definieren, die dazu beitragen, den Überblick zu wahren.

Die Abbildung von Seite 159 zeigt eine systematisch nach *fünf Feldern* geordnete Vorschlagsliste[6] für mögliche Entwicklungsvorhaben einer Lernenden Schule. Die drei links platzierten Felder haben dabei eine dienende Funktion (weil Schulentwicklung kein Selbstzweck werden darf), die zwei rechts platzierten Aufgaben sind die eigentlich wichtigen. Ich erläutere in Stichworten:

Organisationsentwicklung

Organisationsentwicklung ist das bewusst herbeigeführte Verflüssigen, Erneuern und Wiederfestmachen der Organisationsstruktur einer Schule. Sie dient der planvollen Gestaltung und Erneuerung der sozialen Architektur der Schule unter gemeinsamen pädagogischen Leitvorstellungen der Beteiligten. Es wird also mit Absicht eine gewisse Instabilität der Schule herbeigeführt, die die Chance zur Erneuerung, aber natürlich auch die Gefahr einer Beschädigung gewachsener Strukturen bietet. Deshalb ist das Verflüssigen oder, wie der deutsch-amerikanische Psychologe und Feldforscher Kurt Lewin (1890–1967)[7] sagt, das „Auftauen" für manche Beteiligte mit Angst verbunden.

Arbeitsbereiche der Organisationsentwicklung sind z. B.:

- die Teamentwicklung
- die Einrichtung von Steuer- oder Organisationsentwicklungsgruppen (OE-Gruppen)
- die Demokratisierung der Schulleitungsstrukturen
- die Verbesserung der Informationsflüsse und die Wiederbelebung der Konferenzarbeit

6 In der Schulentwicklungsliteratur wird zumeist nur die heilige Trias „Organisationsentwicklung – Personalentwicklung – Unterrichtsentwicklung" genannt. Aber das halte ich für zu eng.

7 vgl. Gairing 1996, S. 34 ff.

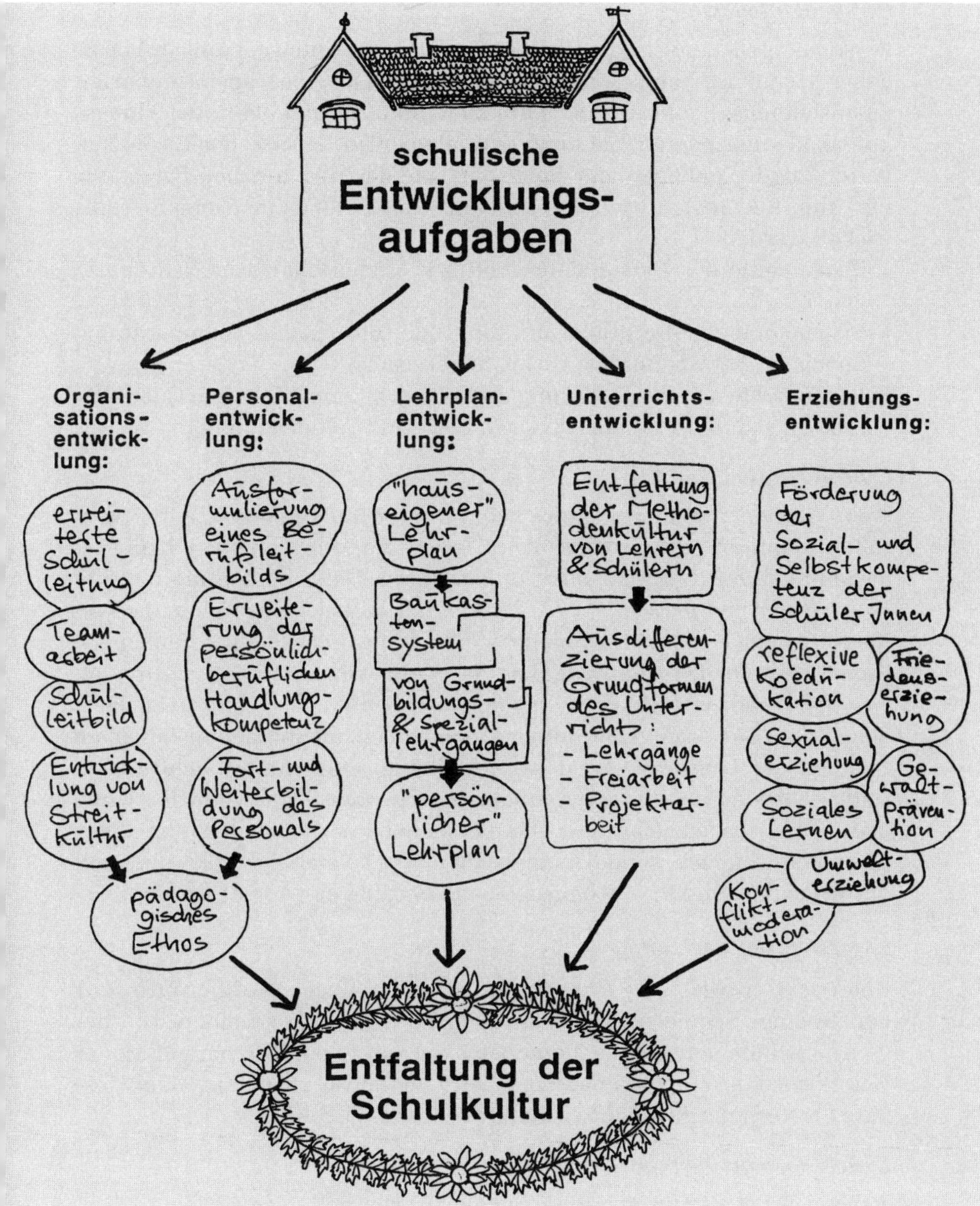

Entwicklungsfelder

Personalentwicklung

Personalentwicklung ist die Vertiefung und Erweiterung persönlich-beruflicher Handlungskompetenz auf der Grundlage eines ausformulierten Berufsleitbilds. Sie bezieht sich auf die Standard- und die Entwicklungsaufgaben einer Schule. Sie dient dem planvollen Einsatz, der Gesunderhaltung und gegebenenfalls der Ergänzung des vorhandenen Personals. Für die Personalentwicklung müssen Hilfen und Instrumente entwickelt werden:

- Instrumente der Personalauswahl (z. B. „schulscharfe Ausschreibungen")
- Instrumente der Beratung und Kontrolle (Einzel- und Teamberatung, Coaching, Mitarbeitergespräche, Supervision)
- Instrumente der Qualifizierung und Weiterbildung (Arbeit in Qualitätszirkeln, schulinterne und -externe Fort- und Weiterbildung)

Lehrplanentwicklung

Wenn die Schulen ihr je eigenes Schulprofil in Teilautonomie entwickeln sollen, dann ist es nur konsequent, auch die Lehrplanentwicklung zu bestimmten Teilen an die Basis zu verlagern. Dafür stehen die Begriffe *hauseigener* und *persönlicher Lehrplan.* Wir wissen ja seit jeher, dass im Klassenzimmer eine individuelle – oft genug höchst eigentümliche – Umdeutung der Lehrplanvorgaben der Kultusadministration stattfindet. Es gibt Kürzungen und Ausweitungen, harte Schnitte und „Mut zu Lücken" ohne Ende! Das liegt an der immer knappen Zeit, an Stundenausfällen, an Zufällen der Lehreraus- und -weiterbildung, am Umfang fachfremden Unterrichts und vielem anderen mehr. Mit dem Begriff „persönlicher Lehrplan" wird ausgedrückt, dass das persönliche „Zuschneiden" der Lehrpläne kein Unglück, sondern eine zwingende Notwendigkeit ist. Es muss nur reflektiert und in den hauseigenen Lehrplan eingepasst werden.

Unterrichtsentwicklung

Unterrichtsentwicklung bezeichnet die planmäßige Ausdifferenzierung der an einer Schule praktizierten Lehr-Lern-Formen zu einem von der ganzen Schule getragenen Unterrichtskonzept (s. o.). Wie ein entfaltetes Unterrichtskonzept aussehen kann, wird im Beitrag „Unterrichtsentwicklung als Kern der Schulentwicklung" erläutert (s. S. 182).

Erziehungsentwicklung

Jeder Lehrer nimmt im alltäglichen Lehrbetrieb fortwährend Erziehungsaufgaben wahr. Dies ist prinzipiell unvermeidbar, weil man nicht unterrichten kann, ohne zugleich zu erziehen (s. S. 40 in diesem Band).

Da die Erziehungsdefizite zunehmen, wird es aber immer wichtiger, dass auch die Schule als Ganzes ein Erziehungskonzept erarbeitet und ein erzieherisches Unterstützungssystem entwickelt. Erziehungsentwicklung

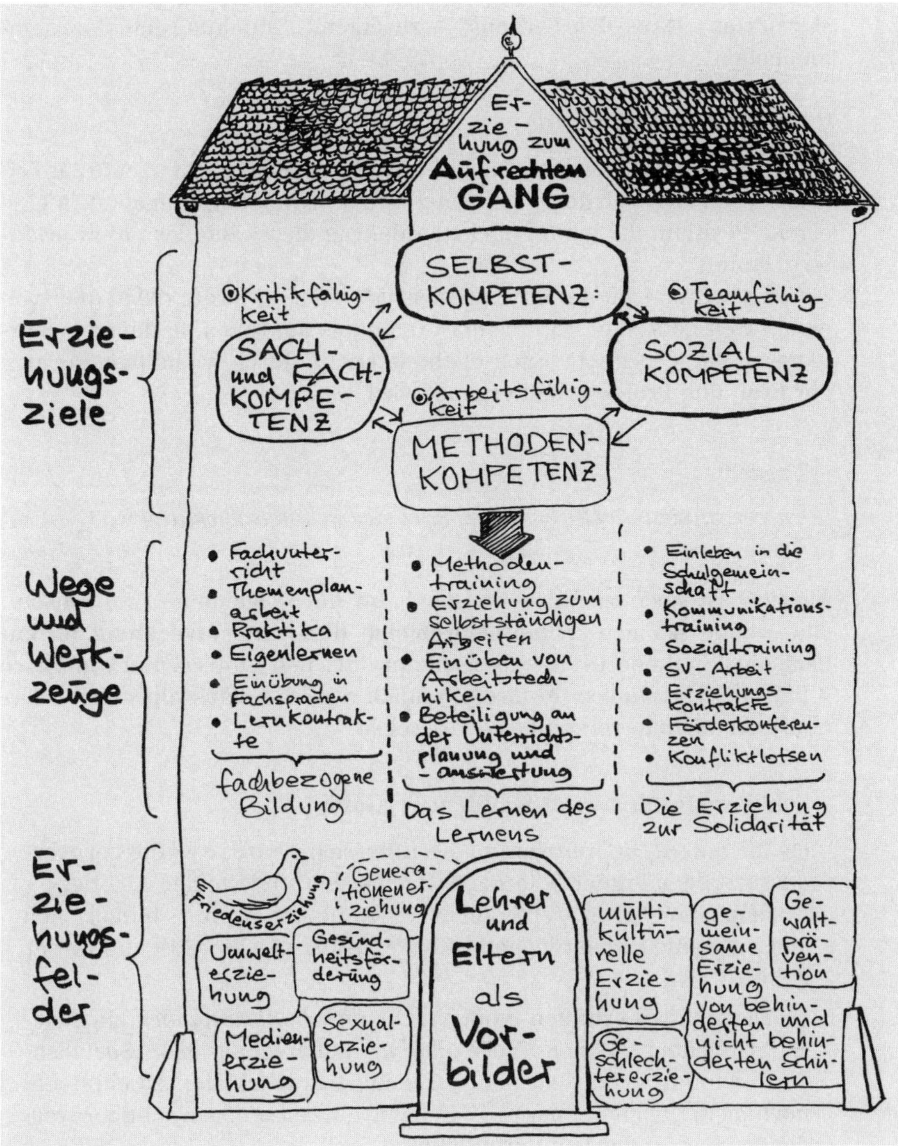

Erziehungshaus

bezeichnet deshalb den systematischen Aufbau erziehungsunterstützender Maßnahmen und Einrichtungen als Teil eines Schulkonzepts.

In der Abbildung von Seite 161 werden diese Erziehungsaufgaben benannt und – in Analogie zu dem von der Bildungskommission NRW (1995) skizzierten „Haus des Lernens“ – zu einem „Erziehungshaus“ zusammengefasst.

3.4 Schlüsselprobleme

Es gibt viele, theoretisch und praktisch unterschiedliche Konzepte zur Prioritätensetzung bei der Festlegung von Entwicklungsaufgaben. Meine eigene Position, die ich im nächsten Beitrag dieses Bandes näher erläutere, lautet:
Schulen sollten sich auf ihr Kerngeschäft konzentrieren, dabei aber von einem weit gefassten Unterrichtsverständnis ausgehen, in dem der lehrgangsmäßig geordnete Sach-Fachunterricht durch vielfältige Formen der Frei- und Projektarbeit ergänzt wird.

These 9:

Unterrichtsentwicklung ist der Kern der Schulentwicklung.

These 9 ist noch ziemlich pauschal. Im nachfolgenden „Problemspeicher“ habe ich acht Schlüsselprobleme der Schulentwicklung formuliert, die den theoretischen und schulpraktischen Hintergrund von These 9 liefern. Dass andere Autoren deutlich andere Schlüsselprobleme formulieren dürften, versteht sich von selbst.

Schlüsselprobleme der Schulentwicklung

(1) Die *Innere Differenzierung* des Unterrichts wird, weil die Lernvoraussetzungen immer heterogener geworden sind, immer wichtiger. – Auch nach mehr als dreißigjährigen Bemühungen gibt es immer noch viel zu wenige überzeugende Konzepte für die Bewältigung dieser Arbeit.

(2) Die Schulen erhalten immer mehr *Erziehungsaufgaben* zugewiesen, die früher von den Eltern oder von außerschulischen „Sozialisationsagenten“ erfüllt wurden. „Erziehungsentwicklung“ ist ein heute noch nicht üblicher, aber m. E. in nächster Zeit immer wichtiger werdender Begriff der Schulprofilbildung.

(3) Schulen müssen einen *pädagogischen Leistungsbegriff* erarbeiten. Sonst dringt die Ellenbogengesellschaft immer mehr in den alltäglichen Schulbetrieb ein.

(4) Schulen müssen verstärkte Anstrengungen machen, um auch jenen Jugendlichen, die wahrscheinlich zu den *Modernisierungsverlierern* gehören werden, also keine Chancen zu dauerhaften Beschäftigungsverhältnissen haben und auf Sozialhilfe angewiesen sein werden, den Sinn von Schule klarzumachen.

(5) Der *Generationenvertrag* wird zunehmend brüchig und dadurch zum Problem und Thema der Schulen. Sie sollten helfen, die Entfremdung zwischen den Generationen zu verringern. (In Israel habe ich in Kibbuzschulen einen beeindruckend intensiven Austausch zwischen den Generationen erlebt. Davon könnten wir lernen!)

(6) Die Schule muss mit einer *neuen Lernkultur* und mit einer Internationalisierung des Curriculums auf die Globalisierung der Märkte reagieren.

(7) Schulentwicklung kann nur gelingen, wenn sie mit den Schülern gemeinsam vorangetrieben wird. Deshalb ist die Entwicklung einer *Feedback-Kultur* zwischen Schülern und Lehrern vordringlich!

(8) Schließlich plädiere ich dafür, nach schwedischem Vorbild flächendeckend *Ganztagsschulen* einzuführen, um den gewachsenen Unterrichts- und Erziehungsaufgaben besser gerecht werden zu können. Dies hat erhebliche Rückwirkungen auf das Selbstbewusstsein und Rollenverständnis der Lehrer. Die Anwesenheit am Nachmittag und die tendenzielle Abkopplung der Arbeitszeit vom „Stundenhalten" führt zu mehr Gerechtigkeit im Kollegium. Jeder und jede kann und muss bei der Schulentwicklung mitmachen.

Zusammengefasst: Die Instruktionsaufgaben der Schule bleiben bestehen, aber die Erziehungsaufgaben werden wachsen. Deshalb reicht es nicht mehr aus, die Schule primär als Bildungsanstalt zu betrachten. Sie muss zu einer „Lebens- und Erfahrungsschule" (v. Hentig) werden.[8]

8 Wie eine solche Schule aussehen könnte, habe ich in dem Buch „Schulpädagogik" unter der Überschrift „T.E.A.M.-SCHULE" beschrieben (1997, Bd. 2, S. 97 ff.).

4 Bausteine für die Entwicklung einer Lernenden Schule

4.1 Planungsstrategien: *Sinnliche Ziele, Muddling through, Patchwork*

Wer einen Schulentwicklungsprozess einleiten bzw. einen eingeleiteten Prozess neu akzentuieren und vorantreiben will, muss sich überlegen, welche Planungsstrategie für die eigene Schule angemessen ist. Ich gehe im Anschluss an den kanadischen Schulentwicklungsexperten Michael Fullan (1999, S. 44 ff.) davon aus, dass eine streng zweckrationale Planung von Schulentwicklung unmöglich ist:

These 10:

Schulentwicklung ist Arbeit in einem „chaotischen System".

These 10 ist nicht polemisch, sondern analytisch gemeint. Schule ist so komplex, dass es nur in Ausnahmefällen möglich ist, einzelne ihrer Variablen zu isolieren und dann getrennt für sich zu erneuern. Vielmehr sind fast alle Variablen eng miteinander vernetzt: die Personal- und die Organisationsstruktur, das pädagogische Ethos und das Schulklima, das soziale Umfeld, die materielle Ausstattung und vieles andere mehr. Deshalb ist mit „Schön-Wetter-Schulprogrammen" wenig Staat zu machen. Wir benötigen Steuerungsprogramme, die den Spagat zwischen guten Absichten und alltäglichem Chaos auszuhalten vermögen. Dies ist bei einer streng zweckrational gedachten Ziel-Mittel-Programmierung nicht der Fall. Sie funktioniert nur in extrem ordentlichen Verhältnissen. Eher dürfte dies mit einem der folgenden „sanften" Steuerungsmodellen gelingen:

Modell: ***Sinnliche Ziele***

Ein Modell, das sich an der so genannten *Aufgabenplanung* orientiert, löst die Steuerungsaufgabe von Schulentwicklung dadurch, dass es an die Stelle abstrakter Zielkataloge und Leitbilder die Vereinbarung von Entwicklungsaufgaben stellt. Dabei muss nicht im Detail geklärt sein, welche Zielprioritäten dahinter stecken und welche Maßnahmen helfen könnten, die Ziele tatsächlich zu erreichen:

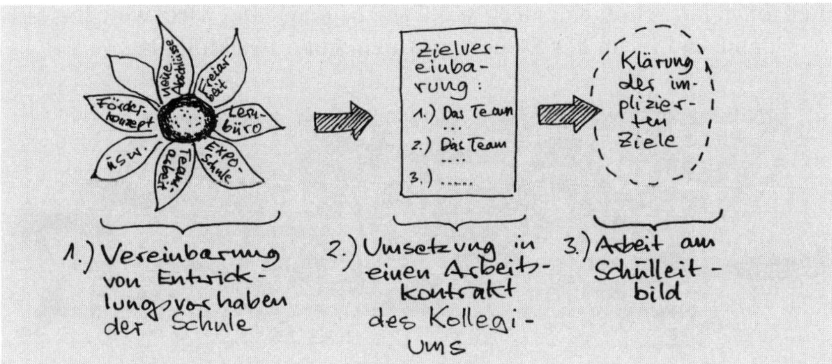

Ich halte dieses Modell für attraktiv, weil es am ehesten in der Lage ist, bei den Beteiligten *konkrete Fantasie* auslösen. – Deshalb der (von mir neu ausgedachte) Name „Sinnliche Ziele".

Modell: *Muddling through*

Ein stärker prozessorientiertes Modell organisiert sich nach dem Motto: „Wege entstehen beim Gehen." Die Richtung wird nur grob vorgegeben, das „Gelände" ist nur zum Teil bekannt, aber das pädagogische Ethos ist hoch und die Gewissheit, „schülerorientiert" zu arbeiten, ebenfalls:

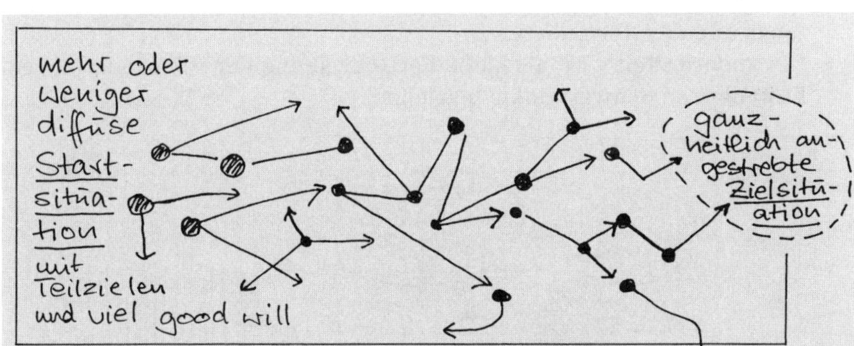

Dieses Modell ist dann attraktiv, wenn es sich um ein erfahrenes und mit viel Selbstbewusstsein ausgestattetes Kollegium handelt.

Modell: *Trial and Error*

Lernen nach dem Versuch-und-Irrtum-Prinzip ist im alltäglichen Leben vielleicht die gängigste Form der Problembewältigung. Ich bin sicher, dass auch an vielen Schulen nach diesem Prinzip gearbeitet wird, weil dies eine sehr elastische Form der Steuerung von Schulentwicklung ist:

Der Nachteil dieser Strategie besteht darin, dass die Suche nach Lösungen leicht zum blinden Herumtappen führen kann.

Modell: *Patchwork*

Man kann ein Schulprogramm auch als Mixtur aus mehreren Programmtypen zusammenzimmern:

- Ein kleiner, ausgesuchter Teil der Programmarbeit wird als Ziel-Mittel-Programmierung betrieben.
- Ein zweiter Teil wird als Katalog von drei, vier oder fünf Entwicklungsaufgaben formuliert.
- Ein anderer Teil wird als bloße Fortschreibung der schon seit langem bestehenden Schwerpunkte betrieben.

Ich fasse zusammen: In aller Regel ist es *nicht empfehlenswert,* eine strenge Ziel-Mittel-Planung anzustreben, weil sie von der unrealistischen Annahme ausgeht, dass die Ziele der Schule eindeutig definiert werden können, dass sie nicht im Widerspruch zueinander stehen und dass es eindeutig definierte und jederzeit verfügbare Mittel der Zielerreichung gibt.

Ich *toleriere* die Trial-and-Error-Strategie, kann aber nicht empfehlen sie fortzusetzen, weil zu leicht wertvolle Arbeitszeit der Beteiligten „in den Sand gesetzt" und die Motivation für die Fortführung der Schulentwicklungsarbeit beschädigt wird. Ich kenne auch kaum eine Schule, die *trial and error* im wortwörtlichen Sinne betreibt. Niemand beginnt mit der Arbeit, ohne zumindest grob vorgeklärt zu haben, ob das Vorhaben machbar und pädagogisch zu rechtfertigen ist.

Ich *empfehle* den Schulen, die sich an die Schulentwicklung machen wollen, die bereits laufenden Initiativen zu bündeln, also das Modell „Sinnliche Ziele" zu benutzen und dieses in das „Patchwork-Modell" zu integrieren.

4.2 Selbstorganisation der Hilfen

Es wäre unprofessionell, auf externes Expertenwissen, auf materielle und logistische Unterstützung zu verzichten:

These 11:

Lernende Schulen müssen das Rad nicht noch einmal erfinden, aber sie sind Weltmeister in der Selbstorganisation der Hilfen.

Eine Lernende Schule bemüht sich deshalb ein ausgewogenes System interner und externer Hilfen aufzubauen. In der Abbildung (Seite 168) wird ein Teil solcher Hilfen aufgelistet:

Erfahrungsaustausch mit anderen Kollegien

Dieses oberste Blütenblatt der Rosette ist absichtlich optisch hervorgehoben. Bei Beratungsgesprächen mit einzelnen Kollegen und mit Planungsgruppen von Schulen habe ich immer wieder erfahren, dass ein Besuch an anderen Schulen eines der wirksamsten Hilfsmittel zur Einleitung von Schulentwicklungsprozessen ist – vor allem dann, wenn diese Schulen vor vergleichbaren Aufgaben stehen, aber schon einen oder auch zwei Schritte weiter sind.

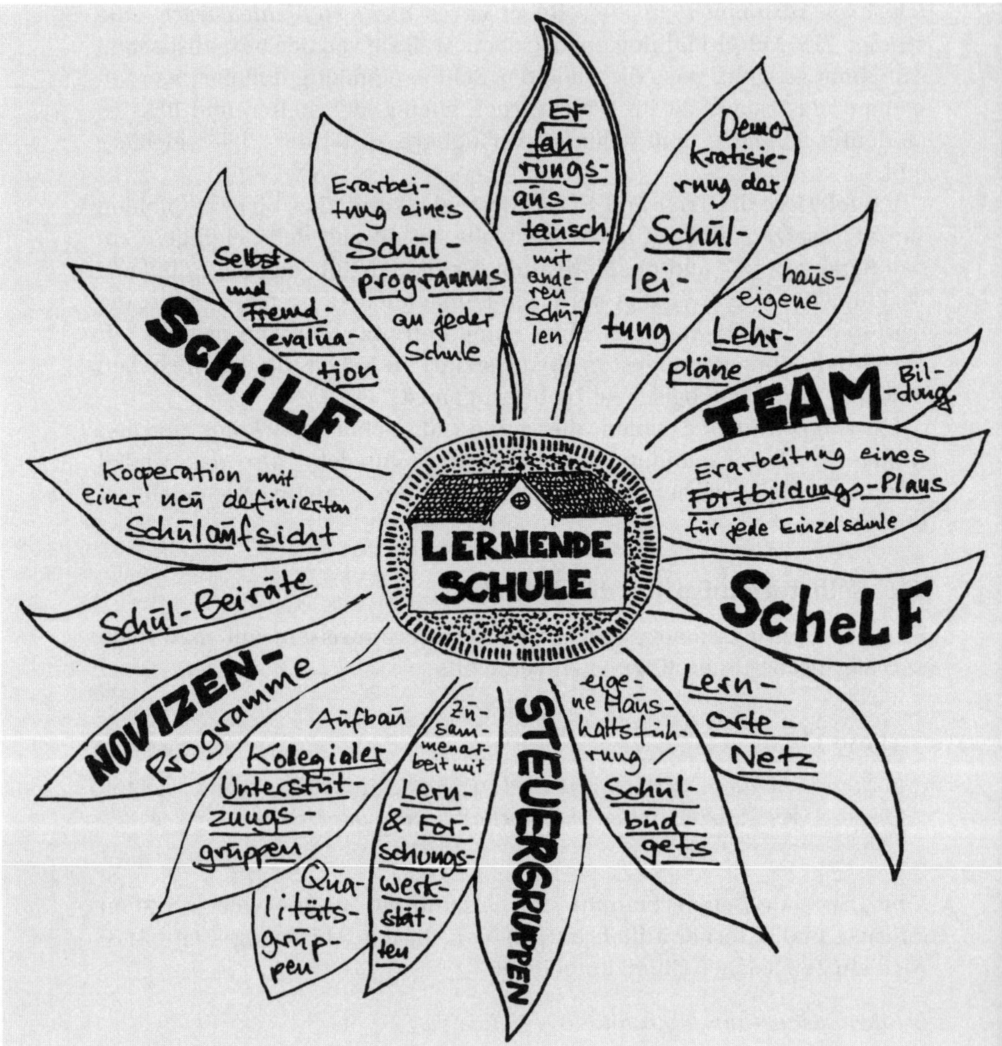

Unterstützungssystem einer Lernenden Schule

Initiativ-, Steuer- oder Planungsgruppen

Die Einrichtung einer Steuer- oder Planungsgruppe ist inzwischen nahezu überall üblich, wo Schulen ihre Profilbildung in die eigenen Hände nehmen. Zumeist hat sich vorher eine Initiativgruppe gebildet, die ein Entwicklungsvorhaben anpacken will, dann aber für Akzeptanz im Kollegium und Rückendeckung durch die Schulleitung sorgen muss. Wichtig ist dabei, keine Konkurrenz zu den gewählten Schulorganen aufkommen zu lassen. Eine Anleitung zur Arbeit von Steuergruppen finden Sie bei Leonhard Horster (1998).

Erweiterte Schulleitung

Damit ist gemeint, dass alle, die *tatsächlich* Leitungsaufgaben wahrnehmen, im Leitungsteam zusammenarbeiten – unabhängig von der Frage, ob sie eine Funktionsstelle innehaben oder nicht.

Qualitätszirkel

Der Begriff kommt aus den Wirtschaftswissenschaften, aber die Sache, um die es geht, ist gar nicht so abwegig. Ein Qualitätszirkel ist ein freiwilliger, durch Konferenzbeschluss abgesicherter Zusammenschluss mehrerer Kollegen einer Schule, die sich das Ziel gesetzt haben, die Qualität ihrer Schule *in einem konkreten Punkt* zu verbessern (vgl. Kempfert/Rolff 1999, S. 122 ff.).

Hauseigene Stundentafeln

In den hauseigenen Stundentafeln kann das Gesamtstundenbudget, das die Schüler über mehrere Jahre hinweg in einem Unterrichtsfach erhalten sollen, flexibel auf die Schuljahrgänge verteilt werden, sodass es einfacher wird, epochal oder fächerübergreifend zu unterrichten (vgl. Bildungskommission NRW 1995, S. 148).

Arbeitszeitkonten

Arbeitszeitkonten der Lehrer erleichtern die organisatorische Umsetzung hauseigener Stundentafeln, sowie die Einführung von Sabbatjahren oder -semestern. Dass sie auch für die Lösung von Finanzengpässen missbraucht wird, macht die Idee nicht grundsätzlich falsch.

Schulbudgets

Die Schulen erhalten schrittweise mehr Haushaltsautonomie: zunächst bei den Sachmitteln, später auch bei Personalmitteln. Deshalb können sie in Zukunft einen eigenen Haushalt aufstellen, eine eigene Kontoführung betreiben und in wachsender Selbstständigkeit eine bedarfsorientierte Verwendung der zugewiesenen Mittel vornehmen. Die enge Bindung an das Haushaltsjahr wird dann gelockert und der Entscheidungsrahmen der Schulleitung spürbar ausgeweitet. Die für die Schulbudgetierung erforderliche Sach- und Fachkompetenz muss durch entsprechende Fortbildungsmaßnahmen angeeignet werden.

Schulscharfe Stellenausschreibungen

Damit ist die in immer mehr Bundesländern eingeführte Praxis gemeint, dass die Schulen – für einen Teil der neu zu besetzenden Stellen – eigene Besetzungskommissionen bilden. Die Schulaufsicht beschränkt sich dann auf die Kontrolle der Ordnungsgemäßheit des Verfahrens.

Kontrakte

Lehrer und Schüler schließen hin und wieder Kontrakte, um die Voraussetzungen und Erwartungen für bestimmte Entwicklungsvorhaben klar zu definieren. Auch die Arbeit externer Berater und die Evaluationsmaßnahmen können auf Kontraktbasis geregelt werden. Ein praktisch erprobtes Konzept mit mehreren Beispielen beschreibt Anton Strittmatter im „Handbuch zur Schulentwicklung“ (Altrichter u. a. 1998).

SchiLF & ScheLF

SchiLF bezeichnet die schulinterne Fortbildung (z. B. durch pädagogische Klausurtagungen); mit dem unüblichen Begriff ScheLF bezeichne ich alle Maßnahmen zur schul*externen* Lehrerfortbildung. Die schulinterne Fortbildung sollte m. E. gestärkt, der „Bildungstourismus“ von Einzelkämpfern zu ScheLF-Veranstaltungen sollte verringert werden.

Fortbildungspläne

Jede Schule sollte in regelmäßigen Abständen (z. B. alle zwei Jahre) einen Fortbildungsplan in die Gesamt- bzw. Schulkonferenz einbringen und verabschieden. Darin werden die Fortbildungsrechte und -pflichten der Kollegen festgehalten. Ziel dieses Planes ist es, die Beliebigkeit und Folgenlosigkeit der Einzelkämpfer-Fortbildung zu beenden und eine attraktive neue Mischung von Kür und Pflicht für alle (vom Schulleiter bis zum Hausmeister) zu schaffen.

Supervision und Kollegiale Unterstützungsgruppen

Um die Schul- und Kommunikationskultur zu stärken, wird die Bildung kollegiumsinterner oder schulübergreifender Supervisions- und Unterstützungsgruppen gefördert. Dabei sollten verschiedene Konzepte und Organisationsmuster erprobt werden: Supervision im herkömmlichen Sinne mit professioneller psychologischer Begleitung, Gruppen-Supervision, Bildung kollegialer Selbsthilfe-Gruppen. Die Teilnahme an solchen Maßnahmen ist freiwillig; die Vertraulichkeit der Gespräche ist strikt einzuhalten. Die Gruppe bzw. der Einzelne entscheidet selbst, ob und wann Ergebnisse der Beratung der Schulleitung und/oder der Schulkonferenz zur Kenntnis gebracht werden (vgl. Schlee/Mutzeck 1996).

Evaluation

Evaluation ist die methodisch kontrollierte Sammlung, Aufbereitung und Auswertung nützlicher Daten zum Schulentwicklungsprozess, die zur Weiterentwicklung der Schule genutzt werden können. Evaluation hat scheinbar Konjunktur. Aber sie spielt sich im Wesentlichen nur in den Ministerien, in den Landesinstituten für Schule und Weiterbildung und in den Schreibstuben der Wissenschaftler ab – in den Schulen ist sie noch nicht angekommen. Es fehlt in den Schulen nämlich nahezu an allem: an Fachkompetenz, an Geld, an Zeiten und Räumen, an der Infrastruktur für solche Forschungspraxis und vor allem an Motivation und Einsicht in die Sinnhaftigkeit des Ganzen. Es ist aber damit zu rechnen, dass sich dieser unbefriedigende Zustand in den nächsten Jahren ein wenig verbessert.

Schulbeiräte

Schulbeiräte sind in Deutschland noch wenig gebräuchlich. Mehrjährige Erfahrungen mit einem Beirat haben z. B. die Laborschule Bielefeld und die Hauptschule Osternburg/Oldenburg.

Lern- und Forschungswerkstätten

In Lern- und Forschungswerkstätten, die in den letzten Jahren in Schulen, Fortbildungseinrichtungen und Lehrer ausbildenden Universitäten eingerichtet worden sind, versuchen engagierte Lehrer und Lehrerinnen, einen Stützpunkt für die Öffnung der Schule und die Professionalisierung der eigenen Arbeit aufzubauen.

Soweit die Skizze eines Unterstützungssystems. Nun könnte ich mir vorstellen, dass Sie einige dieser Stützen gar nicht als Hilfen, sondern eher als Bedrohung betrachten. Ob ein Stützsystem tatsächlich hilft, hängt nicht nur von den guten oder bösen Absichten der Helfer, sondern vom eigenen Geschick bei der Nutzung der Hilfsangebote ab:

These 12:

Eine Lernende Schule muss lernen, behutsam und effektiv mit den angebotenen Hilfen umzugehen.

Diesen Lernprozess kann einem kein Schulentwicklungshelfer abnehmen. Ob und wann eine angebotene Hilfe „umkippt“ und zur Belastung wird, können nur die Angehörigen der Einzelschulen selbst entscheiden.

Und sie tun dies ja auch in mehr oder weniger deutlicher Weise, z. B. dadurch,

- dass sie die so hoffnungsfroh begonnene Beziehung zu den Helfern höflich-gesichtswahrend wieder abkühlen lassen;
- oder ein spektakuläres Ende der Zusammenarbeit inszenieren, etwa durch den Konferenzbeschluss, aus einem Modellversuch auszusteigen, oder durch Kooperation mit einem anderen Partner.

4.3 Schulprogramm-Schreiben

Viele Veränderungen im Schulalltag sind so kleinschrittig, dass sie von drei, vier oder fünf Lehrern und Lehrerinnen in eigener Verantwortung durchgeführt und am Leben erhalten werden können. Solche Innovationen (z. B. fächerübergreifender Unterricht/veränderte Klassenraumgestaltung/Supervision) sind wichtig und nützlich, sie sind aber auch zerbrechlich, weil sie noch nicht zum festen Bestandteil des Gesamtkonzepts der Schule gehören. Deshalb empfiehlt es sich, ein Schulprogramm zu verfassen, hinter dem eine klare Mehrheit des Kollegiums stehen sollte und in dem kleine und große Neuerungen festgeschrieben werden.

Ein gutes Schulprogramm ist nicht defizit-, sondern stärkenorientiert! Die bisherigen Leistungen und Fortschritte werden herausgeputzt; dann können offene Fragen und Probleme umso ehrlicher angesprochen werden. Ich definiere:

Arbeitsdefinition:

Ein Schulprogramm ist das schriftlich fixierte Konzept zur Reflexion und Gestaltung der Schulentwicklung.

(1) Es beschreibt und begründet, welche *Entwicklungsaufgaben* sich die Beteiligten gesetzt haben.

(2) Es skizziert das dem Entwicklungskonzept zu Grunde liegende *Leitbild* der Schule.

(3) Es enthält Hinweise, ob besondere *Rahmenbedingungen* der Schulentwicklung an dieser Schule zu beachten sind.

Im Schulprogramm wird das eigenständige Profil einer Lernenden Schule skizziert – es geht sozusagen um die „Duftmarken“, durch die sich die Schule erkennbar von anderen abhebt. Dies wird auch ausdrücklich von mehr und mehr Landesregierungen erwünscht. Es ist aber nicht zwingend, ja nicht einmal nahe liegend, die Schulentwicklung mit dem Schreiben eines Programms *zu starten*. Es gibt vielfältige Beispiele dafür, dass der Versuch, ein Schulprogramm schon in der Startphase der Schulentwicklungsarbeit in der Gesamtkonferenz zu verabschieden, die Fronten im Kollegium verhärtet und die Motivation der kleinen Schar interessierter Kollegen für Jahre lahm gelegt hat. Es gibt umgekehrt genügend Beispiele dafür, dass einzelne Schulen beeindruckende Erfolge in ihrer Schulentwicklungsarbeit vorzuweisen haben, ohne dass sie jemals über ein schriftliches Programm im oben definierten Sinne verfügt hätten.

Ein Schulprogramm ist keine Wundertüte, mit dem müde Kollegien munter gemacht werden könnten. Es ist, wenn's gut geht, ein Katalysator für Aktivitäten, die wahrscheinlich auch ohne Schulprogramm stattfinden dürften:

These 13:

Das Schreiben des Schulprogramms ist die Begleitmusik, nicht die Ouvertüre zur Schulentwicklung.

4.4 Lehrerfortbildung in der Lernenden Schule

Fortbildung muss zu einer Selbstverständlichkeit für alle Kollegen und Kolleginnen werden – aber davon sind wir in allen Bundesländern weit entfernt.

These 14:

Eine regelmäßige Teilnahme an der (vom Dienstherrn finanzierten) Fortbildung ist für jeden Lehrer und jede Lehrerin einer Lernenden Schule Pflicht.

These 14 hat aber nur dann Sinn, wenn die Fortbildung zugleich so attraktiv gemacht wird, dass die bisher „fortbildungsresistenten" Lehrer und Lehrerinnen wieder neuen Spaß und Mut am eigenen Lernen finden. Lernende Schulen versuchen deshalb sich ein eigenes, maßgeschneidertes Fortbildungskonzept zu erarbeiten. Ich rate Ihnen, dabei die folgenden Grundsätze zu beachten:

- Reduzierung des Fortbildungstourismus zu weit entfernt liegenden Fortbildungsorten;
- mehr SchiLF, weniger ScheLF (s. o., S. 170);

- „Einzelkämpfer-Fortbildung" nur noch in Ausnahmefällen; mehr Fortbildung im Team;
- mehr Fortbildung zu Problemen und Aufgaben der Schulentwicklung, weniger Fortbildung zu fachwissenschaftlichen und fachdidaktischen Aspekten einzelner Fächer.

Für die Verwirklichung dieses schuleigenen Fortbildungskonzepts sind neue Instrumentarien zu entwickeln (vgl. Ekholm u. a. 1996). Dazu zähle ich:

Fortbildungsplan

Jede Schule wird verpflichtet, in regelmäßigen Abständen einen Fortbildungsplan in der Gesamtkonferenz zu diskutieren und zu verabschieden, in dem die Fortbildungsrechte und -pflichten der Kollegen und Kolleginnen festgehalten werden (s. o.). Hier können neue Schwerpunkte für Teams gesetzt werden; hier können Defizite ausgeglichen, aber auch neue Akzente zur Profilbildung einer Schule gesetzt werden. Im Fortbildungsplan wird auch die Vertretung der abwesenden Kollegen und Kolleginnen im Voraus geregelt.

Fortbildungsbudget

Die Schule erhält von der Schulaufsicht ein eigenes Budget, aus dem SchiLF und ScheLF finanziert werden müssen. Dieses Budget muss – landesweit gesehen – deutlich mehr Aufwendungen für die Fortbildung beinhalten, als dies bisher üblich war.

Fortbildungsnetzwerk

Die einzelne Schule beteiligt sich am Aufbau eines Fortbildungsnetzwerks, dessen Strukturen und Schwerpunkte stark von den lokalen Gegebenheiten bestimmt werden. Das Fortbildungsnetzwerk dient der Verstetigung des Erfahrungsaustausches, der gemeinsamen Erarbeitung von Materialien und Programmen und gegebenenfalls auch der gemeinsamen Evaluation von Schulproblemen und Entwicklungsvorhaben.

5 Das pädagogische Ethos der Lernenden Schule

Die Lernende Schule benötigt ein pädagogisches Ethos (vgl. Schratz u. a. 2000, S. 153 f.). Ich skizziere dieses Ethos mit Hilfe mehrerer pädagogischer Slogans.

5.1 „Wege entstehen beim Gehen“

Das Motto der „Pädagogischen Woche 1991“ der Universität Oldenburg lautete „Wege entstehen beim Gehen“. Dies bringt die Philosophie einer Lernenden Schule gut auf den Begriff. Wir sollen die Schüler und Schülerinnen auf eine Zukunft vorbereiten, deren Konturen wir nur erahnen können. Deshalb ist es keine Notlösung, sondern bildungstheoretisch gesprochen das Naheliegende, schon in der Schule gemeinsam mit den Kindern und Jugendlichen das Anlegen neuer Wege zu erproben. Wer in der Schule gelernt hat, wie man neue Wege plant, anlegt und unterhält, der wird auch im späteren Leben nicht ganz so schnell verzagen.

Aber für mich ist der Satz noch nicht vollständig. Schließlich können Wege auch im Kreise führen oder – wie bei Sisyphos – im Absurden enden (vgl. Meyer 1995). Wir benötigen also einen Kompass, damit wir uns in unwegsamem und unbekanntem Gelände bewegen können. Dieser Kompass kann nur durch geistige Anstrengung, nicht durch blindes Losmarschieren gefunden werden.

These 15:

Wege entstehen beim Gehen. Aber die Ziele entstehen im Kopf.

5.2 Schatzsuche und Fehlerfahndung

Wir sind klug beraten, wenn wir mit der Schulentwicklung dort anfangen bzw. weitermachen, wo wir uns stark fühlen und schon erste Erfolge vorzuweisen haben. Es ist einfacher und verspricht mehr Erfolg, an Erfolge anzuknüpfen, als an Fehlern rumzudoktern. Dies hat offensichtlich vor allem emotionale Gründe, weniger Gründe, die in der Sache selbst liegen.

These 16:

Eine Lernende Schule ist eine Schatzsucher-Schule. Sie lebt davon, dass erbrachte Leistungen anerkannt und Stärken ausgebaut werden.

Aber mit ausschließlichem Lob und völligem Verzicht auf Fehlerfahndung ist es auch nicht getan. Fehler müssen benannt werden, damit sie abgestellt werden können. Es gibt keine fehlerfreie Schule! Es wird sie auch in Zukunft nicht geben, weil Irren menschlich ist und weil Schulehalten ein derart komplexes Geschäft geworden ist, dass kein Mensch konkret und präzise vorhersagen kann, welche Folgen und Nebenfolgen bestimmte Maßnahmen zur Schulentwicklung haben werden. Genauer zu klären ist jedoch, wie mit Fehlern umzugehen ist: Es gibt Schulen, die einen entdeckten Fehler einfach auf sich beruhen lassen und über Jahre hinweg „Vogel-Strauß-Politik" betreiben. Und es gibt Schulen, die behutsam, beharrlich und unter Beteiligung des ganzen Kollegiums an der Beseitigung der Fehler arbeiten.

These 17:

Eine Lernende Schule lernt aus ihren Fehlern.

Das ist leichter gesagt als getan. Offensichtlich fällt es uns Erwachsenen schwerer als lernenden Schülern, die Suche nach Fehlern von der Fahndung nach dem Schuldigen zu trennen. So wird die Fehleranalyse leicht zu einer hochnotpeinlichen moralischen Angelegenheit mit gegenseitigen Schuldzuweisungen und Trotzreaktionen – und das kann den Schulentwicklungsprozess nur behindern!

5.3 „Lernen vom Widerstand"

Ein Schulkollegium ist in aller Regel kein homogenes Gebilde, sondern eine komplizierte Mischung von Individuen mit höchst unterschiedlichen Berufsbiografien. (Deshalb ist die Fraktionierung eines Kollegiums in mehr oder weniger kontaktgestörte Gruppen die Regel.) Die Verfechter einer Lernenden Schule dürfen nun nicht so tun, als ob es diese Fraktionierung nicht gebe. Vor allem müssen sie vermeiden, sich selbst als die „Reformer" zu stilisieren und den Rest des Kollegiums damit ins Abseits zu drängen. Klüger ist es, gemeinsam zu diskutieren, was der Widerstand gegen bestimmte Vorhaben lehrt (vgl. Bohnsack 1995):

- Er belegt vielleicht, dass die Grenzen der Belastbarkeit überschritten sind;
- er lehrt, dass Ruhe und Muße und der Abbau von Unsicherheiten eine wesentliche Voraussetzung für das Gelingen der Schulreform darstellen;
- er lehrt, dass Selbst- und Fremdwahrnehmung der Kollegen und Kolleginnen weit auseinander klaffen können.

These 18:

Die Lernende Schule lernt vom Widerstand im Kollegium.

5.4 „Verliebt ins Gelingen"

Die Lernende Schule lebt von ihren „starken Lehrern und Lehrerinnen" – und die sind verliebt ins Gelingen. Sie wollen etwas bewegen; sie wollen den Sinn ihrer (Mehr-)Arbeit selbst bestimmen.

These 19:

Die Lernende Schule ist verliebt ins Gelingen.

Verliebte werden aber leicht distanzlos. Deshalb muss ein zweiter Grundsatz hinzukommen:

These 20:

Die Lernende Schule bleibt auf dem Teppich.

Damit meine ich, dass diese Schule durch die Selbstorganisation der Hilfen zu einer nüchtern-professionellen Wahrnehmung und Kritik der eigenen Leistungen und Fortschritte fähig ist.

5.5 „Lob der Langsamkeit"

Schule ist – leider – so konstruiert, dass Langsamkeit fast immer negativ bewertet wird. Dies gilt für den Umgang mit unseren Kollegen und Kolleginnen genauso wie für den Umgang mit den Schülern und Schülerinnen. Wir haben häufig, aber nicht immer verlernt, die Langsamkeit der Schüler zu ertragen, weil wir meinen, sie uns selbst auch nicht leisten zu können. Wir vergessen allzu schnell, wie lange wir gebraucht haben, um uns weiterzuentwickeln! Hauruckverfahren sind gefährlich. Solide Lösungen brauche ihre Zeit.

These 21:

Die Lernende Schule lebt von der Langsamkeit der Reform.

6 Zehn Ratschläge für lernende Lehrer und Lehrerinnen

Schulentwicklung ist für die Menschen da! Sie darf nicht zum Selbstzweck werden. Der einzige Zweck, der die ganzen Anstrengungen wirklich rechtfertigen kann, ist die Verbesserung des Unterrichts und der Erziehungsarbeit, die den Schülern und Lehrern gleichermaßen zugute kommt (s. o., S. 144). Deshalb beschließe ich diesen langen Aufsatz mit einigen Ratschlägen für lernende Lehrer und Lehrerinnen.

(1) Schulentwicklungsarbeit ist primär Beziehungsarbeit und erst sekundär Organisationsentwicklung!

(2) Klären Sie die Verantwortlichkeiten, *bevor* Sie mit der Arbeit beginnen!

(3) Sorgen Sie von Anfang an für Transparenz! Verzichten Sie auf konspirative Vorbereitungen! Es gibt eine Reihe brauchbarer Instrumente und einige Rituale, um Transparenz herzustellen:

- *Erweiterte Schulleitung:* Sorgen Sie dafür, dass alle, die tatsächlich Leitungsaufgaben wahrnehmen, in einer Leitungskonferenz zusammenarbeiten.
- *Aufräum-Projekte:* Versuchen Sie, mehr Ordnung an Ihrer Schule herzustellen, indem Sie allen Schulangehörigen einen Überblick über laufende oder geplante Initiativen geben und indem Sie viel Zeit für die gegenseitige Information einplanen.
- *Beerdigungen:* Sorgen Sie dafür, dass dahinkränkelnde Projekte, alte Erbhöfe und niemals realisierte Luftschlösser in Würde beerdigt werden können. Die Beerdigung muss förmlich, feierlich und mit gebührender Danksagung erfolgen.
- *Inthronisierungen:* Wer die Verantwortung für einen Teilbereich der Schulentwicklung neu übernommen hat, muss auch vor den Augen des ganzen Kollegiums „inthronisiert" werden.

(4) Zwingen Sie niemanden, sich an diesem Lern- und Arbeitsprozess zu beteiligen. Ohne innere Bereitschaft kann die Arbeit nicht gelingen.

(5) Starke Schulleitungen werden noch stärker, wenn sie für die Schulentwicklungsarbeit Kompetenzen abgeben.

(6) Die Gegner der Schulentwicklungsarbeit müssen in den Steuer- und Planungsgruppen stark und prominent vertreten sein.

(7) Mehr als ein Drittel des Kollegiums zur aktiven Arbeit an der Schulentwicklung zu motivieren ist ein Fernziel!

(8) Vermeiden Sie Kampfabstimmungen zum Schulprogramm! Lassen Sie erst dann in der Gesamtkonferenz abstimmen, wenn gute Aussicht auf eine klare Mehrheit besteht.

(9) Gehen Sie nur dann an das Evaluieren Ihres Schulentwicklungsprozesses, wenn Sie bereit und in der Lage sind, aus den Evaluationsergebnissen Handlungskonsequenzen zu ziehen.

(10) Gehen Sie davon aus, dass Ihre Schulentwicklungsarbeit deutlich länger währt als die Amtszeit eines Kultusministers.

Denken Sie daran: Ein einziges Vorhaben von Dauer ist besser als sieben Strohfeuer! Planen Sie deshalb ein, dass Sie für die Verstetigung und Pflege der von Ihnen an Ihrer Schule eingeführten Neuerungen noch einmal mindestens doppelt so viel Zeit und Kraft benötigen wie für die Neueinführung selbst.[9]

Literatur

Altrichter, Herbert, u. a.: Innenansichten guter Schulen. Wien (Verlag des Bundesministeriums für Unterricht und Kunst) 1994

Altrichter, Herbert/Schley, Wilfried/Schratz, Michael (Hrsg.): Handbuch zur Schulentwicklung. Innsbruck/Wien (Studienverlag) 1998

Barth, Anne-Rose: Burnout bei Lehrern. Göttingen (Hogrefe) 1992

Bildungskommission des Landes NRW: Zukunft der Bildung – Schulen der Zukunft. Neuwied (Luchterhand) 1995

Bohnsack, Fritz: Widerstand von Lehrern gegen Innovationen in der Schule. In: Die Deutsche Schule, 1/1995, S. 21–37

Burkard, Christoph/Eikenbusch, Gerhard: Praxishandbuch Evaluation in der Schule. Berlin (Cornelsen Scriptor) 2000

Dalin, Per/Rolff, Hans-Günter/Buchen, Herbert: Institutioneller Schulentwicklungsprozeß. 2. überarb. Aufl. Bönen (Verlag für Schule und Weiterbildung) 1995

Daschner, Peter/Rolff, Hans-Günter/Stryck, Tom: Schulautonomie. Weinheim/München (Juventa) 1995

9 Michael Fullan (1999) hat sogar behauptet, dass bis zu 90 % der Schulentwicklungsarbeit in das Bewahren und Stabilisieren von Ergebnissen investiert werden müsse.

Ekholm, Mats/Meyer, Hilbert/Meyer-Dohm, Peter/Schratz, Michael/Strittmatter, Anton: Wirksamkeit und Zukunft der Lehrerfortbildung in Nordrhein-Westfalen. Düsseldorf (Concept Verlag) 1996

Fullan, Michael: Die Schule als lernendes Unternehmen. Stuttgart (Klett-Cotta) 1999

Gairing, Fritz: Organisationsentwicklung als Lernprozeß von Menschen und Systemen. Weinheim (Deutscher Studien Verlag) 1996

Hentig, Hartmut von: Die Menschen stärken. Die Sachen klären. Ein Plädoyer für die Wiederherstellung der Aufklärung. Stuttgart (Klett) 1985

Hentig, Hartmut von: Die Schule neu denken. München (Hanser) 1993

Horster, Leonhard: Auftakt und Prozeßbegleitung in der Entwicklung einer Schule. In: Altrichter/Schley/Schratz (Hrsg.): Handbuch zur Schulentwicklung. Innsbruck/Wien (Studienverlag)1998, S. 54–85

Kempfert, Guy/Rolff, Hans-Günter: Pädagogische Qualitätsentwicklung. Weinheim/Basel (Beltz) 1999

König, Eckhard/Volmer, Gerda: Systemische Organisationsberatung. Grundlagen und Methoden. 4. überarb. Aufl. Weinheim (Deutscher Studien Verlag) 1996

LCH (Schweizerischer Lehrerverband): Berufsleitbild Lehrer/Lehrerin sein. Bern 1993

Meyer, Hilbert: Wege entstehen beim Gehen. In: Johannes Bastian/Gunter Otto (Hrsg.): Schule gestalten. Hamburg (Bergmann + Helbig) 1995, S. 121–148

Meyer, Hilbert: Schulpädagogik, 2 Bde. Berlin (Cornelsen Scriptor) 1997

Meyer, Hilbert: Leitfaden zur Schul(programm)entwicklung. Oldenburger Vor-Drucke Nr. 390/1999 (zu beziehen über: Didaktisches Zentrum der Carl von Ossietzky Universität, Postfach 2503, D-26111 Oldenburg)

Oelkers, Jürgen: Wie lernt ein Bildungssystem? In: Die Deutsche Schule, 1/1995, S. 4–20

Philipp, Elmar/Rolff, Hans-Günter: Schulprogramme und Leitbilder entwickeln. Weinheim/Basel (Beltz) 1998

Rolff, Hans-Günter: Wandel durch Selbstorganisation: Theoretische Grundlagen und praktische Hinweise für eine bessere Schule. Weinheim (Juventa) 1993

Schlee, Jörg/Mutzeck, Wolfgang (Hrsg.): Kollegiale Supervision. Modelle zur Selbsthilfe für Lehrerinnen und Lehrer. Heidelberg (Schindele/Winter) 1996

Schön, Donald A.: The Reflective Practitioner. How Professionals Think in Action. New York (Basic Books, Inc.) 1983

Schönig, Wolfgang: Können Schulen lernen? Lern- und beratungstheoretische Skizzen eines Schulentwicklungskonzeptes. In: Neue Sammlung, 2/1993, S. 241–258

Schratz, Michael/Steiner-Löffler, Ulrike: Die Lernende Schule. Weinheim/Basel (Beltz) 1998

Schratz, Michael: Gemeinsam Schule lebendig gestalten. Weinheim/Basel (Beltz) 1996

Schratz, Michael/Iby, Manfred/Radnitzky, Edwin: Qualitätsentwicklung. Weinheim/Basel (Beltz) 2000

Senge, Peter M.: Die Fünfte Disziplin. Kunst und Praxis der lernenden Organisation. Stuttgart (Klett-Cotta) 1996

Willke, Helmut: Die Ironie des Staates. Frankfurt/M. (Suhrkamp) 1996

7 Unterrichtsentwicklung als Kern der Schulentwicklung[1]

(1999)

Der Inhalt dieses Beitrags lässt sich auf drei Thesen reduzieren: Ich fordere, die Unterrichtsentwicklung zum Kern der Schulentwicklung zu machen. Ich behaupte, dass es fünf Grundformen des Unterrichts gibt (den Gemeinsamen Unterricht, den Lehrgang, die Freiarbeit, den projektförmigen Unterricht und das „Marktplatzlernen"). Und ich empfehle, an jeder Schule ein ausgewogenes Verhältnis zwischen diesen fünf Grundformen (bzw. ihren Variationen) herzustellen.

1 Notwendige Differenzierungen

Seit gut zwei Jahren ertönt immer lauter der Ruf, die Unterrichtsentwicklung wieder zum Kern der Schulentwicklung zu machen. Gut abzulesen ist dies an den Programmänderungen der Landesinstitute für Lehrerfortbildung, aber auch an den Kontroversen im akademischen Blätterwald:

- Arno Combe und Johannes Bastian fordern, die Überbetonung der Organisations- und Personalentwicklung in den Schulentwicklungskonzepten der 80er- und frühen 90er-Jahre zu beenden und zu einer unterrichtsbezogenen „pädagogischen Schulentwicklung" zurückzukehren (Bastian/Combe 1998). Damit erinnern sie daran, dass Schulentwicklung kein Selbstzweck werden darf, sondern dazu da ist, das Lehren, Lernen und Leben für alle Beteiligten erträglicher und erfolgreicher zu machen.
- Hans-Günter Rolff, der von Bastian/Combe kritisierte Mentor der bundesdeutschen Schulentwicklungsdiskussion, kontert, dass schon im alten Soester Konzept des „Institutionellen Schulentwicklungsprozesses" (ISP) und erst recht im weiterentwickelten Dortmunder Konzept der „Schulentwicklungsberatung" (SchuB) genau dies gefordert und auch in vielen großen und kleinen Schulentwicklungsvorhaben umgesetzt worden sei (Rolff 1999).

---

1 Dies ist die überarbeitete Fassung des gleich lautenden Beitrags in: Schulverwaltung, Sonderausgabe 1/1999, S. 23–27.

Die Frage, wer hier als Erster das Adjektiv „pädagogisch“ verwandt hat, ist dabei nebensächlich. Wichtig ist m. E. die Feststellung, dass in der Sache ein weitgehender Konsens unter den führenden Schulentwicklungsfachleuten besteht:

These 1:

Schulentwicklung muss sich primär an pädagogischen und erst sekundär an betriebswirtschaftlichen Maßstäben messen lassen. Deshalb sollte die Unterrichtsentwicklung (wieder) zum Kern der Schulentwicklung gemacht werden.

Aber was heißt das? Es bleibt erstens unklar, ob die Unterrichtsentwicklung an die Stelle anderer Felder der Schulentwicklung treten soll oder ob – bei ungefähr gleich bleibend definierten Aufgaben – lediglich eine neue Relationierung der Entwicklungsfelder herbeizuführen ist. Es bleibt zweitens unklar, was unter „Unterricht“ verstanden wird. Ist der herkömmliche, weitgehend frontal organisierte Fachunterricht gemeint? Oder denken die Verfechter dieser These an ein erweitertes Unterrichtsverständnis, das offene Formen des Lernens und Lehrens einschließt?

Zunächst zur ersten der zwei Fragen. Was könnte mit dem Slogan „Unterrichtsentwicklung als Kern der Schulentwicklung“ gemeint sein? Ich sehe zwei ganz unterschiedliche Argumentationslinien. Die eine wirkt auf den ersten Blick eher konservativ, die andere eher progressiv. Ich meine allerdings, dass beide Positionen hinter den erreichten Stand der Schulentwicklungsdebatte zurückfallen:

Denkfigur 1: „Schule, bleib bei deinem Leisten!”

Sorge dafür, dass die Kollegen und Kolleginnen besseren Unterricht machen und verzichte auf allen modischen Schnickschnack (von der Teamarbeit bis zur Organisationsentwicklung, von den Qualitätsgruppen bis zur Unterrichtsevaluation)!

Diese Position wird mit Vehemenz (aber wenig Fachverstand in den Details) von Hermann Giesecke vertreten (1996). Gieseckes Schulentwicklungsphilosophie könnte man als „Sanierung durch Aufgabenreduktion“ bezeichnen. Er polemisiert gegen den „Methoden-Fetischismus“, gegen „Handlungsorientierung“, gegen „Schulautonomie“, kurz gesagt gegen nahezu alles, was den heutigen Schulreformern lieb und teuer ist. Er fordert stattdessen eine Besinnung auf die „Kernaufgabe“ der Schule und das ist für ihn die Wissensvermittlung und fachliche Bildung durch Unterricht. Deshalb ist es nur konsequent, wenn er von einem sehr engen

Unterrichtsbegriff ausgeht, der einseitig auf einen lehrgangsförmigen und lehrerzentrierten Unterricht fixiert ist. Ebenso konsequent, aber unsozial ist seine Forderung, jene Schüler, die nicht „unterrichtsfähig" sind, von der Schule zu verweisen (Giesecke 1996, S. 204).

Eine inhaltlich ganz andere, aber in ihren schultheoretischen Defiziten vergleichbare Denkfigur hat Heinz Klippert (1997; 2000) vorgelegt.

Denkfigur 2: „Verbessere den Unterricht – alles andere ist Beiwerk!"

Klippert vertritt einen weiten Unterrichtsbegriff, bei dem die Entwicklung der Methodenkompetenzen der Schüler und der Teamfähigkeit der Kollegien im Mittelpunkt stehen. Und er liefert gleich ein ganzes Trainingsprogramm (die „Methode Klippert") zur Umsetzung seiner Ideen mit. Dieses Programm ist ungewöhnlich teuer, aber offensichtlich hilfreich für die Bewältigung alltäglichen Unterrichts.

Beide Denkfiguren mögen aus psychohygienischen Gründen in vielen Kollegien mit Beifall aufgenommen werden, aber sie sind m. E. nicht geeignet, den für das 21. Jahrhundert erforderlichen Strukturwandel der Schulen herbeizuführen. Gieseckes Ansatz greift zu kurz, weil er Schulentwicklung mit Aufgabenreduzierung verwechselt und so gut wie nichts darüber sagt, wie die von ihm eingeklagte „Unterrichtsfähigkeit" der Schüler hergestellt werden kann. Klipperts Konzept greift zu kurz, weil er die Didaktik auf Methodik und die inhaltliche Vision von Schule auf die Technik der Organisationsentwicklung reduziert. Es fehlt eine empirisch gehaltvolle Theorie schulischen Wandels, wie sie z. B. von Rolff (1993), Schratz/Steiner-Löffler (1998) oder Altrichter/Posch (1998) vorgelegt worden ist. Deshalb halte ich mich lieber an eine Einsicht Hans-Günter Rolffs (1999, S. 39):

These 2:

„Wer Unterricht verändern will, muss mehr als Unterricht verändern."

Worin besteht dieses Mehr? Vor allem doch aus einer veränderten Schulphilosophie. Alle gemeinsam müssen sich überlegen, nach welchem Bildungsideal in den nächsten Jahren und Jahrzehnten gearbeitet werden soll, welches Lehrer- und welches Schülerleitbild gelten soll und welche Entwicklungsaufgaben als Erstes anzupacken sind. Die *Einzelschule* muss deshalb zur zentralen Handlungseinheit gemacht werden – nicht der einzelne Lehrer bzw. die einzelne Lehrerin, aber auch nicht die

Schulaufsicht. Und die Einzelschule muss erheblich mehr Spielräume bei der Festlegung ihrer Entwicklungsaufgaben erhalten. Sie muss selbst entscheiden können, welche Entwicklungsziele mit Vorrang, welche nachgeordnet und welche überhaupt nicht verfolgt werden, weil die Summe der von außen an die Schule herangetragenen Aufgaben sowieso nicht zu bewältigen ist.

These 3:

Die Gewährung von mehr Schulautonomie ist kein Gnadenakt der Schulaufsicht, sondern eine zwingende Konsequenz der immer komplizierter gewordenen Aufgabenbewältigung „vor Ort".

2 Aufgaben der Schulentwicklung

Schulische Entwicklungsaufgaben sind subjektiv als sinnvoll wahrgenommene, anhand professioneller Standards der Schulentwicklung überprüfte Herausforderungen zur Profilbildung einer Einzelschule (vgl. Meyer 1999, S. 52). Dass solche Herausforderungen an jedem Schulstandort andere sein können, versteht sich von selbst.

These 4:

Das Recht, die Entwicklungsaufgaben einer Schule selbstständig festzulegen, ist der Kern der Schulautonomie.

In den Systematisierungsversuchen der Schulentwicklungsliteratur werden nun als vordringliche Aufgaben die Organisationsentwicklung, die Personalentwicklung und die Unterrichtsentwicklung genannt (vgl. Rolff 1999, S. 39). Das halte ich für zu eng. Es fehlt die Lehrplanentwicklung. Und auch die Erziehungsaufgaben der Schule lassen sich nicht ohne Rest auf Unterrichtsaufgaben reduzieren.[2] Sie bilden für mich ein eigenständiges Aufgabenfeld, sodass ich zur Definition von mindestens fünf Feldern der Schulentwicklung komme (siehe Abbildung auf Seite 159):

- Organisationsentwicklung
- Personalentwicklung
- Lehrplanentwicklung

2 siehe das „Erziehungshaus" auf Seite 161 dieses Bandes

- Unterrichtsentwicklung
- Erziehungsentwicklung

Die drei links lokalisierten Felder haben dabei eine dienende Funktion, weil Schulentwicklung kein Selbstzweck werden darf. Die zwei rechts platzierten Aufgaben sind die, auf die es eigentlich ankommt (s. o. S. 158). Diese Feststellung verbietet es, das eine Entwicklungsfeld gegen das andere auszuspielen. Alle fünf sind miteinander vernetzt. Die Frage, wo eine Schule mit ihrer Entwicklungsarbeit beginnen sollte, ist deshalb grundsätzlich offen.

Über Organisations- und Personalentwicklung ist in den letzten Jahren viel geredet und geschrieben worden. Ich verzichte auf nähere Erläuterungen.[3] Die Lehrplanentwicklung wurde in den 70er-Jahren als öffentliche Aufgabe verstanden und breit diskutiert. Aber die Zeiten der Curriculumeuphorie sind lange vorbei. Deshalb ist es an der Zeit, diese Aufgabe erneut in Erinnerung zu rufen und ihre Zielsetzung den veränderten Rahmenbedingungen anzupassen. Lehrplanentwicklung sollte heute als Chance der Einzelschulen zur Profilbildung betrachtet werden. Die notwendige Diskussion könnte mit den unüblichen Begriffen *„hauseigener"* und *„persönlicher Lehrplan"* eingeleitet werden. Wir wissen ja seit jeher, dass im Klassenzimmer eine individuelle – oft genug höchst eigentümliche – Umdeutung der Lehrplanvorgaben der Kultusadministration stattfindet (s. S. 160). Die Willkür dieser Umdeutungen muss durch gemeinsame Lehrplanentwicklungen in kollegialen Teams verringert werden.

3 Unterrichtsentwicklung

Der Begriff „Unterrichtsentwicklung" war bis vor vier, fünf Jahren eher ungebräuchlich. Dabei bezeichnet das neue Wort eine alte Aufgabe. Schon immer ist die Gestaltung des Unterrichts den veränderten Rahmenbedingungen angepasst worden. Die Begriffe „Unterrichtsreform", „innere Schulreform" und „Unterrichtsentwicklung" sind mithin weitgehend synonym. Ich schlage folgende Arbeitsdefinition vor:

Arbeitsdefinition 1:

Unterrichtsentwicklung bezeichnet die planmäßige Ausdifferenzierung der an einer Schule praktizierten Lehr-Lern-Formen zu einem von der ganzen Schule getragenen Unterrichtskonzept.

3 vgl. das praxisnahe und empfehlenswerte „Handbuch zur Schulentwicklung" von Altrichter/Schley/Schratz (1998)

Unterrichtsentwicklung dient, wenn's gut geht, der Profilbildung der Einzelschule und stellt eine beständige, nie ganz abgeschlossene Aufgabe dar. Sie kann deshalb auch nicht pauschal verordnet werden, sondern muss sich an die jeweiligen Bedingungen vor Ort anschmiegen.

Wer hat die größte Kompetenz für die Weiterentwicklung des Unterrichts? (Ich könnte auch fragen: Wer hat den Offenen Unterricht entwickelt? Wer hat die Projektwochen erfunden? Wer hatte die Idee zu Profil-Oberstufen und veränderten Eingangsphasen?) – Das waren weder die Hochschullehrer noch die Schulaufsichtsbeamten, sondern Lehrer und Schüler, die kluge Einfälle zur Verbesserung des Unterrichts – oft genug unter mehr als widrigen Umständen – umgesetzt haben:

These 5:
Die besten Unterrichtsentwickler sind die Lehrer und Schüler selbst.

4 Grundformen des Unterrichts

An vielen Schulen in Deutschland hat sich in den letzten Jahren eine ganze Menge getan. Die Schulgebäude sind ästhetisch ansprechend hergerichtet. Die Klingelzeichen sind – bis auf den Gong zur großen Pause – abgeschafft; der Schulvormittag folgt einer schüler- und lehrerfreundlichen Rhythmisierung. Der herkömmliche Klassen- und Fachunterricht dominiert immer noch, aber er wird durch eine mehr oder weniger bunte Fülle von alternativen Unterrichtsformen ergänzt: durch eine Freiarbeitsschiene, durch eine Lernwerkstatt, durch Stationenlernen usw. Zum Teil handelt es sich dabei um Wiederentdeckungen aus den Zeiten der Reformpädagogik vom Anfang dieses Jahrhunderts, zum Teil auch um echte Neuentwicklungen. Wie bunt darf dieser „Blumenstrauß" werden? Was ist unverzichtbar für ein modernes Unterrichtsprogramm, was ist nur Beiwerk? Um diese Fragen beantworten zu können, ist es erforderlich, eine theoretische Ordnung in diese Formenvielfalt zu bringen. Dies geht m. E. am besten durch die Definition einiger weniger Grundformen des Unterrichts, die sich dadurch in Theorie und Praxis unterscheiden lassen, dass sie je andere Grundfunktionen des Lehrens und Lernens erfüllen. Ich meine, dass es fünf solcher Grundformen gibt: [4]

4 vgl. die ausführlichere Darstellung bei Meyer (1999, S. 96 f.) und die etwas anders geschnittene Beschreibung der „methodischen Grundformen des Unterrichts" bei Klingberg (1989, S. 259 ff.)

- den *lehrgangsförmigen Unterricht,* der uns allen als Klassen- und Fachunterricht mit überwiegend frontalen Lehr-Lernsituationen gut vertraut ist,
- die stärker individualisierende *Freiarbeit,*
- die auf kooperatives Lernen zielende *Projektarbeit,*
- das *Gemeinsame Lernen*
- und das *„Marktplatzlernen“.*[5]

In der Abbildung von Seite 189 habe ich diese fünf Grundformen und ihre Variationen grafisch erfasst und geordnet. In der Mitte die drei tragenden „Säulen“ Lehrgang, Freiarbeit und Projektarbeit; drum herum – sozusagen als Schutz und Mantel – der Gemeinsame Unterricht und das Marktplatzlernen. Weil die Grafik die Form eines Eis angenommen hat, spreche ich vom „Ei des Kolumbus“.

Der reale Unterricht ist dann jeweils eine mehr oder weniger fantasievolle Variation dieser Grundformen.

Jede Grundform hat ihre spezifischen Stärken und ihre schwachen Seiten:

- *Lehrgangsförmiger Unterricht* ist gut geeignet, um Sach-, Sinn- und Problemzusammenhänge aus der Sicht des Lehrenden zu vermitteln und dadurch Sach- und Fachkompetenz der Schüler aufzubauen. Die Vergleichbarkeit der individuellen Schüler-Leistungen ist hoch. Die Erziehung zur Selbsttätigkeit ist demgegenüber schwierig.
- *Freiarbeit* steht für selbst organisiertes Lernen. Sie ist gut geeignet, um individuelle Lernschwerpunkte herauszubilden. Sie hilft, Methodenkompetenzen aufzubauen. Die Wissensvermittlung muss dadurch keineswegs unsystematisch oder gar zufällig werden. Sie folgt vielmehr stärker als in den anderen beiden Säulen einem Individuallehrplan jedes Schülers und jeder Schülerin. Freiarbeit ist bestens für das Üben und Festigen, für das Wiederholen und Kontrollieren von Gelerntem geeignet.
- *Projektarbeit* steht ebenfalls für die Selbstorganisation des Lernens. Als kooperative Lehr-Lern-Form erlaubt sie aber darüber hinaus die Einübung in solidarisches Handeln und sie bietet Erfahrungen in der Team- und Gruppenarbeit. Sie vermittelt Handlungskompetenz und

5 Es gibt eine weitere Lernform, die für den Erfolg des Unternehmens „Schule“ unverzichtbar ist, über die wir aber als Lehrer am wenigsten verfügen. Ich meine das im „Ei des Kolumbus“ ganz links platzierte *Eigenlernen* der Schüler. Es findet fast überall statt: in der Familie, in der *peer group,* vor dem Fernseher oder beim Surfen im Internet.

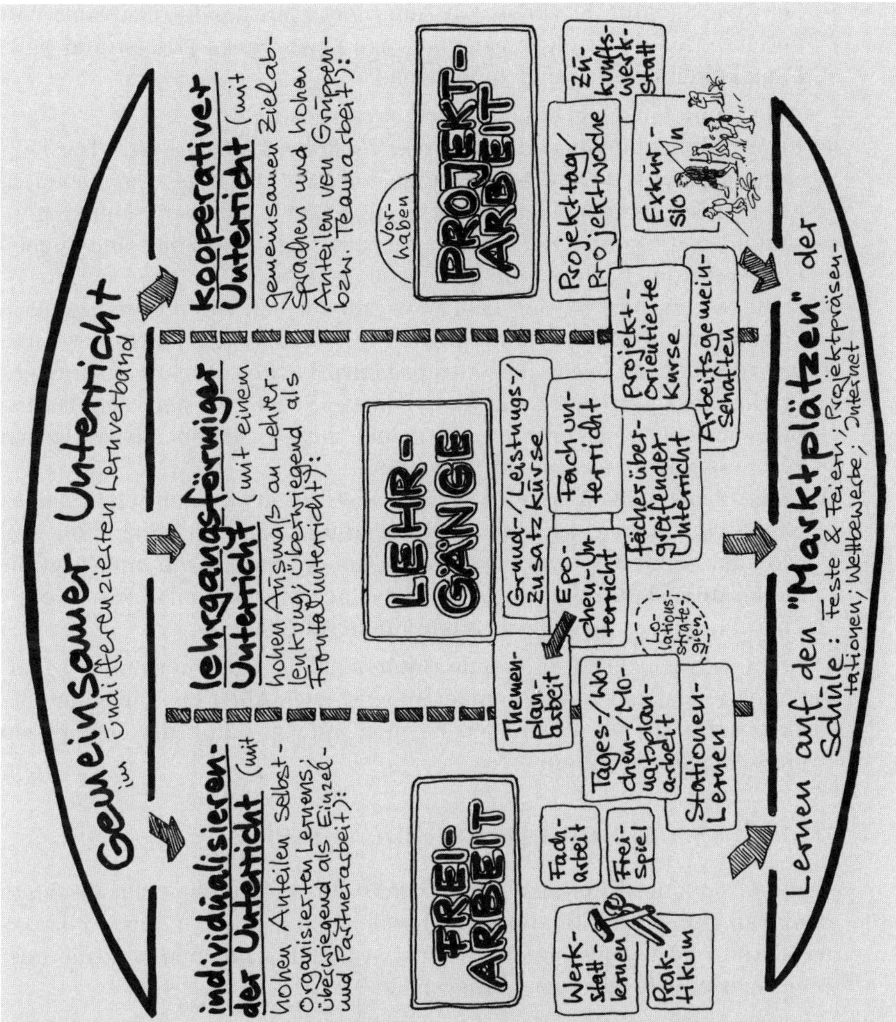

Grundformen des Unterrichts – „Ei des Kolumbus“

Selbstwertgefühl. Sie kann auf Anforderungen des Berufslebens vorbereiten. Sie ist weniger geeignet, neu erworbenes Wissen und neue Fähigkeiten zu üben und zu festigen.

Jede Grundform legt eine andere Lehrerrolle nahe:

- Im Lehrgang dominiert die *traditionelle Rolle des Lehrenden*. Der Lehrer kann und soll Spaß daran haben, vorn vor der Klasse zu stehen, in ein neues Themengebiet einzuführen, Experte für sein Schulfach zu sein. Er soll fordern und fördern. Vor allem aber: Er soll seine Begeisterung für das Fach auf die Schüler übertragen.
- In der Freiarbeit ist der Lehrer verantwortlich für die pädagogisch gestaltete, anregungsreiche Umgebung. Er ist *Mentor* im Hintergrund, der zur Stelle ist, wenn die Selbstorganisation des Lernens zusammenbricht oder gar nicht erst in Gang kommt. Er hilft bei der Lernplanung und der Leistungskontrolle. Er achtet auf die gruppendynamischen Prozesse und das soziale Miteinander.
- In der Projektarbeit ist der Lehrer *Moderator* der gemeinschaftlich organisierten Arbeit. Er hilft bei der Planung, bei der Herstellung von Außenkontakten, er warnt vor überzogenen Hoffnungen und sorgt für die Leistungskontrolle. Hin und wieder bringt er sich als Experte ein – aber dann ist er gleichberechtigtes Team-Mitglied.

Nicht jede Lehrkraft muss jede Unterrichtsform gleichermaßen schätzen und sie gleichermaßen kompetent einsetzen. Aber das Kollegium insgesamt sollte die verschiedenen Formen nutzen, damit die Schüler ein breites Angebot erhalten.

5 Merkmale und Definitionsvorschläge

Grundformen des Unterrichts sind didaktische Erfindungen zur Inszenierung von Lehr-Lern-Situationen. Ich will sie in gebotener Kürze charakterisieren und jeweils einen Definitionsvorschlag machen (vgl. die ausführlicheren Erörterungen in Meyer 1999).

1. Gemeinsamer Unterricht

Schule ist eine pädagogische Gemeinschaft, die einen geordneten Rahmen, klar definierte Grenzen, schützende Regeln und bewusst hergestellte Freiräume für das Lehren, Lernen, Arbeiten und Leben aller bereithält. Deshalb reicht es nicht aus, die Schüler allein nach Leistungskriterien in Lehrgänge, Kurse oder Projekte zu stecken. Sie benötigen auch ein persönliches Zuhause, in dem sie sich wohl fühlen, wo sie ihre Konflikte austragen und ihre Gemeinschaftsbedürfnisse befriedigen können.

Arbeitsdefinition 2:

Gemeinsamer Unterricht ist ein ohne innere Differenzierung gestalteter Klassen- oder Kursunterricht, in dem die Arbeitsfähigkeit der Lehrer und der Schüler hergestellt wird.

(1) In ihm findet die demokratische Willensbildung der Klasse/des Kurses statt.

(2) Er wird genutzt, um den Unterricht in den anderen Grundformen vorzubereiten und auszuwerten und um den Klassenraum herzurichten und zu pflegen.

(3) Er vermittelt grundlegende Kompetenzen für die Teilnahme am lehrgangsförmigen Unterricht, für das stärker individualisierte Lernen in der Freiarbeit und in den Lernwerkstätten sowie für das projektförmige Lernen.

Das übergeordnete Ziel des Gemeinsamen Unterrichts ist es, den Schülern Hilfestellungen zur Bewältigung des Schullebens zu geben.

2. Lehrgänge

Überall dort, wo fest konturierte Wissens- und Kompetenzbereiche in vorwiegend frontalen Lehr-Lern-Arrangements vermittelt werden, spreche ich von einem Lehrgang (vgl. Glöckel 1996, S. 187 ff.). Auf absehbare Zeit werden Lehrgänge – rein quantitativ betrachtet – die wichtigste Säule des Unterrichts der meisten Schulen darstellen.

Arbeitsdefinition 3:

Ein Lehrgang erschließt ein Wissens- und Könnensgebiet in systematischer, d. h. curricular und methodisch geordneter Form. Er folgt einer Lehr-Lern-Logik, die nicht mit der Sachlogik des zu Grunde liegenden Wissensstoffs identisch ist.

(1) Er ist in Unterrichtseinheiten und Lektionen unterteilt.

(2) Er ist in der Regel fachbezogen, kann aber auch fächerübergreifende Themenstellungen verfolgen.

(3) Die dominierende Sozialform ist der Frontalunterricht, zeitlich begrenzte Abschnitte mit innerer Differenzierung (Gruppen- oder Einzelarbeit, Experimental- oder Praktikumsphasen) können eingeschoben werden.

(4) Der Lernfortschritt der Schüler wird regelmäßig kontrolliert. Der erfolgreiche Abschluss wird zertifiziert.

Eine Ergänzung, kein Gegenkonzept zum Lehrgang bzw. Fachunterricht ist der lehrgangs- oder *fächerübergreifende Unterricht.* Er kann die Vernetzung zwischen verschiedenen Unterrichtsfächern fördern; er kann zur Vorbereitung von Lehrgängen und Projekten, aber auch zur Nachbereitung dienen.

Wochenplanarbeit ist eine Variante des lehrgangsförmigen Arbeitens, bei der durch innere Differenzierung eine starke Individualisierung des Lernprozesses stattfindet. (Deshalb ist sie im „Ei des Kolumbus" von Seite 189 auf halber Strecke zwischen Lehrgang und Freiarbeit platziert.) Planarbeit beruht auf der Idee, in regelmäßigen Abständen mit den Schülern Arbeitspensen zu vereinbaren, die den individuellen Lernvoraussetzungen und Lernbedürfnissen angepasst sind. Deshalb kann Planarbeit in Abhängigkeit zum Alter und zu den Methodenkompetenzen der Schüler auch als Tages-, Monats- oder Jahresplan organisiert werden.

3. Freiarbeit

Der Begriff „Freiarbeit" bzw. „freie Arbeit" stammt aus der Reformpädagogik und wurde u. a. von Maria Montessori (1870–1952), von Célestin Freinet (1896–1966), Hugo Gaudig (1860–1923) und Peter Petersen (1884–1952) verwandt.

Arbeitsdefinition:

Freiarbeit ist eine Form der inneren Wahldifferenzierung des Unterrichts, in der die Schüler das Thema, die Methode und den zeitlichen Umfang ihrer Lernarbeit selbst bestimmen, während der Lehrer sein Augenmerk darauf richtet, eine didaktisch gestaltete Umgebung herzustellen:

(1) Die Schüler nutzen die angebotenen Themenstellungen und bereitgehaltenen Lernmaterialien, sie können sich ihre Lernaufgaben aber auch selbstbestimmt setzen oder neue Lernmaterialien herstellen.
(2) Sie kontrollieren ihre Arbeitsergebnisse in wachsendem Umfang selbst
(3) und stellen sich im nachfolgenden gemeinsamen Unterricht dem kritischen Urteil der Lerngemeinschaft.

Eine Variante der Freiarbeit ist das *Werkstattlernen.* Dabei geht es um die uralte, schon bei Rousseau, Montessori und Freinet ausformulierte Erkenntnis, dass der Lehrer im Unterricht in den Hintergrund treten kann, wenn er eine pädagogisch gestaltete Umgebung hergestellt hat.

Arbeitsdefinition 5:

Werkstattlernen ist ein materialgestütztes Lernen, bei dem die Lernenden in Zusammenarbeit mit anderen Werkstattnutzern

- durch sinnliches Begreifen von Lernaufgaben
- „Werke" nach handwerklichen Regeln herstellen und überprüfen,
- um Kompetenzen zu erwerben, die einen theoretischen Bezug und praktischen Nutzwert haben.

Werkstattlernen ist also produktorientiert: Es gibt konkrete Arbeitsergebnisse, die mit den eigenen Händen bzw. dem ganzen Körper hergestellt werden. Es ist kooperativ; ich lerne an anderen und mit anderen. Es ist experimentierendes Lernen und es erlaubt den Schülern ganzheitlich, also mit Kopf, Herz, Händen und allen Sinnen zu lernen.

Stationenlernen ist der Name für ein in den letzten Jahren in Mode gekommenes Lernarrangement, bei dem thematisch zusammengehörige Aufgabenstellungen in mehreren Stationen/Ecken/Arbeitstischen in Kleingruppen oder in Einzelarbeit erarbeitet werden. Insofern stellt es eine Mischung von Freiarbeit und lehrgangsförmigem Lernen dar. Die Stationen können systematisch aufeinander aufbauen – dann müssen sie als „Parcours" bzw. im vorgeschriebenen Kreislauf erarbeitet werden. Sie können sich thematisch ergänzen – dann ist die Reihenfolge der Bearbeitung freigestellt.

Fach- und Hausarbeiten, die in den letzten Jahren in der Sekundarstufe II an Gewicht gewonnen haben, stellen eine weitere Variante der Freiarbeit dar.

Freiarbeit kann dazu beitragen, die Individualität der Schüler zu entfalten, ihnen Freiraum für ihre Fantasien und Wünsche zu belassen und die individuellen Lernrhythmen jedes Schülers und jeder Schülerin zu berücksichtigen. Leistungsmotivierte Schüler können davon offensichtlich besonders profitieren, während die Antriebsschwächeren und die (motorisch) Unruhigen in der Regel mit einer stärker durch den Lehrer vorstrukturierten Arbeitsweise zu besseren Ergebnissen kommen.[6] Freiarbeit ist also kein Allheilmittel für alle Schwierigkeiten des alltäglichen Schulbetriebs.

6 Diese These vertritt u. a. Eiko Jürgens (1994). Ihr widersprechen Lehrer und Lehrerinnen an Reformschulen heftig.

4. Projektarbeit

Arbeitsdefinition 6:

Ein Projekt stellt den gemeinsam von Lehrern und Schülern unternommenen Versuch dar, Leben, Lernen und Arbeiten derart zu verknüpfen, dass ein gesellschaftlich wichtiges und den Interessen der Beteiligten entgegenkommendes Problem gemeinsam bearbeitet (= Prozess) und zu einem Ergebnis (= Produkt) geführt wird, das für die Beteiligten Gebrauchswert hat. Dabei wird ein ausgewogenes Verhältnis von Kopf- und Handarbeit angestrebt.

- Projektlernen ist gut geeignet, um komplexe Lernziele zu verfolgen. Es lehrt das interdisziplinäre Arbeiten und fördert das vernetzende Denken.
- Projektlernen kann auf die Schüler motivierend wirken, wenn wirkliche Freiräume für selbst organisiertes Lernen gelassen werden.
- Es kann genutzt werden, um die Öffnung der Schule voranzubringen.

Der Knackpunkt der Definition und damit auch der neuralgische Punkt im Schulalltag liegt in dem Anspruch, dass Lehrer und Schüler *gemeinsam* über die Projektvorhaben entscheiden. Viele Projektwochen sind – gemessen an diesem Kriterium – wahre Kümmerlinge!

5. Marktplatzlernen

Der Gemeinsame Unterricht, die Lehrgänge, die Projekt- und Freiarbeit werden durch das Marktplatzlernen ergänzt. Den Begriff habe ich mir neu ausgedacht (s. Meyer 1997, Bd. 2, S. 99). Die Sache, um die es geht, ist aber uralt.[7] Gemeint sind Lehr-Lern-Prozesse, die sich dort abspielen, wo sich die Schulgemeinschaft versammelt (in der Aula, in der Turnhalle, in dem zum Forum umfunktionierten Pausenflur). Im übertragenen Sinne kann auch dort von „Marktplätzen" gesprochen werden, wo die Schulöffentlichkeit hergestellt wird: in Konferenzen, in Beratungsgesprächen, auf den Fluren und Pausenhöfen, in der Cafeteria und im Schulbus, in einer Zukunftswerkstatt oder im Internet. Auf diesen realen und virtuel-

7 Hartmut von Hentig spricht von der Schule als *polis;* Peter Petersen fordert die „Feier" als Schulöffentlichkeit; Berthold Otto praktizierte seinen Gesamtunterricht als Unterricht der ganzen Schulgemeinschaft (Glöckel 1996, passim).

len Marktplätzen formiert sich die Schulgemeinschaft. Und deshalb sind sie Orte des Lernens – nicht nur Tribunale, Verkündigungsplätze oder Erholungslandschaften.

Arbeitsdefinition 7:

Marktplatzlernen bezeichnet die bei der gemeinsamen Willensbildung der Schulgemeinschaft und bei der Veröffentlichung und Kritik des eigenen Lernens eintretenden Lerneffekte.
(1) Es verschafft Lob, Anerkennung und Kritik und ermutigt dadurch zum Weiterlernen.
(2) Es dient der Hinterfragung des Gelernten durch kritische Freunde
(3) und der Einübung einer demokratischen Streitkultur.

Auf den ersten Blick mag die Vielfalt der definierten Grundformen und Variationen verwirrend wirken. Aber nichts davon ist bloße Zukunftsmusik. Alles wird schon lange hier und dort mit Erfolg erprobt. Ich rate deshalb allen Kollegien, die die mühsame Arbeit der Unterrichtsentwicklung beginnen wollen, anhand dieser Auflistung unterrichtlicher Grundformen zu analysieren, wo ihre Stärken und Schwächen, wo ihre Schwerpunkte und blinden Flecken sind und dann behutsam an die Arbeit zu gehen, das Profil der Schule zu schärfen.

6 Die Hauptthese: Grundformen müssen ausbalanciert werden!

Man kann jede gute Idee durch Übertreibung kaputtmachen. Dies gilt für ein Zuviel an Frei- und Projektarbeit, aber natürlich auch für ein Zuviel an lehrgangsförmigem Unterricht. Auf die Mischung kommt es an – nicht weil Vielfalt einen Wert an sich hätte, sondern weil Vielfalt Lernpotenziale freisetzen kann, die sonst verborgen bleiben. Im Jahre 1792 schrieb Wilhelm von Humboldt (1960, S. 62):

„Der wahre Zweck des Menschen ... ist die höchste und proportionierlichste Bildung seiner Kräfte zu einem Ganzen. Zu dieser Bildung ist Freiheit die erste und unerlassliche Bedingung. Allein außer der Freiheit erfordert die Entwikkelung der menschlichen Kräfte noch etwas andres, obgleich mit der Freiheit eng verbundenes, Mannigfaltigkeit der Situationen."

„Freiheit" und „Mannigfaltigkeit der Situationen" – diese zwei Maximen könnten auch heute noch die Richtschnur jeder Unterrichtsentwicklung darstellen. Es reicht nicht aus, „Bildung" nur *materialiter* im Blick auf Vielfalt der gelehrten Fächer zu betrachten. Wir müssen „Bildung" auch im Blick auf die Mannigfaltigkeit der Lehr-Lern-Situationen definieren. Gemessen daran ist die Einseitigkeit herkömmlicher Formen der Unterrichtsorganisation offensichtlich. Ich komme damit zur Hauptthese dieses Beitrags:

These 6:
Zwischen den Grundformen des Unterrichts muss ein qualitativ und quantitativ ausgewogenes *Verhältnis hergestellt werden.*

Wann das Verhältnis zwischen den fünf Grundformen als ausgewogen zu betrachten ist, kann aber nicht am grünen Tisch des Erziehungswissenschaftlers entschieden werden. Dies muss jede Schule vor Ort eigenständig klären. Langfristig sollte aber Drittelparität zwischen Lehrgängen, Frei- und Projektarbeit hergestellt werden. Denn es ist beim besten Willen nicht zu begründen, dass und warum der frontal organisierte Fachunterricht für 100 Prozent aller Schüler die optimale Lernform darstellen soll. Mischwald ist besser als Monokultur!

Es gibt zurzeit keine seriöse Untersuchung darüber, wie groß die prozentualen Anteile der verschiedenen Grundformen des Unterrichts und ihrer Variationen in den verschiedenen Schulstufen und -formen der Bundesrepublik sind. Man kann nur grobe Schätzungen abgeben (vgl. Hage u. a. 1985; Vollstädt u. a. 1999[8]). Ich vermute für die Sekundarstufe I (Haupt-, Real-, Gesamtschulen und Gymnasien) folgende durchschnittlichen Häufigkeiten:

8 Vollstädt u. a. haben in ihrer Untersuchung in Sek-I-Schulen des Landes Hessen einen Projektunterrichtsanteil von 5 % ermittelt.

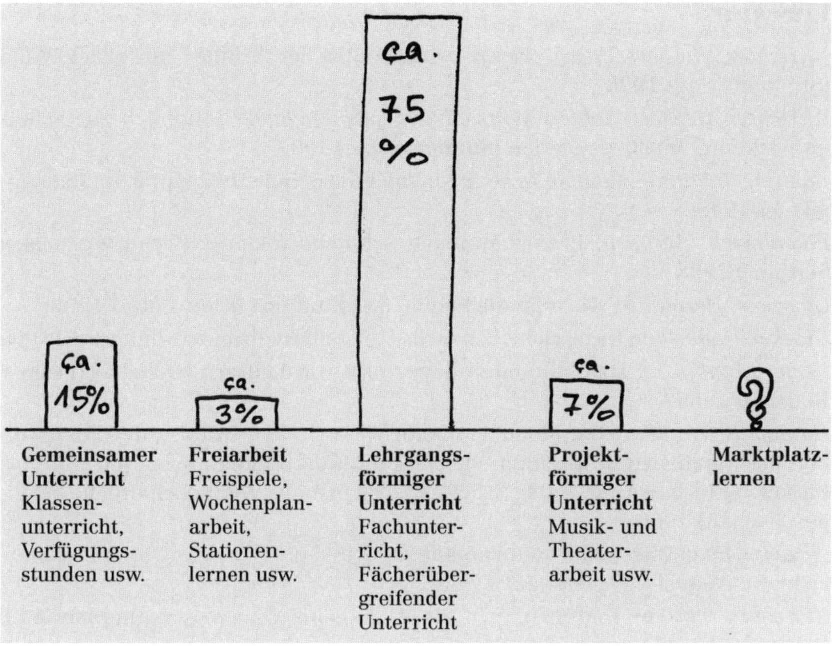

In der Grundschule und an vielen Sonderschulen dürfte die Verteilung etwas ausgewogener sein. Als Faustformel dürfte jedoch gelten: Je höher der angestrebte Bildungsabschluss der Schüler, umso unausgewogener ist das Mischungsverhältnis der unterrichtlichen Grundformen. Deshalb mein Fazit:

These 7:

Es besteht keinerlei Anlass, vor einem Zuviel *an Frei- und Wochenplanarbeit, an Werkstattlernen und Exkursionen, an Projektarbeit und Praktika zu warnen!*

Wer eine vernünftige Mischung der Grundformen des Unterrichts herstellt, wird die Leistungsbereitschaft und die tatsächlichen Lernerfolge der Schüler und Schülerinnen erhöhen! Dies ist noch eine Hypothese, die durch gelingenden Unterricht bestätigt werden muss. Neuere Lerntheorien und die positiven Erfahrungen einiger Schulen mit einem vergleichbaren Grundformen-Mix bestätigen aber m. E. ihre Richtigkeit.

Literatur

Altrichter, Herbert/Posch, Peter: Mikropolitik der Schule. Innsbruck/Wien (Studienverlag) 1998

Altrichter, Herbert/Schley, Wilfried/Schratz, Michael: Handbuch zur Schulentwicklung. Innsbruck/Wien (Studienverlag) 1998

Bastian, Johannes/Combe, Arno: Pädagogische Schulentwicklung. In: Pädagogik, 11/1998, S. 6–9

Eikenbusch, Gerhard: Praxishandbuch Schulentwicklung. Berlin (Cornelsen Scriptor) 1998

Giesecke, Hermann: Wozu ist die Schule da? Stuttgart (Klett-Cotta) 1996

Glöckel, Hans: Vom Unterricht. 2. bearb. Aufl. Bad Heilbrunn (Klinkhardt) 1996

Hage, Klaus u. a.: Das Methoden-Repertoire von Lehrern. Opladen (Leske + Budrich) 1985

Humboldt, Wilhelm von: Ideen zu einem Versuch, die Gränzen der Wirksamkeit des Staates zu bestimmen. In: Werke in fünf Bänden, hrsg. von Andreas Flitner und Klaus Giel, Bd. 1, S. 56–233. Darmstadt (Wissenschaftliche Buchgesellschaft) 1960

Jürgens, Eiko: Die „neue" Reformpädagogik und die Bewegung offener Unterricht. St. Augustin (Academia) 1994

Klingberg, Lothar: Einführung in die Allgemeine Didaktik. 7. überarb. Aufl. Berlin (Volk und Wissen) 1989

Klippert, Heinz: Schule entwickeln – Unterricht neu gestalten. Plädoyer für ein konzentriertes Innovationsmanagement. In: Pädagogik, 1/1997, S. 12–17

Klippert, Heinz: Pädagogische Schulentwicklung. Planungs- und Arbeitshilfen zur Förderung einer neuen Lernkultur. Weinheim/Basel (Beltz) 2000

Meyer, Hilbert: Schulpädagogik, Bd. 2. Berlin (Cornelsen Scriptor) 1997

Meyer, Hilbert: Leitfaden zur Schul(programm)entwicklung. Oldenburger Vor-Drucke Nr. 390/1999 (zu beziehen über: Zentrum für pädagogische Berufspraxis, Carl von Ossietzky Universität, Postfach 2503, D-26111 Oldenburg)

Rolff, Hans-Günter: Wandel durch Selbstorganisation. Weinheim (Juventa) 1993

Rolff, Hans-Günter: Schulentwicklung in der Auseinandersetzung. In: Pädagogik, 4/1999, S. 37–40

Schratz, Michael/Steiner-Löffler, Ulrike: Die Lernende Schule. Weinheim/Basel (Beltz) 1998

Vollstädt, Witlof, u. a.: Lehrpläne im Schulalltag. Opladen (Leske + Budrich) 1999 rofessionalisierung in der Lehrerbildung(1999)

8 Professionalisierung in der Lehrerbildung

(1999[1])

Ich widme diesen Vortrag dem am 8. Juli 1999 verstorbenen Erziehungswissenschaftler Lothar Klingberg, einem Didaktiker von europäischer Gelehrsamkeit und intellektueller Kraft, der sich zeitlebens bemüht hat, der Lehrerbildung ein tragfähiges theoretisches Fundament zu geben. Die deutsche Spaltung ging mitten durch sein Herz. Die wichtigsten Stationen in seiner wissenschaftlichen Laufbahn sind mit Leipzig verknüpft. Hier wurde er – nach seinen Neulehrerjahren im Dörfchen Otterwisch bei Leipzig – promoviert und habilitiert; hier hat er die in seinen Augen wichtigste Schrift mit dem Titel „Führung und Selbsttätigkeit" verfasst.

Seine dialektisch orientierte Didaktik liefert eine m. E. unverzichtbare Ergänzung und Rahmung zu den im Folgenden dargestellten Professionstheorien.

Vorweg: Ein Wort zur Amphibienforschung

Studierende und Referendare sind an jeder Schule ein kostbares Gut. Nur verhalten sich die „etablierten" Kollegen und Kolleginnen leider nicht immer dieser Einsicht gemäß. Das hat jüngst eine empirische Erhebung im Stadtstaat Hamburg ergeben: Die älteren Kollegen jammern heftig über das Fehlen der jungen Generation; aber dort, wo die Jungen – in nun langsam wieder steigender Anzahl – im „Schulbiotop" auftauchen, wissen die Alten oft nichts mit ihnen anzufangen. Warum ist das so? Referendare haben einen merkwürdigen Doppelstatus: Sie sind Amphibien auf dem langen Marsch vom lernenden Schüler zum lehrenden Lehrer.

Der Amphibienstatus hat Nachteile: Referendare haben noch nicht viel zu vermelden, wenn schulpraktische Entscheidungen anstehen. Der

1 Überarbeitete Fassung eines Vortrags, den ich im September 1999 in Leipzig auf der 24. Jahrestagung der *Association of Teacher Education in Europe* (ATEE) und im Januar 2000 aus Anlass des 25-jährigen Bestehens des Studienseminars Oberhausen gehalten habe.

Status hat aber auch Vorteile: Sie sind noch nicht betriebsblind und sie haben noch keine schlechten Routinen entwickelt. Ihnen fällt im Schulbetrieb noch manches als ungereimt oder gar als schädlich auf, was für Routiniers eine nicht mehr hinterfragte Selbstverständlichkeit geworden ist. Diese Kompetenz haben sie jedem berufs erfahrenen Lehrer voraus!

These 1:
Referendare sind die besseren Perspektivenwechsler im Schulbetrieb.

Die Fähigkeit, die Perspektive zu wechseln, ist aber nach Auffassung vieler Professionalisierungsforscher *die* entscheidende Grundkompetenz professionellen Lehrerhandelns! Wir sind also mitten im Thema: Professionalität des Handelns ist keine Frage des Alters – auch Studierende und Referendare können, wenn ihnen die Spielräume dazu gegeben werden, professionelle Arbeit leisten!

1 Zur Unterscheidung von Theoriewissen, Berufswissen und Handlungskompetenz

In der internationalen und auch in der deutschen Professionalisierungsforschung wird zwischen den drei in der Überschritt genannten Begriffen unterschieden:

- „Theoriewissen" folgt den Regeln des wissenschaftlichen Diskurses; es wird überwiegend in den Universitäten, in den Ausbildungsseminaren und in der Lehrerfortbildung vermittelt.
- „Berufswissen" (auch Professions-, Handlungs- oder Praxiswissen genannt) entsteht bei der praktischen Arbeit vor Ort, also in den Klassen- und Lehrerzimmern, beim Vorbereiten und Auswerten von Unterricht und beim „Wiederkäuen" der Unterrichtserfahrungen mit Kommilitonen und Kollegen.
- „Didaktisch-methodische Handlungskompetenz" entsteht während des Unterrichtens; sie setzt Theorie- und Berufswissen voraus, ist aber noch an eine ganze Reihe weiterer Bedingungen gebunden.

Besonders interessant, aber auch schwer zu greifen ist das „Berufswissen". Da ein Studienseminar „eigentlich" mit nichts anderem als der Entwicklung dieses Wissens beschäftigt sein sollte, will ich einleitend an einem handfesten Beispiel klären, welche Merkmale das Berufswissen hat, wie es entsteht und gepflegt werden kann.

1.1 Woher kommt das Berufswissen?

„Berufswissen" kann aus ganz unterschiedlichen Quellen kommen. In der Abbildung habe ich einige davon aufgelistet:

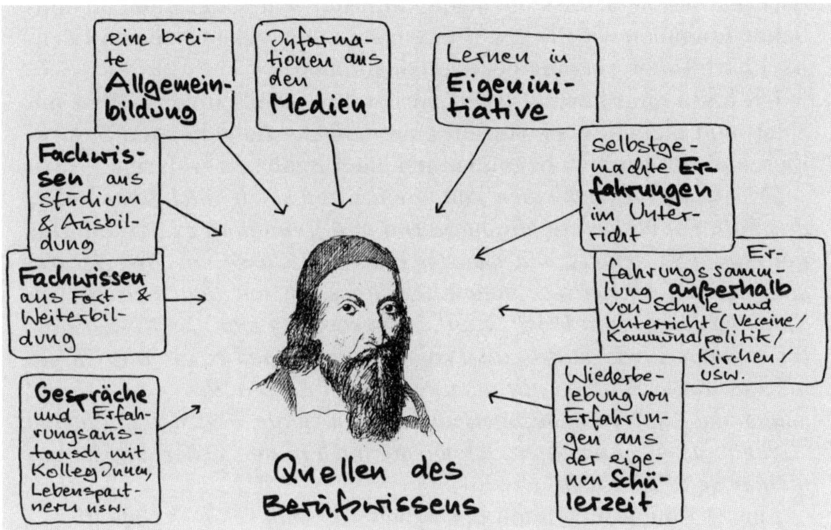

Es liegen inzwischen – insbesondere aus dem angloamerikanischen Raum – umfangreiche empirische Forschungen zur Genese, zum Umfang, zu den Inhalten und zur Struktur dieses beruflichen Wissens vor (vgl. die Berichte zum Stand der Forschung bei Terhart 1991, Oelkers/Tenorth 1993 und Dick 1996, S. 121 ff.). Ich will diese Literatur hier nicht referieren. Stattdessen beginne ich mit einem Beispiel aus der Ausbildungspraxis der Ersten Phase.

1.2 Ein Beispiel: „Jessica auf dem Schrank"

Carola Junghans will Primarstufenlehrerin werden. Sie hat sehr nachdrückliche Erinnerungen an die erste Unterrichtsstunde, die sie zu Beginn ihres Studiums in einer ersten Grundschulklasse der Stadt Essen – in Abwesenheit der Klassenlehrerin – gegeben hat. Es handelt sich geradezu um eine „Scharnierstelle" in ihrer beruflichen Entwicklung. Sie hat ihre Erinnerungen im Nachhinein aufgeschrieben. Carolas „innerer Monolog" ist kursiv gesetzt.

Vierzehn Kinder saßen an Gruppentischen in der Klasse, in der ich Mathematik unterrichten sollte. Jens, ein geistig behinderter Junge, und Manuel, lernbehindert, an verschiedenen Tischen. Alle Kinder wussten Bescheid, dass die beiden mit Hilfe von Materialien an ähnlichen Aufgaben wie die anderen arbeiten und dabei von ihren Tischnachbarn Unterstützung bekommen konnten.

Ich hatte eine Partnerarbeit vorbereitet. Die Schüler sollten mit roten und blauen Steckwürfeln eine einfache Aufgabe zum Subtrahieren ausführen. Ich begann ihnen die Aufgabe zu erklären.

„Möglichst locker bleiben", dachte ich und setzte mich links neben das Pult. Ich versuchte, aufmunternd und freundlich zu gucken. Das fiel mir nicht schwer. Ich wusste, dass die Klasse ein Wirbelsturm sein konnte, ich wusste aber auch, dass ich mit den meisten von ihnen in den letzten Wochen gut ausgekommen war. Die Kinder hatten meinen Sonderstatus als Praktikantin schnell raus, und ich genoss es, dass sie mich auf dem Pausenhof noch in ihre – manchmal seltsamen – Spiele einbezogen und dass mich die Mädchen in diverse „Geheimnisse" einweihten. Ich wiegte mich in der Sicherheit, sie auf meiner Seite zu haben.

Alle 14 Kinder fingen mit der Arbeit an. – *Ein schönes Gefühl!*

Ich wandte mich einer Schülergruppe näher zu. Und im selben Augenblick war es vorbei mit der Ruhe:

Jessica, ein kleines, drahtiges Mädchen mit völlig zerzausten Haaren tauchte plötzlich unter den Tisch, bahnte sich einen Weg durch die Schultornister, schnappte sich, an der Kommode angekommen, einen Stuhl und kletterte in Sekundenschnelle von diesem auf die Kommode und von dort mit einem kräftigen Zug auf den großen Schrank. Da oben saß sie nun – im Schneidersitz, mit verschränkten Armen – und schaute mich provozierend an.

Ich fragte sie, was sie da oben vorhabe. „Ich habe keine Lust auf Mathe. Der Unterricht ist mir zu langweilig."

„Zu langweilig", schoss es mir durch den Kopf. „Ich habe doch gerade erst angefangen! Und außerdem: Jessica ist in der ersten Klasse. Die hat doch keine Ahnung davon, wie der Unterricht erst in fünf Jahren aussieht. Soll sie doch froh sein, dass sie jetzt noch ihre Steckwürfel hat."

Den Rest der Klasse hatte ich nicht mehr im Blick.

Ich wusste, dass Jessica, wenn sie wollte, durchaus etwas zu Wege brachte, gerade in Mathe. Das „keine Lust auf Mathe“ nahm ich ihr nicht ab. „Dann eben da oben“, dachte ich, nahm mir eine Packung Steckwürfel und den Aufgabenzettel und marschierte zum Schrank.

Als ich auf dem Weg nach oben war, ging mir durch den Sinn: Hoffentlich vergleichen die Kinder meine Kletteranstrengungen nicht mit denen von Jessica. Und hoffentlich hält der Schrank (den die Klassenlehrerin und ich gerade vom Sperrmüll besorgt hatten) unser beider Gewicht aus.

Als ich ganz oben war und mich umschaute, sah ich die gespannten Gesichter, auf die ich aus erhobener Perspektive schaute. Selbst Jessica hatte von ihrem Provo-Blick Abstand genommen. *„Du musst jetzt was sagen“*, dachte ich. Und mir fiel nichts Originelleres ein, als die Kinder an ihre Matheaufgaben zu erinnern und sie zum Weiterarbeiten aufzufordern.

Ich war überrascht, dass sie es tatsächlich taten, aber mir blieb keine Zeit, darüber nachzudenken, warum sie es taten.

Ich stellte die Steckwürfel zwischen Jessica und mich, wir begannen mit der Aufgabe und rechneten fast die ganze Stunde.

Als es klingelte, krabbelten wir beide vom Schrank und ich beendete – mit ziemlich verspannten Schultern – die Stunde.

Hinterher wurde mir klar: Jessica wollte genau das erreichen – sie wollte alle Aufmerksamkeit für sich – und wahrscheinlich brauchte sie sie auch! Ich habe keine Ahnung davon, was die anderen Kinder in dieser Stunde gelernt haben. Und ich hatte mir all die Katastrophen gar nicht ausmalen können, die denkbar waren: Tumult in der Klasse – die übrigen Schüler verlassen den Raum – meine Hosennaht platzt! Aber dass die Stunde trotz dieser ungeplanten und risikoreichen Aktion so planvoll über die Bühne ging, habe ich als heimlichen Erfolg verbucht!

Was lehrt dieses Beispiel?

1. Die Studentin hat mit großem persönlichem Einsatz eine *schwierige Unterrichtssituation* gemeistert.
2. Ihre Lösung ist originell, aber kaum zu verallgemeinern. Es handelt sich um eine höchst seltene, vielleicht sogar *einmalige Situation*. Eben dies ist, wie der Professionstheoretiker Donald Schön (1983) feststellt, ein Merkmal professioneller (genauer: professionalisierungsbedürftiger) Praxis.

3. Die Situation ist *hochkomplex.*[2] Sie war so kaum vorherzusehen und deshalb auch nicht zu planen.
4. Die Professionstheoretiker sagen dazu: Lehrerhandeln ist „Handeln unter *Unsicherheit*". Donald Schön (1983) merkt an, Unsicherheit sei kein Malheur, sondern eine Stärke unseres Berufs. „Sie ist der vitale Kern jeder Profession. Sie hält die Neugier wach und erhöht den Adrenalinspiegel."
5. Carola stand unter hohem psychischem *Druck.* Sie war Anfängerin; die Klassenlehrerin fehlte; sie hatte höchstens zwei oder drei Sekunden Zeit, sich zu entscheiden.
6. Auch dies ist ein Merkmal von Professionswissen: Es macht *blitzschnelles Agieren und Reagieren* nötig und möglich. Die Handlungsbegründungen sind dann nicht immer präsent, sie können aber auf Befragen nach der Stunde oder in einer ruhigeren Phase während der Stunde nachgeschoben werden (vgl. Bromme 1992).
7. Die Entscheidungen und Aktionen sind für Carola von heftigen *Emotionen* begleitet. Sie hatte das Gefühl, persönlich angegriffen zu werden (dies unterschied sie von einem Profi). Darüber hinaus stand ihr Ansehen vor der ganzen Klasse auf dem Spiel (dies hätte jeder berufserfahrene Lehrer mit Carola gemeinsam gehabt.)
8. Carola befand sich in einem pädagogischen *Normenkonflikt:* Sollte sie den Bedürfnissen einer einzelnen Schülerin nachkommen oder besser für das Wohl der ganzen Klasse sorgen? Auch dies, sagen Professionstheoretiker, ist typisch für professionelle Berufe. Sie müssen Lösungen für konflikthafte, ja paradoxale Probleme finden.
9. Sie zeigt durch ihre das Handeln begleitenden Reflexionen, dass sie bereits über ein *Berufsethos* verfügt: Schule ist für alle Kinder da – aber schwierige Kinder bedürfen besonderer Zuwendung und Liebe.

Eine 63-jährige Grundschulkollegin aus Bayern hat mir geschrieben, sie fände dieses Beispiel unmöglich. Auf ihrem Klassenschrank sei die Staubschicht viel zu dick und mit 63 Jahren weigere Sie sich, auf Schränke zu klettern. Einverstanden! Der Bericht über diese Mathestunde ist ja auch keineswegs als nachahmenswertes Vorbild für ältere Semester gedacht. Mich interessiert vielmehr die Antwort auf die Frage: *Wie kann man erklären, dass eine Berufsanfängerin in der Lage war, diese schwierige Situation zu meistern?*

2 Der amerikanische Professionsforscher Lee Shulman (1991) behauptet sogar, die Berufsarbeit eines Lehrers sei komplexer als die eines Arztes. Ich stimme zu! Was würden unsere Ärzte schreien, wenn sie 25 sich gegenseitig immer wieder neu ansteckende und hin und wieder gegen ihren Arzt verbündende Patienten auf einen Schlag kurieren müssten!?

1.3 Berufswissen und Handlungskompetenz

Sehr viel Theorie- und Berufswissen kann die Studentin Carola in der kurzen Zeit ihrer Ausbildung noch gar nicht angesammelt haben. Offensichtlich verfügt sie aber schon jetzt über eine basale schulpädagogische Handlungskompetenz, die viel mit ihrer Persönlichkeit und nur ein bisschen mit ihrem Theorie- und Berufswissen zu tun hat. Ich definiere:

Arbeitsdefinition 1:

Schulpädagogische Handlungskompetenz besteht aus der Fähigkeit, Schule, Unterricht und Erziehungsaufgaben sowohl in Routinesituationen wie auch in neuen, nie vorher erlebten und durchdachten Situationen taktvoll, zielorientiert und unter Beachtung der institutionellen Rahmenbedingungen zu meistern.

Woher kommt diese Handlungskompetenz? Ganz offensichtlich hatte Carola schon vorher Mut zu unkonventionellen Lösungen gehabt und auch einen „Draht" zu den Kindern. Sie konnte auf sie zugehen und in ihrer Sprache mit ihnen reden. Kurz: Carola besitzt bereits in Anfängen das, was wir in der Literatur eine „Lehrerpersönlichkeit" nennen. Sie hat Sachkompetenz (sie konnte die Stunde vorbereiten und Maßnahmen zur inneren Differenzierung ergreifen), sie hat Sozialkompetenz und ein ausgeprägtes Selbstvertrauen, das ich als „Selbstkompetenz" bezeichnen möchte. Berufswissen und Handlungskompetenz von Lehrern sind also ganz eng mit ihrer *Lernbiografie* vermittelt.

Ich ziehe ein erstes Fazit: Berufliches Handeln hängt nicht nur vom Theorie- und Berufswissen des Lehrers bzw. Studierenden ab. Dies ist viel zu eng gedacht. Die Professionalisierung von Lehrern ist eingebettet in die Entwicklung ihrer Lehrerpersönlichkeit insgesamt:

These 2:

Die Professionalisierung in Lehrberufen kann nur gelingen, wenn sie in die Entwicklung von Sach-, Sozial- und Selbstkompetenzen eingebettet wird. Deshalb ist sie im Kern Persönlichkeitsbildung.

1.4 „Aggregatzustände" des Berufswissens

Wie ist das in Theoriewissen und praktische Handlungskompetenzen eingebundene Berufswissen der Studentin sortiert? Es lassen sich mindestens drei „Aggregatzustände" unterscheiden:

(1) Ein erster, noch ganz eng in die Handlungsdynamik eingebundener Aggregatzustand, der es Carola ermöglichte, bei der Zuspitzung des Konflikts ohne größere theoretische Vorklärungen eine intuitive Entscheidung zu treffen;

(2) ein zweiter, schon verbalisierter und der Rechtfertigung des Handelns dienender Aggregatzustand von Wissen, der ihr Handeln unmittelbar begleitet;

(3) und eine dritte Ebene, die sich am Ende des Berichts andeutet: Carola reflektiert über die Widersprüchlichkeit der Situation und klärt die Grundsätze ihres Handelns. Ihr wird bewusst, dass sie den Normkonflikt „einseitig" zu Gunsten von Jessica gelöst hat.

In der professionstheoretischen Literatur gibt es zahlreiche Modelle, um diese „Aggregatzustände" beruflichen Wissens zu analysieren. Donald Schön[3] unterscheidet ebenfalls drei Ebenen, die er „Reflexionstypen" nennt. Man kann sie wie drei Tortenschichten übereinander denken, aber sie sind *nicht hierarchisch* übereinander geschichtet, sondern ineinander verwoben:

- *Reflexionstyp 1:* „implicit knowledge-in-action" (unausgesprochenes Wissen-in-der-Handlung)
  Für diese Ebene des Wissens ist charakteristisch, dass nicht zwischen Wissen und Handeln unterschieden wird, sodass sich der Handelnde oft nicht bewusst ist, woher seine Entscheidungsgrundlagen kommen. Dieser Reflexionstyp ist typisch für Routinehandlungen berufserfahrener Lehrer. Es wäre aber falsch, diesen Reflexionstypus als minderwertig oder defizitär abzuurteilen. Im Gegenteil: Routinehandlungen sind ein wichtiger Bestandteil professionellen Handelns. Offensichtlich ist Typ 1 aber auch für Anfängerhandeln unverzichtbar, in dem dann „heimliche Handlungsroutinen" aus der eigenen Schülerzeit, aus der Arbeit mit Jugendgruppen oder aus der familialen Sozialisation aktiviert werden.
- *Reflexionstyp 2:* „reflection-in-action" (Reflexion-in-der-Handlung).
  Diese Reflexionsebene ist im Beispiel „Jessica auf dem Schrank" durch Kursivsetzung hervorgehoben.

3 Schön 1983, S. 49, 68 u. 276; vgl. Altrichter/Posch 1998, S. 322 ff.

Reflexion-in-der-Handlung beginnt mit dem Erleben einer Diskrepanz zwischen den Erwartungen und dem tatsächlichen Verlauf einer Interaktion bzw. einer Unterrichtsstunde. Sie wird fortgesetzt mit einer Problemdefinition aus der Sicht der Handelnden: Carola verbalisiert in ihrem inneren Monolog, dass sie Jessicas Verhalten unmöglich findet. Im nächsten Reflexionsschritt, eingeleitet mit dem Satz: „Dann eben da oben"), überwindet sie dann ihre emotionale Abwehr und findet die spontane Problemlösung.

- *Reflexionstyp 3:* „reflection-on-action" (Reflexion-über-die-Handlung). In diesem Reflexionstyp wird das eigene Wissen analysiert, geordnet und gegebenenfalls auch reorganisiert (siehe den letzten Abschnitt von Carolas Bericht). Das schafft eine gewisse Distanz zum Handeln. Man stellt sich sozusagen neben sich und schaut sich selbst beim Handeln und Reflektieren zu. Dies kann Verunsicherungen auslösen, dies kann aber auch produktive Problemlösungen befördern; zugleich macht es das eigene Berufswissen mitteilbar und dadurch transparent für andere.

Professionelle Lehrer, sagt Schön, sind in der Lage, in jeder Situation den „richtigen" Reflexionstyp zu aktivieren. Sie machen vieles routinemäßig, falls nötig, können sie aber auch sofort auf die Ebene 2 oder 3 wechseln:

These 3:

Professionelle Lehrer besitzen Reflexionskompetenz. Sie sind in der Lage, zügig den für die Meisterung der Situation erforderlichen Reflexionstyp „anzuknipsen".

Wie entsteht diese Reflexionskompetenz? Auch hier gibt Donald Schön eine klare Auskunft (vgl. Altrichter/Posch 1998, S. 17):

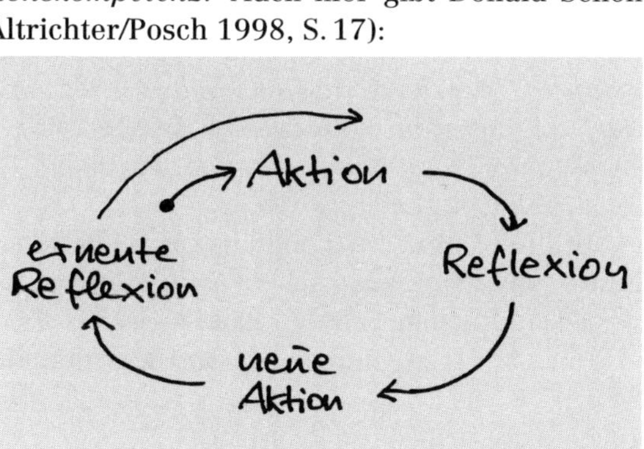

Reflexionswissen entsteht in der Handlungssituation selbst. Das wiederholte Wechseln zwischen Aktion und Reflexion, zwischen der Vertiefung in die Sache und der Besinnung über die Sache lässt die Fähigkeit wachsen, eine „Praktikertheorie" zu entwickeln, um mit schwierigen oder neuartigen Situationen kompetent umzugehen. Wir können uns dies im Bild einer Reflexions-Aktions-Spirale vorstellen.

Berufswissen von Praktikern ist also mehr als das Ergebnis einer wie auch immer gearteten „Transformation“ von Theoriewissen in Handlungsanweisungen:

These 4:
„Berufswissen“ ist kein verdünnter Aufguss des Wissenschaftswissens, sondern eine eigenständige, vom Praktiker selbst hergestellte Wissensform.

1.5 Berufswissen – *missing link* zwischen Theorie und Praxis

Spätestens seit Johann Friedrich Herbarts im Jahre 1802 erschienenen „Ersten pädagogischen Vorlesungen“ ist die These 4 ein „alter Hut“. Schon Herbart hatte betont, dass Theoriewissen nicht linear – und schon gar nicht rezeptartig – in praktisches Handeln umgesetzt werden kann. Zwischen Theorie und Praxis schiebt sich vielmehr ein Drittes – ein „Mittelglied“, dem Herbart den Namen „pädagogischer Takt“ gegeben hat und der bis heute in der didaktischen Theoriebildung eine wichtige Rolle spielt. Herbart schreibt:

„Nun schiebt sich aber bei jedem noch so guten Theoretiker, wenn er seine Theorie ausübt, ... zwischen die Theorie und die Praxis ganz unwillkürlich ein Mittelglied ein, ein gewisser Takt nämlich, eine schnelle Beurteilung und Entscheidung, die nicht wie der Schlendrian ewig gleichförmig verfährt, aber auch nicht, wie eine vollkommen durchgeführte Theorie wenigstens sollte, sich rühmen darf, ... die wahre Forderung des individuellen Falles ganz und gerade zu treffen.“ (Herbart, 1802/1964, Bd. 1, S. 126)

Johann F. Herbart

Mit „Takt“ sind nicht höfliche Umgangsformen gemeint, auch wenn die in der Schule genauso selbstverständlich gelten sollten wie im sonstigen gesellschaftlichen Leben. „Pädagogischer Takt“ ist die Fähigkeit, jedes einzelne Problem individuell und aus der Situation heraus zu klären, dabei aber das Theoriewissen einzubeziehen. Das Wort „Takt“ kommt ja wie der Tango vom lateinischen *tangere* und heißt nichts anderes als „berühren“.

In der nächsten Abbildung habe ich die Begriffe aufgelistet, mit denen in der professionstheoretischen Literatur das Herbart'sche „Mittelglied“ bezeichnet wird:

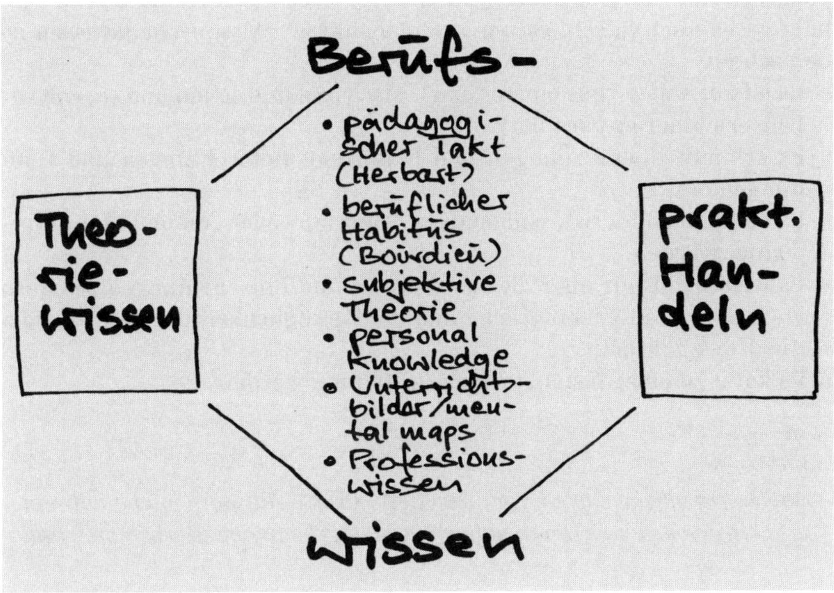

Das Theoriewissen ist

- segmentiert (in verschiedene Fachdisziplinen eingeteilt),
- kodifiziert (z.B. in Form von Handbüchern, Studientexten und Forschungsberichten),
- systematisiert,
- an Generalisierung interessiert und
- vom Handlungsdruck entlastet.

Das Berufswissen ist demgegenüber

- ganzheitlich,
- durch die eigenen Erfahrungen vermittelt,
- kontextgebunden,
- eklektisch,
- emotional eingebettet und
- an Erfolgs- und Misserfolgserlebnissen ausgerichtet.

Das praktische Handeln erfolgt

- situationsbezogen,
- routiniert oder kreativ,
- reflexionsentlastet oder selbstreflexiv,
- in direkter Interaktion oder mit Hilfe medialer Stellvertreter.

Das Berufswissen von Lehrern ist also deutlich mehr als „Wissen" im engeren Sinne der deutschen Sprache (vgl. Dick 1996; Kunze 2000). Deshalb ist es auch falsch, es nur als „defizitäres" Wissenschaftswissen zu betrachten:

- Es ist nur selten „aus einem Guss", also rund und schön und so, wie wir Lehrerbildner es gern hätten.[4]
- Es schließt Überzeugungen und Fantasien, Befürchtungen und Hoffnungen ein.
- Es kann zu „Bildern", „subjektiven Theorien" oder „mental maps" verdichtet werden.
- Es wird nicht nur über die Handlungen und Entscheidungen, sondern auch über die Körpersprache und die Persönlichkeit des Lehrers zum Ausdruck gebracht.
- Es kann zu einer festen, ja starren Haltung werden.

These 5:

Das Berufswissen wird zur „zweiten Haut", die man nicht wie ein dreckig gewordenes Hemd ablegen und durch ein neues ersetzen kann.

Zu einer radikalen Erneuerung ihres Berufswissens kommt es bei berufserfahrenen Lehrern nur unter besonderen Umständen, z. B. dann,

- wenn ein Lehrer durch eine persönliche oder berufliche Krise dazu gezwungen wurde,
- wenn er sich durch intensive Teamarbeit oder durch Supervision neue Perspektiven erarbeiten konnte
- oder wenn er auf Grund eines Schulwechsels völlig neue Arbeitsbedingungen erhält.

4 Im Gegenteil: Christopher Clark (1986) hat nachgewiesen, dass das Berufswissen von Lehrern fast immer unvollständig ist, dass es mit widersprüchlichen, oft lange widerlegten Kausalerklärungen arbeitet und dass es oft genug Normen folgt, die miteinander unverträglich sind. Dennoch, so Clark, „funktioniert" sein Gebrauch; ja es scheint gerade auf Grund seiner Widersprüchlichkeiten gut geeignet zu sein, widersprüchliche Unterrichtssituationen zu meistern.

Bei *Studierenden und Referendaren* ist die Situation eine andere: Sie sind ja „von Berufs wegen“ zum Auf- und Ausbau ihres Berufswissen angehalten und sie werden alle paar Wochen vor neue Arbeitsbedingungen gestellt.

Ich fasse zu einer zweiten Arbeitsdefinition zusammen:

Arbeitsdefinition 2:

Berufswissen von Lehrern ist das im berufspraktischen Handeln gewachsene, aus vielen unterschiedlichen Quellen schöpfende Handlungs- und Reflexionswissen zur Gestaltung und reflektierenden Verarbeitung von Lehr-Lern-Situationen.

- Es ist biografisch vermittelt;
- es ist in mehrere Reflexionsebenen geschichtet;
- es kann zu handlungsleitenden „Unterrichtsbildern“ verdichtet werden.

1.6 Erfahrungsbasierung – Hilfe oder Handicap?

Das Berufswissen von Lehrern entsteht im Wesentlichen durch die Verarbeitung selbst gemachter Erfahrungen. Das Verarbeiten erfolgt aber keineswegs geradlinig und direkt, sondern auf vielfältigen und verschlungenen Wegen. Die Erfahrungen werden zerstückelt und zerkaut, in eine „Vorratskiste“ gepackt oder auch weggeworfen, durch ein Sieb gerührt und neu vermischt. Deshalb die für die Lehrerbildung zentrale These:

These 6:

Eine direkte und kontrollierte Erneuerung des Berufswissens durch wissenschaftliche Belehrung ist unmöglich.

These 6 wird durch eine umfangreiche empirische Studie von Ewald Terhart, Kurt Czerwenka u. a. gestützt. Die Autoren schreiben:

„Es zeigt sich, dass sich die meisten Lehrkräfte darüber einig sind, dass mit wissenschaftlichem Wissen für die konkrete Praxis wenig auszurichten ist. 75 Prozent der Befragten gaben an: ‚Erfahrungen sammelt man am besten in der konkreten Situation.‘ Nur 15 Prozent sagten, dass sie sich hin und wieder auch an Wissensbeständen aus dem Referendariat orientieren, nur 6 Prozent an Erinnerungen aus dem Studium.“ (Terhart/ Czerwenka u. a. 1994, S. 205)

Man mag mit diesem Forschungsergebnis unzufrieden sein. Aber bloßes Jammern über die Erfahrungsbasierung des beruflichen Wissens hilft nicht weiter. Wir müssen sie als Faktum zur Kenntnis nehmen und die fälligen Konsequenzen für die Lehrerbildung ziehen. Schließlich hat sie auch ihre guten Seiten: Wenn die Schulpraktiker jede Torheit, die ihnen in den letzten 100 Jahren von den Pädagogen und Bildungspolitikern anempfohlen worden ist, in die Tat umgesetzt hätten, so hätte dies katastrophale Folgen für Schule und Unterricht gehabt.

Dies heißt nicht, dass es keine *Maßstäbe* für die Bewertung der Qualität des Berufswissens von Lehrern gäbe. Dies heißt „nur", dass diese Maßstäbe aus der Struktur der alltäglichen Arbeit der Lehrer und nicht aus noch so plausiblen Theoriegebäuden der Erziehungswissenschaftler hergeleitet werden müssen:

These 7:
Die Erfahrungsbasierung des Berufswissens ist kein Handicap, sondern die nicht umgehbare Voraussetzung für die Professionalisierung des Lehrerhandelns.

Ich ziehe ein Fazit dieses ersten Abschnitts:
- Erstens: Theoriewissen und Berufswissen sind miteinander verwandt, aber sie haben unterschiedliche Erkenntnisinteressen, Strukturen und Funktionen.
- Zweitens: Es gibt viele verschiedene, oft genug verschlungene Wege beim Erwerb von Berufswissen.
- Drittens: Der Ausbau des Berufswissens erfolgt nicht zufällig, sondern biografisch vermittelt. Nur solches Wissen wird integriert, das stimmig zur eigenen Persönlichkeit ist.

2 Was heißt „Professionalisierung des Lehrerhandelns"?

Ziel dieses zweiten Abschnitts ist eine Klärung des Professionalisierungsbegriffs. Ich berichte über eine kleine Befragungsaktion unter Studierenden und Lehrern, skizziere die wichtigsten theoretischen Ansätze aus meiner eigenen, parteilichen Sicht, um dann die Stoßrichtung der Diskussion im Überblicksschema am Ende dieses Abschnitts zusammenzufassen.

2.1 Bericht über eine Befragungsaktion

Was verstehen Berufspraktiker unter „Professionalisierung"? Ich habe ca. 100 Studierende, Referendare und Lehrer aus Irland, Israel, Hamburg und Oldenburg befragt bzw. von Kollegen befragen lassen und sie gebeten, eine spontane schriftliche Definition auf die Frage „Professionalisierung in Lehrberufen ist/heißt/meint...." abzugeben. Ich habe die Antworten gesichtet und 15 ausgewählt, die m. E. die Bandbreite der gegebenen Antworten abbilden.

1. „Professionalization means raising the status of teachers – making them achieve a status comparable with bank managers, lawyers etc." (8. Sem., weiblich, Cork/Irland)
2. „Ich weiß ehrlich gesagt nicht genau: Vielleicht ist mit Professionalisierung gemeint, dass Lehrer in den Professorstatus aufsteigen und somit auf alle Fälle wohl finanziell besser gestellt wären." (2. Sem., weiblich, Oldenburg)
3. „Perfektionalisierung des Lehrers." (2. Sem., weiblich, Hamburg)
4. „Professionalisierung meint, dass die Lehrer sich bewähren sollen und überprüft werden, sodass nur noch ‚gute' Lehrer unterrichten dürfen." (4. Sem., weiblich, Oldenburg)
5. „Professionalisierung heißt, Theorie sicher in Praxis umzusetzen." (4. Sem., weiblich, Hamburg)
6. „Unter Professionalisierung verstehe ich, dass ein Lehrer so flexibel ist, dass er auch ohne Vorbereitung eine gute Unterrichtsstunde abhalten kann." (6. Sem., weiblich, Oldenburg)
7. „Professionalisierung heißt, sich ständig weiterzubilden." (2. Sem., weiblich, Oldenburg)
8. „Professionalisierung bezeichnet die Fähigkeit, methodisch-fachliche Kompetenz, Flexibilität und ‚Liebe' zu den Schülern miteinander zu verbinden." (Referendar, Lehramt Primarstufe, Oldenburg)
9. „Professionalisierung bezeichnet einerseits das Fachwissen, anderseits das Erfahrungswissen eines Lehrers. Erst die Vereinigung beider Komponenten führt zur Professionalisierung." (5. Sem., weiblich, Hamburg)

10. „Professionalization means, first, to hold close contact to educational theory, second having a broad knowledge about societal change, third to love the children.“ (Rektorin einer Primarschule, Regba Experimental School/Israel)
11. „Die Berufung zum Beruf machen!“ (5. Sem., männlich, Hamburg)
12. „Professionalisierung heißt für mich, trotz des morgen anstehenden benoteten Ausbilderbesuchs heute Abend mein rotes Ballkleid anzuziehen und damit tanzen zu gehen.“ (Referendarin für das Lehramt an Grundschulen, Oldenburg)

Zehn Prozent der Befragten gaben an, den Begriff noch nie gehört zu haben.

Eines dürfte schon beim Überfliegen dieses Katalogs deutlich geworden sein: „Professionalisierung“ ist ein typischer *Regenschirm-Begriff*:

Unter seinem weiten Dach finden sich die unterschiedlichsten, teils naiv-technokratischen, teils ganzheitlich-subjektorientierten Deutungen. Gemeinsam ist diesen Deutungen die Vorstellung, dass es sich bei der Professionalisierung „irgendwie“ um eine qualitative Verbesserung der Berufsarbeit handeln müsse. Aber worin diese Verbesserung besteht, bleibt unklar. Dadurch erhält der Begriff eine beträchtliche *Unschärfe:*

- Viele Befragte verstehen unter „Professionalität“ eigentlich nichts anderes, als guten Unterricht zu machen.
- Andere setzen den Begriff mit dem des Experten und/oder Spezialisten gleich; dabei könnte die umgangssprachliche Unterscheidung von „Amateur“ und „Profi“ Pate gestanden haben.
- Zwischen dem Wissenschafts- und dem Berufswissen wird aber nicht unterschieden (eine löbliche Ausnahme: Definition 9).

Überraschend war für mich, dass das Spektrum der Spontanantworten den Ablauf der akademischen Diskussion des Professionalisierungsbegriffs in den letzten 30 Jahren erstaunlich gut widerspiegelt. Auch dort begann die Debatte zunächst mit eher schlichten, berufssoziologisch orientierten Überlegungen und endet mit komplexen, eher dialektischen Deutungen. Deshalb die nächste These:

These 8:

Es ist erforderlich, zwischen eher naiven und professionellen Professionalisierungsverständnissen zu unterscheiden.

2.2 Berufssoziologisch und funktionalistisch orientierte Professionalisierungstheorien

Lehrer und Lehrerinnen – zumindest in Deutschland – jammern gern über mangelnde gesellschaftliche Anerkennung und schlechte Bezahlung: „Alle meckern an uns herum – aber keiner will mit uns tauschen!" Ich denke, der Ärger ist berechtigt. Da liegt es dann nahe, mit scheelem Blick zu anderen, vermeintlich oder tatsächlich besser gestellten Berufen zu schauen.

Der berufssoziologische (auch „kriterienbezogene" oder „indikatorische") Ansatz der Professionsforschung leistet solche Vergleiche auf wissenschaftlicher Grundlage und bestätigt zugleich die Minderwertigkeitsgefühle vieler Lehrer in wichtigen Punkten (vgl. Schwänke 1988). Der Lehrerberuf bewegt sich im Vergleich zu Juristen, Ärzten oder Psychologen tatsächlich auf einem niedrigeren Niveau der Professionalisierung:

- weil die Selbstorganisation des Berufsstandes gering entwickelt ist,
- weil es an wirksamen Instrumenten und Institutionen zur Selbstkontrolle fehlt,
- weil das Selbstbewusstsein der Berufsangehörigen entsprechend gering entwickelt ist,
- weil die Bezahlung angeblich schlecht ist (was in Deutschland im Vergleich mit Ärzten stimmen mag, im internationalen Vergleich mit Lehrergehältern anderer Nationen aber falsch ist),
- weil die Lehrergewerkschaften und Standesorganisationen wenig Macht haben,
- weil die Berufssprache – verglichen mit Ärzten oder Juristen – wenig ausdifferenziert ist und
- weil es noch keine von allen Berufsangehörigen anerkannte Berufsethik gibt.

Gemeinsam ist den genannten Berufsgruppen (und damit komme ich zum so genannten funktionalistischen Ansatz der Professionsforschung), dass sie „schwer wiegende Probleme" für und mit ihren Klienten lösen müssen:

- Ärzte helfen den Patienten, eine Krankheit zu überwinden.
- Rechtsanwälte verhelfen dazu, Recht zu bekommen.
- Psychotherapeuten helfen, eine persönliche Krise zu überwinden.

Diese Hilfen können nicht standardisiert und mechanisiert werden. Und eben deshalb, schreibt der amerikanische Soziologe Talcott Parsons, wichtigster Vertreter des funktionalistischen Professionalisierungsansatzes, ist professionelles Handeln erforderlich. Parsons definiert die Beziehung zwischen dem Klienten und Professionellen als „spezifische Form solidarischer Praxis". Weil der Klient dem Professionellen vertraut, ist dieser allererst in der Lage, sein Wissen und Können zum Nutzen des Klienten einzusetzen (Parsons 1964). Ich fasse zu einer berufssoziologisch-funktionalistischen Definition zusammen:

Arbeitsdefinition 3:

„Professionen" sind Berufe mit akademischer Ausbildung, deren Angehörige „Klienten" bei der Lösung schwer wiegender Probleme helfen, die deshalb eine hohe Autonomie in der Gestaltung der Arbeit haben, die sich in eigenen Berufsverbänden organisiert haben, die ein System der Selbstkontrolle der Berufsausübung aufgebaut haben und über eine eigene Berufssprache und Berufsethik verfügen.

Diese Definition gilt im Prinzip auch für alle Lehrberufe. Die Arbeit von Lehrern und Lehrerinnen kann nicht standardisiert und mechanisiert werden. Aber ein gravierender Unterschied zu Ärzten, Rechtsanwälten und Psychologen bleibt bestehen. Die Lehrer und Lehrerinnen sind nicht wirklich frei in der Gestaltung ihrer anspruchsvollen Berufsarbeit: einmal, weil die Schüler, also die „Klienten" der Lehrer, nicht freiwillig, sondern auf Grund der gesetzlichen Schulpflicht zu ihnen kommen, zum anderen, weil es zu viele fremde Mitregenten gibt (Eltern, Schulleiter, Schulaufsichtsbeamte, Politiker, Wissenschaftler). Vor allem deshalb, klagt z. B. Ulrich Oevermann (1996, S. 162 ff.), gebe es in den staatlichen Pflichtschulen so viele Disziplinprobleme, die die vertrauensvolle Zusammenarbeit zwischen Lehrern und Schülern blockieren.[5]

5 Ich halte Oevermanns Argumentation für überzogen. Zumindest ist der von ihm nahe gelegte Umkehrschluss mehr als fraglich, dass die Disziplinprobleme nach Abschaffung der gesetzlichen Schulpflicht aufhören und sich mehr oder weniger zwangsläufig in „solidarische Praxis" wandeln würden. – Solch eine naive Vermutung können nur pädagogische Laien entwickeln!

Zurück zum berufssoziologischen Ansatz: Er unterteilt die historisch gewachsenen Berufe in professionelle (= klassische Professionen), professionalisierungsfähige und nicht professionalisierbare. Da Lehrer und Sozialarbeiter nur einen Teil der oben aufgelisteten Professionskriterien erfüllen, schneiden sie also nur mittelprächtig ab. Sie sind im Jargon der frühen Berufssoziologen als „semiprofessionell“ zu kennzeichnen.

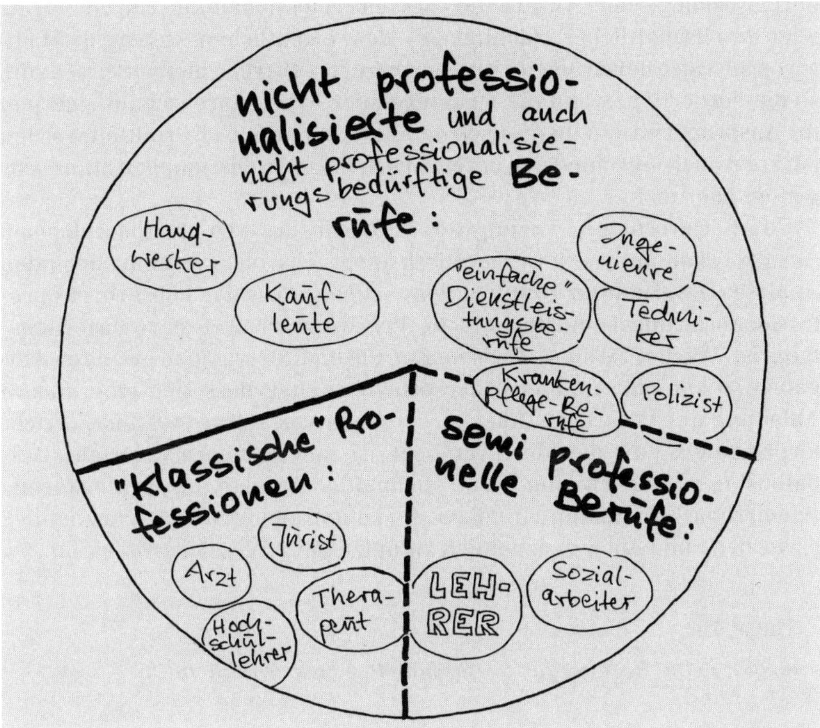

Professionelle und nicht professionalisierte Berufe

Ich akzeptiere diese Abwertung der Lehr-, Pflege- und Beratungsberufe aber nicht und behaupte:

These 9:

Im Prinzip sind alle Berufe, in denen die zwischenmenschliche Kommunikation, die Bildung, Pflege und Beratung im Mittelpunkt stehen, professionalisierungsbedürftig und -fähig.

2.3 Strukturtheoretische und pädagogische Ansätze

Ich habe kürzlich einen Oldenburger Fachseminarleiter, Dieter Vorrath, gefragt: „Wie definierst du Schule?“ Seine Antwort: „Schule, das ist der gelebte Widerspruch!“ – Damit hat er in der knappsten denkbaren Form das Credo des so genannten strukturtheoretischen Ansatzes der Professionalisierungsforschung formuliert. Seine Vertreter kritisieren am berufssoziologischen Ansatz, dass dessen Professionalitätskriterien – trotz aller gesellschaftlicher Mächtigkeit – dem eigentlichen Auftrag des Lehrerberufs, also der Arbeit im Klassenzimmer, äußerlich bleiben. Erst dann, so die Forderung, wenn die Strukturen der Arbeit durchschaut sind und ihr Anspruchsniveau theoretisch definiert und praktisch ermittelt worden ist, kann auch entschieden werden, ob ein Beruf professionellen Standards genügt oder nicht.

Ulrich Oevermann, wichtigster Vertreter des strukturtheoretischen Ansatzes, kommt in einer theoretisch anspruchsvollen, weit ausholenden Analyse (Oevermannn 1996) zu dem Schluss, dass der Lehrerberuf professionalisierungsbedürftig und im Prinzip auch professionalisierungsfähig ist. Warum? Weil, so Oevermann, die im Unterricht zu lösenden Aufgaben so komplex und so widersprüchlich sind, dass sich eine lineare Ableitung aus wissenschaftlichen Vorgaben von selbst verbietet. „Trichterpädagogik“, die dies doch versucht, ist zum Scheitern verurteilt. Deshalb ist es prinzipiell unmöglich, stichhaltige Rezepte für die Meisterung schwieriger Situationen zu geben. Es kommt eben auf das ganzheitlich erworbene und auch ganzheitlich zu nutzende Professionswissen an:

These 10:
Es gibt keine Rezepte für professionelles Lehrerhandeln.[6]

Ich nenne einige der von den Strukturtheoretikern herausgearbeiteten „Paradoxien“:

- Der Lehrer soll seine Schüler fördern und fordern; er muss aber, wie wir alle wissen, auch zensieren und selektieren.

6 Ich möchte diese These auf Grund meiner Ausbildungserfahrungen relativieren. Rezepte haben im Ausbildungsalltag von Anfängern einen großen Stellenwert. Ein vernünftiges Rezept zu befolgen ist immer noch besser als hilflos in schwierigen Unterrichtssituationen hin und her zu schwanken. Aber es ist dann erforderlich, die Rezepte gründlich zu reflektieren, sie situationsbezogen zu variieren und auf ihre Legitimität und empirische Triftigkeit zu überprüfen (vgl. Meyer 1980).

- Der Lehrer vertritt den Schülern gegenüber öffentliche Ansprüche an die heranwachsende Generation. Er muss das gesellschaftlich notwendige Wissen vermitteln. Aber er ist zugleich Anwalt der Schüler. Er verteidigt deren Eigenrechte gegenüber den öffentlichen Ansprüchen.
- Der Lehrer soll die Schüler zur Autonomie erziehen, aber er handelt im institutionellen Rahmen der Schule, der ihn zwingt, immer wieder Vorschriften zu machen.
- Der Lehrer soll jedem einzelnen Schüler zu seinem Recht verhelfen, aber er muss immer auch die ganze Klasse/die Lerngruppe führen.

Die genannten Paradoxien sind für Lehrer und Lehrerinnen eigentlich nichts Neues (vgl. Feindt 2000).[7] Nur der Soziologe Oevermann verkauft sie uns so, als ob sie nur durch größte Anstrengung der soziologischen Fantasie ermittelt werden konnten. Ich fasse in eigenen Worten zu einer dialektischen These zusammen (vgl. S. 57):

These 11:

Der Lehrer hat die Aufgabe, seine Schüler mit Liebe, Verständnis und Gewalt[8] zur Selbstständigkeit zu erziehen.

Aus diesen Vorüberlegungen lässt sich ein strukturtheoretischer Professionalitätsbegriff herleiten:

Arbeitsdefinition 4:

Die Professionalität des Lehrerhandelns besteht in der Fähigkeit,

(1) die widersprüchliche Grundstruktur der Lehrer-Schüler-Interaktion zu durchschauen,
(2) die daraus erwachsenden Paradoxien auszuhalten und
(3) die Folgen für die Schüler und für sich selbst auszubalancieren.

7 Meine zur Vorbereitung dieses Vortrags durchgeführten Interviews mit Lehramtsstudierenden und Referendaren haben – wenig überraschend – ergeben, dass die Einsicht in paradoxale Strukturen sich für sie *fast ausschließlich* an zwei Problemen festmachten: an Disziplinfragen und an der Leistungsbeurteilung.

8 zur Erläuterung des Gewaltbegriffs siehe Meyer 1997, Bd. 1, S. 50

Die Professionalität des Lehrers hat mithin zwei Seiten. Sie besteht aus seiner Reflexionskompetenz einerseits, aus der korrespondierenden Handlungskompetenz andererseits:

- *Reflexionskompetenz* hat wiederum zwei Dimensionen. Sie bezeichnet einmal die Fähigkeit, sich wissenschaftliches Wissen anzueignen und dessen universalen („objektiven") Wahrheitsanspruch zu erkennen; dazu sagt Oevermann auch „Wissenschaftsverstehen". Sie besteht zweitens aus der Fähigkeit, jedem einzelnen Schüler gerecht zu werden; Oevermann spricht hier vom „Fallverstehen". Dafür sind hermeneutische Methoden erforderlich. Eine angemessene Klärung ist dann erreicht, wenn der Lehrer den objektiven Gehalt im subjektiven Sinn der Aussagen und Verhaltensweisen der Schüler erkannt hat. Der Lehrer macht eine „stellvertretende Deutung" des Schülerhandelns. Ich illustriere mit einer kleinen Grafik:

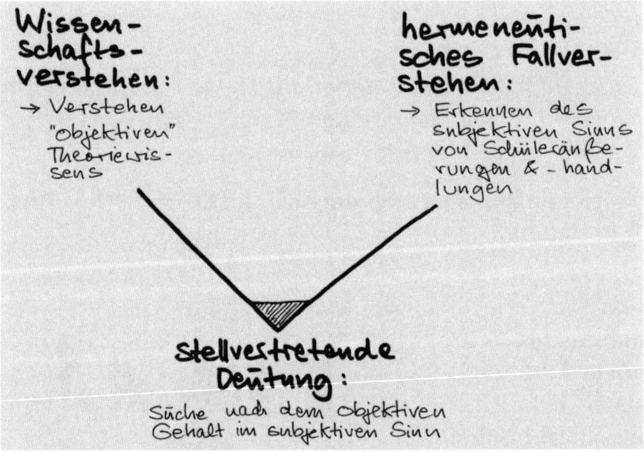

Wissenschaftsverstehen und Fallverstehen

- *Handlungskompetenz* ist erforderlich, um die gewonnenen Einsichten in praktisches Handeln umzusetzen. Oevermann skizziert dazu ganz knapp sein an Sokrates, Montessori und Wagenschein angelehntes Konzept einer „mäeutischen Pädagogik". Der Lehrer soll den Schülern beim Lernen Geburtshilfe geben – so, wie die Hebamme einem Kind zur Welt verhilft. Er schlägt zweitens vor, die *Schulpflicht abzuschaffen* und stattdessen „pädagogische Arbeitsbündnisse" mit den Schülern einzugehen.

Ich will versuchen, Oevermanns komplexe und unanschauliche Begrifflichkeit an der Unterrichtsszene „Jessica auf dem Schrank" zu erläutern:

Die Studentin Carola musste sich im *Fallverstehen* üben:

- Warum klettert Jessica auf den Schrank?
- Wie kann die von ihr vorgebrachte Erklärung „Mathe ist langweilig“ gedeutet werden?
- Wie könnte Jessicas „objektive“ Botschaft lauten? Zum Beispiel: „Ich will die Lehrerin ganz für mich allein?“

Carola könnte sich in einer nachfolgenden Reflexionsphase im *Wissenschaftsverstehen* üben und nach einer Bestätigung oder Falsifikation ihres Fallverstehens suchen:

- Sie könnte z. B. Carol Gilligans Buch „Die verlorene Stimme“ heranziehen und sagen: „Damit das Mädchen Jessica lernt, auch in der Pubertät ihre Stimme zu behalten, muss ich sie jetzt in ihrem Eigenwillen stützen.“
- Sie könnte das Buch von Jan-Uwe Rogge „Kinder brauchen Grenzen“ lesen und sich überlegen, wie sie für Jessica „verkraftbare“ Grenzen zieht.

Wie immer sich Carola entscheidet – sie bleibt in die *Paradoxien* des Lehrerhandelns verstrickt:

- Die Nähe, die sie zu Jessica herstellt, schafft zwangsläufig für den Rest der Unterrichtsstunde größere Distanz zu den anderen Schülern.
- Die „Extrawurst“, die Carola der Schülerin Jessica gönnt, bringt die „Gerechtigkeitsbalancierung“ aus dem Lot. Wie soll sich Carola verhalten, wenn sich Jens und Jakob die nächsten Extrawürste nehmen?

Sie könnte sich Gedanken über *Balancierungsübungen* machen:

- Sie könnte Spielregeln für Auszeiten und Extrawürste einführen, später vielleicht auch die Klassengemeinschaft so weit festigen, dass die Schüler die Spielregeln von sich aus einführen und ihr Einhalten kontrollieren.

Im Prinzip müssten sich die von Oevermann, Helsper, Combe und anderen Strukturtheoretikern herausgearbeiteten Paradoxien des Lehrerhandelns in jeder Minute jedes x-beliebigen Unterrichts nachweisen lassen. Dennoch, sagt Oevermann, sei die große Mehrzahl der Lehrer und Lehrerinnen auf Grund schwer wiegender theoretischer Defizite und schulpraktischer Fehlentwicklungen dazu nicht in der Lage:

- Als wichtigstes theoretisches Defizit bezeichnet er die mangelhafte Reflexionskompetenz der Mehrzahl der Lehrer;
- als wichtigstes schulpraktisches Hindernis bezeichnet er die oben bereits erwähnte gesetzliche Schulpflicht, weil sie die „therapeutische", auf Vertrauen und Freiwilligkeit setzende professionelle Lehrer-Schüler-Beziehung zerstört oder zumindest beschädigt.

Einig sind sich die Strukturtheoretiker in der Einschätzung, dass ein Nichtdurchschauen der Widersprüchlichkeit des Lehrerhandelns fatale Folgen hat. Es führt zu falscher Nähe und zu missverständlicher Liebe, zu nicht einlösbaren Machbarkeitsfantasien und Technologiehoffnungen, vor allem aber zu der oben schon kritisierten Hoffnung, „die Theorie" könne Rezepte für die Bewältigung des Einzelfalls liefern.

Uneins sind sich die Strukturtheoretiker in der Frage, welches Niveau der Professionalisierung die Lehrerschaft der Bundesrepublik Deutschland zurzeit erreicht hat. Während der Soziologe Oevermann die oben skizzierte skeptische Position bezieht, geht die Mehrzahl der diesem Ansatz verpflichteten Erziehungswissenschaftler von deutlich optimistischeren Einschätzungen aus:

- Sie weisen Meister Oevermann an zentraler Stelle seines Theorieansatzes einen Kategorienfehler nach. Es ist nicht plausibel, das Lehren und Lernen aus dem Arzt-Patienten-Verhältnis herzuleiten (vgl. Wagner 1998, S. 166).[9]
- Sie bosseln mit Kraft und Fantasie an einer *pädagogischen* Professionalisierungstheorie, die nicht mehr am Leitbild des Therapeuten, sondern am Leitbild eines „lernenden Lehrers" orientiert ist (vgl. Dirks/Hansmann 1999).

Ich teile diese Kritik:

These 12:

Lehren und Lernen stellen eine eigenständige Kategorie menschlicher Praxis dar. Sie lässt sich nicht aus dem „therapeutischen Arbeitsbündnis" von Arzt und Patient bzw. Therapeut und Klient herleiten.

9 Oevermanns irritierende These, die Sonderschullehrer seien die professionalisiertesten Lehrer, weil sie ihre Klienten nicht wie die Gymnasial-, Realschul- oder Hauptschullehrer im Fall des Scheiterns an die nächst „niedrigere" Schulform abgeben können (Oevermann 1996, S. 151), ist dann ebenfalls nicht mehr schlüssig.

2.4 Die fehlende didaktische Rahmung des strukturtheoretischen Ansatzes

Der Soziologe Ulrich Oevermann liest uns Pädagogen in seinen Aufsätzen zur Professionalisierungsproblematik die Leviten. Das ist erfrischend und das tut uns sicherlich auch gut. Es erlaubt uns, einen Perspektivenwechsel hin zu den gesellschafts- und erkenntnistheoretischen Grundlagen der Lehrer-Schüler-Interaktion vorzunehmen. Dies darf aber nicht heißen, dass seine vielfältigen Aussagen zur Didaktik, zur Schul- und Unterrichtswirklichkeit ungeprüft hinzunehmen sind.[10]

Ich kritisiere an Oevermanns grundlegendem Aufsatz „Theoretische Skizze einer revidierten Theorie professionalisierten Handelns" (1996),

- dass er bei der Ableitung der Strukturlogik der Lehrer-Schüler-Interaktion aus dem Arzt-Patienten-Verhältnis den oben schon markierten *Kategorienfehler* macht;
- dass er die Frage nach der Reflexionskompetenz von Lehrern stark ausleuchtet, aber die Frage nach der Struktur und der Genese der *Handlungskompetenzen* von Lehrern weitgehend unbeachtet lässt;
- dass er mit seinem Konzept der *„stellvertretenden Deutung"* des Schülerhandelns eine Deutungsüberlegenheit des Lehrers postuliert, die ich nicht teile;
- dass er naive Erwartungen über die Verbesserung der Lehrer-Schüler-Beziehung nach Aufhebung der gesetzlichen *Schulpflicht* hegt;
- dass er die Motivationsmächtigkeit des von ihm vorgeschlagenen *„pädagogischen Arbeitsbündnisses von Lehrer und Schülern"* überschätzt;
- dass er in seinem Konzept der „mäeutischen Pädagogik" von einem *verkürzten Unterrichtsbegriff* ausgeht, der die frontale Verständigung über den Sinn von Unterrichtsinhalten in den Mittelpunkt rückt, aber die Möglichkeiten eines stärker individualisierenden Unterrichts (z. B. in Form von Wochenplanarbeit und Freiarbeit) und einer stärker handlungsorientierten und projektförmigen Unterrichtspraxis außer Acht lässt;
- dass er bei der Ableitung der Lernmotivation aus dem „Leidensdruck des Patienten" (a.a.O., S. 152) zwar die Neugierde und den Wissens-

10 Schon 1806 hatte Johann F. Herbart in seiner „Allgemeinen Pädagogik" vor den „fremden Eroberern" gewarnt, die in die Pädagogik einbrächen, aber nicht in der Lage seien, „einheimische Begriffe" dieser Disziplin zu bilden. Die Professionalisierungsdebatte erinnert an diesen Konflikt: So wird ein dialektisches Interaktionskonzept neu entwickelt, ohne dessen lange didaktische Tradition zur Kenntnis zu nehmen.

drang des Kindes ansetzt, aber den seit Schleiermachers Pädagogischen Vorlesungen von 1826 bekannten *Spieldrang* außer Acht lässt;[11]

- dass er die Frage nach der *„Professionalität"* von Schülern überhaupt nicht sieht und nicht fragt, welche didaktisch-methodischen Kompetenzen Schüler entwickeln können;
- dass er mit seiner Kritik an der lernzielorientiert-technologischen Didaktik der 70er-Jahre offene Türen einrennt und dass sein Urteil, diese „Trichterpädagogik" der 70er sei herkömmliche Unterrichtspraxis, in der Sache nicht zutrifft und die vielfältigen Anstrengungen zur Öffnung und Verlebendigung des Unterrichts außer Acht lässt und
- dass seine Vorschläge zur Neukonzeption eines *Lehrerbildungscurriculums* im Blick auf seine Prämissen plausibel sein mögen, aber in der Sache weltfremd sind. Die Lehrer sollen in ihrem Studium just das tun, was Oevermann selbst am besten kann: Sie sollen lernen, Unterricht mit Hilfe ihres „gesunden Menschenverstands" zu interpretieren und zu diesem Zwecke Fallstudien machen.[12] Wie daraus didaktisch-methodische Handlungskompetenz erwachsen soll, bleibt ungeklärt.

Es fällt auf, dass Oevermanns Hinweise zur Didaktik spärlich und eher zufälliger Art sind.[13] Das Wort selbst wird von ihm soweit möglich vermieden, auch wenn es der Sache nach um didaktische Fragen geht.

---

11 Schleiermacher hatte gefordert, das Lernen „aus dem Spielen herzuleiten", weil so die in der Schule übliche, ethisch inakzeptable „Aufopferung" der Kindheit der Schüler für ein fernes und ungewisses Erwachsenenleben vermieden werden kann.

12 Es fehlt in Oevermanns Vorschlägen zur Lehrerbildung der am nächsten liegende Curriculum-Baustein, nämlich die Ausbildung in der Allgemeinen Didaktik und in den Fachdidaktiken. Merkwürdig angesichts der an anderer Stelle geführten harten Kritik an den Reflexionsdefiziten ist für mich auch Oevermanns großes Vertrauen in den „gesunden Menschenverstand" und die „Dignität der naturwüchsigen Interpretationsfähigkeit" der Lehrer und Lehrerinnen. Oevermann schreibt 1996, S. 161: *„Der Lehrer muss ... seinen gesunden Menschenverstand walten lassen bei der aufmerksamen und neugierigen Beobachtung des Schülerhandelns, aber er soll nicht permanent in der Erwartung versteckter neurotischer Dispositionen interpretieren und braucht es auch nicht.* Entsprechend muss seine Ausbildung nicht der eines Therapeuten vergleichbar aus einer analog zu einer Lehranalyse operierenden weit reichenden Aufdeckung des eigenen Unbewussten bestehen. *Vielmehr reicht es, die Dignität der naturwüchsigen Interpretationsfähigkeit und Intuition zu stärken gegen eine mechanische Subsumtion unter szientistische Prozeduren und Methoden. Der Lehrer muss geübt und gewöhnt sein, den Schüler ernst zu nehmen und auf die detaillierte Beobachtung seines Handelns zu vertrauen.* Das geschieht am besten in der Kombination mit einer starken Komponente fallexemplarischer und fallbezogener Aufschließung von Materialien aus der Unterrichtspraxis in der Lehrerbildung. Des Weiteren wird eine gute Kenntnis der Entwicklungspsychologie sehr nützlich sein."

13 So nennt Oevermann als Vorbilder für seine mäeutische Pädagogik (die eigentlich eine Didaktik ist!) die Autoren Montessori, Wagenschein und Bauersfeld. Ein nahe liegender Hinweis auf John Dewey mit seinem Konzept des Unterrichts als „negotiating of meaning"

Kern des Dissenses bleibt für mich die Frage, ob es Unterricht geben kann, der ausschließlich auf einer freiwilligen Vereinbarung beruht – so, wie der Patient freiwillig zu dem Arzt seines Vertrauens geht. Oevermann zitiert zur Stützung seiner Position den Ausspruch einer Schülerin Maria Montessoris „Hilf mir, es selbst zu tun“. Ich meine, dass der Satz durch seine logische Widersprüchlichkeit die praktische Paradoxie einer auf Selbstständigkeit ausgerichteten Pädagogik sehr schön spiegelt. Aber dies darf nicht darüber hinwegtäuschen, dass jeder, der lehrt, zugleich auch lenkt, dass er über Lernorte und Zeiten verfügt, Zensuren gibt, lobt und tadelt. Wer lehrt, muss nicht nur auf Grund der „heteronomen“ institutionellen Rahmenbedingungen von Schule und Unterricht, sondern auf Grund der „inneren“ Strukturlogik von Lehr-Lern-Prozessen Liebe walten lassen, aber auch Gewalt ausüben. Das ethisch gebotene Ziel, beim Lernen auf jeden Zwang zu verzichten, ist nicht die „Eintrittskarte“ für die Herstellung einer befriedigenden Lehrer-Schüler-Beziehung, sondern Ziel und Ergebnis professioneller Interaktion. Ich fasse die Kritik am strukturtheoretischen Ansatz (in der von Oevermann vorgestellten Fassung) zusammen:

These 13:
Es ist nicht möglich und auch nicht sinnvoll, das Lehrerbildungscurriculum aus der soziologischen Professionalisierungstheorie abzuleiten.

Unterricht ist mehr als die von Ulrich Oevermann geforderte sprachliche Verständigung über die objektive Bedeutung des subjektiven Sinns der Schülerhandlungen. Deshalb ist es erforderlich, eine didaktische Rahmung (und nicht nur eine Ergänzung) der Professionalisierungstheorie vorzunehmen.

2.5 Überblick

Auf der nächsten Doppelseite habe ich die m. E. wichtigsten deutschsprachigen professionstheoretischen Ansätze in einer Tabelle geordnet. Die Tabelle ist von links nach rechts chronologisch geordnet. Ganz rechts

fehlt. So fordert Oevermann, das seit Rousseaus „Emile“ in der Pädagogik bekannte „Arbeitsbündnis“ nicht nur mit einzelnen Schülern, sondern mit dem ganzen Klassenverband einzugehen. Der nahe liegende Rekurs z. B. auf Lothar Klingbergs Konzept des „kollektiven Subjekts im Unterricht“ fehlt (vgl. Klingberg 1990, S. 154–157; vgl. Jank/Meyer 1991, S. 280).

Professionstheoretische Positionen

professionstheoretische Ansätze (z.T. mit selbst ausgedachten Namen)	**berufssoziologischer Ansatz**	**funktio listisch Ansatz**
Autoren	• Döring (1970) • Hoyle (1982) • Schwänke (1988)	• Parso (1965) • Etzio
Professionalitätsverständnis	Nicht der/die Einzelne professionalisiert sich, sondern der Berufsstand insgesamt	solidar sche Hi stellung bei schw wiegen Problem
Leitbild	klassische Professionen	Arzt-Pa entenve hältnis
Kritik	• fehlende "Aufgabenorientierung" • z.T. naives Theorie-Praxis-Verständnis	untersch lichste P fessione werden "über ei Kamm" g schert.

Die Lehrberufe werden
hand pauschalierender Kri-
rien als "semiprofessionell" kritisie

ourdieus
bitus theorie

biografie- und kompetenztheoret. Ansätze

struktur-theoretische Ansätze	pädagogische Ansätze	schultheoretischer Ansatz
Oevermann (1996) Helsper (1996) Combe/Buchen (1996) Schütze (1996)	• Dewe/Ferchhoff/Radtke (1992) • Wagner (1998) • Dirks/Hansmann (1999)	• Clark/Peterson (86) • Zech (1999) ?
ellvertretende Deũung des obktiven Sinns dagogischer ituationen	soziologisch aũfgeklärte Selbstforschung zum Umgang mit paradoxalen Situationen	selbstreflexive Schũl- und Unterrichtsgestaltung ?
herapeũt	der reflektierende Didaktiker	?
hlende diktische Rahmung; ategorienhler in der leitung des -S-Verhältnisses	fehlende (?) schũltheoretische Rahmung	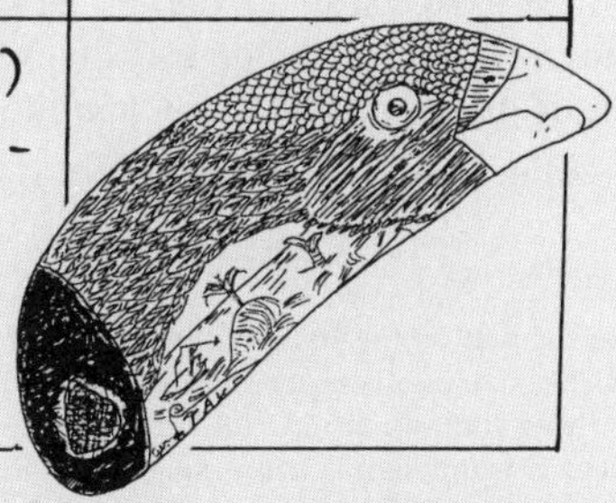

Die Lehrberufe sind im Prinzip professionalisierbar und -bedürftig, de facto aber noch nicht so weit.

handelt es sich um so etwas wie eine Hochrechnung denkbarer zukünftiger Theorieentwicklung.[14] Die im Schema genannten Autorennamen finden Sie im Literaturverzeichnis wieder.

Bei der Anlage der Tabelle unterstelle ich – mit Una Dirks –, dass die Professionalisierungstheorie wissenschaftstheoretisch betrachtet eine *Metatheorie* ist. Sie liefert den Rahmen, der weiterentwickelt werden muss, indem er relevante Forschungsansätze (z. B. die strukturtheoretische Handlungstheorie, biografie- und kompetenztheoretische Ansätze) in sich aufnimmt und produktiv weiterentwickelt. So könnte mit der Zeit eine professionstheoretisch begründete (und dadurch deutlich illusionsärmere) Didaktik entwickelt werden, die über die triviale Aussage, ein professioneller sei ein „guter Lehrer", hinauskommt.[15]

These 14:

Die pädagogische Professionalisierungsforschung ist geeignet, eine empirisch gehaltvolle Grundlage für die Erarbeitung einer neuen, illusionsärmeren Alltagsdidaktik zu liefern.

Im Folgenden will ich versuchen, erste Überlegungen zu der in Abschnitt 2.4 geforderten didaktischen Rahmung der Professionalisierungstheorie zu formulieren.

3 Entwicklungsaufgaben

3.1 „Entwicklungsaufgabe" als Schlüsselbegriff

Der Begriff „Entwicklungsaufgabe" ist m. E. gut geeignet, zum Schlüsselbegriff einer professionalisierungsorientierten Lehrerbildung zu werden:

- Die im schulischen Alltag zu lösenden Aufgaben werden immer anspruchsvoller und unübersichtlicher.

14 Den „schultheoretischen Ansatz" gibt es bis auf erste Vorarbeiten noch gar nicht. Ich zähle dazu z. B. die Arbeiten von Arno Combe/Sylvia Buchen (1996) und Rainer Zech (1999). Ein solcher Ansatz hat aus zwei Gründen Sinn. Erstens gehört es immer mehr zu den Aufgaben eines professionellen Lehrers, sich an der Schulentwicklung zu beteiligen; zum Zweiten gibt es Strukturähnlichkeiten zwischen der Professionalisierungsdebatte und der Schulentwicklungsdiskussion. In beiden Diskursen wird mehr Autonomie gefordert; das Professionalisierungsleitbild des „reflektierenden Praktikers" zeigt große Ähnlichkeiten zum Leitbild der „selbstreflexiven" oder der „lernenden Schule".

15 In diese Kritik schließe ich meine eigenen, 1997 veröffentlichten Überlegungen ein (vgl. Meyer 1997, Bd. 2, S. 34–44).

- Nicht alles, was im Berufsalltag gewusst und gekonnt werden muss, kann schon im Studium und Referendariat vermittelt werden.

Dies legt nahe, das lebensbegleitende Lernen schon im Studium zum Thema zu machen und sich selbst Entwicklungsaufgaben zu setzen. Jeder Student hat „im Prinzip“ eine lange Latte solcher Aufgaben zu bewältigen. Sich ganz bewusst für eine oder zwei davon zu entscheiden, ist m. E. der erste Schritt zur Professionalisierung.

Arbeitsdefinition 5:

Eine Entwicklungsaufgabe eines Studenten, eines Referendars oder Lehrers ist eine biografisch bedeutsame und subjektiv als notwendig empfundene Herausforderung zum Aufbau didaktisch-methodischer Handlungskompetenz.

Was ist mit „biografisch bedeutsam“ gemeint? Wir tragen unsere eigene Lerngeschichte mit uns herum. Sie ist unseren Augen, unseren Fingerspitzen, unserem Lachen und Weinen abzulesen. (Und die meisten Schüler sind Weltmeister im Dekodieren dieser Körpersprache!) Unsere Lernbiografie steuert unser Denken, Fühlen und Handeln sehr viel nachdrücklicher als die hin und wieder erfahrenen theoretischen Belehrungen. Deshalb ist es für jede pädagogische Arbeit unverzichtbar, die eigene Lernbiografie bewusst zu machen und ihre Konsequenzen für das eigene Methoden- und Handlungsrepertoire zu durchdenken.

Arbeitsdefinition 6:

Biografische Kompetenz besitzt ein Lehrer, wenn er auf der Grundlage selbstreflexiv erworbenen Wissens über die eigene Lern- und Lebensgeschichte sein aktuelles pädagogisches Handeln kritisch reflektiert und die Reflexion zur Weiterentwicklung seiner Handlungskompetenzen nutzt.

Wer diese Fähigkeit hat, kann das eigene Weiterlernen viel bewusster steuern, weil er ein eigenes Leitbild für den Lehrerberuf erarbeitet hat. Er kann sich selbst Entwicklungsaufgaben setzen und sich dadurch von seinen Ausbildern und Vorgesetzten ein Stück weit emanzipieren.

Ich schlage vor, den folgenden, theoretisch eher schlichten „Entwicklungswürfel“ als kategorialen Rahmen für die Arbeit an Entwicklungsaufgaben zu nehmen:[16]

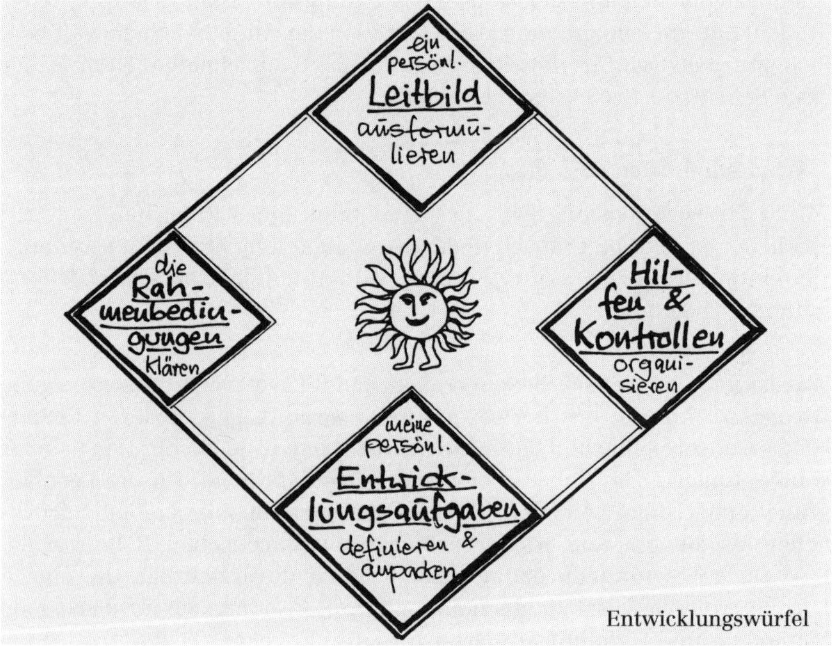

Entwicklungswürfel

Die vier Ecken des Würfels symbolisieren das Spannungsfeld, in dem sich der Aufbau professioneller Reflexions- und Handlungskompetenz bewegt. Dabei gehe ich davon aus, dass alle vier Ecken irgendwann einmal präzise aufgearbeitet werden müssen, dass es aber keine logisch zwingende Abfolge gibt:

- Ich kann, aber ich muss nicht mit dem Ausformulieren meines Leitbilds beginnen.
- Mindestens so sinnvoll, wenn nicht noch näher liegend ist es, zwei oder drei Entwicklungsaufgaben zu definieren, auszudifferenzieren und dann beharrlich an ihnen zu arbeiten.
- Ich muss klären, welche Hilfen ich benötige, um meine Entwicklungsaufgaben zu bewältigen. Dies ist auch deshalb notwendig, weil in den meisten Hilfsangeboten zugleich eine Kontroll-Zumutung steckt. Dies

16 Es handelt sich um eine Variation des „Schulentwicklungswürfels“ (vgl. S. 156 in diesem Band).

ist in der ersten und zweiten Phase eine Selbstverständlichkeit. Spätestens in der dritten Phase wird daraus ein Problem.

Es herrscht kein Mangel an denkmöglichen Entwicklungsaufgaben. Aber eines muss klar sein:

These 15:

Entwicklungsaufgaben können nicht allgemein gültig definiert werden.

Sonst wären sie ja kein Dokument eines persönlichen Entwicklungsprozesses. Dies heißt nicht, dass sie beliebig gewählt werden können. Sie werden durch das konkrete Aufgabenfeld, um das es geht, vorstrukturiert.

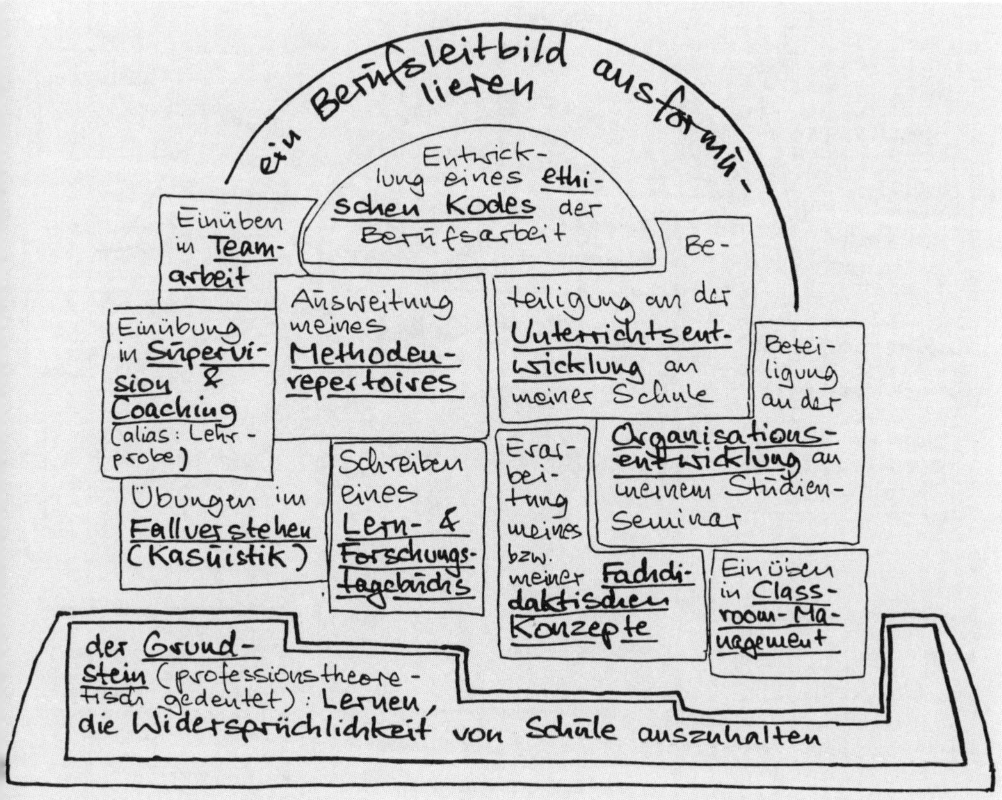

Entwicklungsaufgaben

3.2 Ein Autorenleitbild: der Reflektierende Didaktiker

Ein professioneller Lehrer ist in der Lage seine tägliche Arbeit

- selbstständig und auf wissenschaftlicher Grundlage,
- in Kooperation mit Kollegen und Eltern,
- unter Beachtung der widersprüchlichen Ziele von Schule und
- auf der Grundlage einer eigenen Berufsethik zu erfüllen
- und sein Handeln vor der Öffentlichkeit darzustellen und zu begründen.

Dafür benötigt er eine Reihe von Kompetenzen, die ich in Anlehnung an Donald Schöns Begriff des „Reflective Practitioner“ (1983) im Leitbild des *Reflektierenden Didaktikers* zusammenfasse:

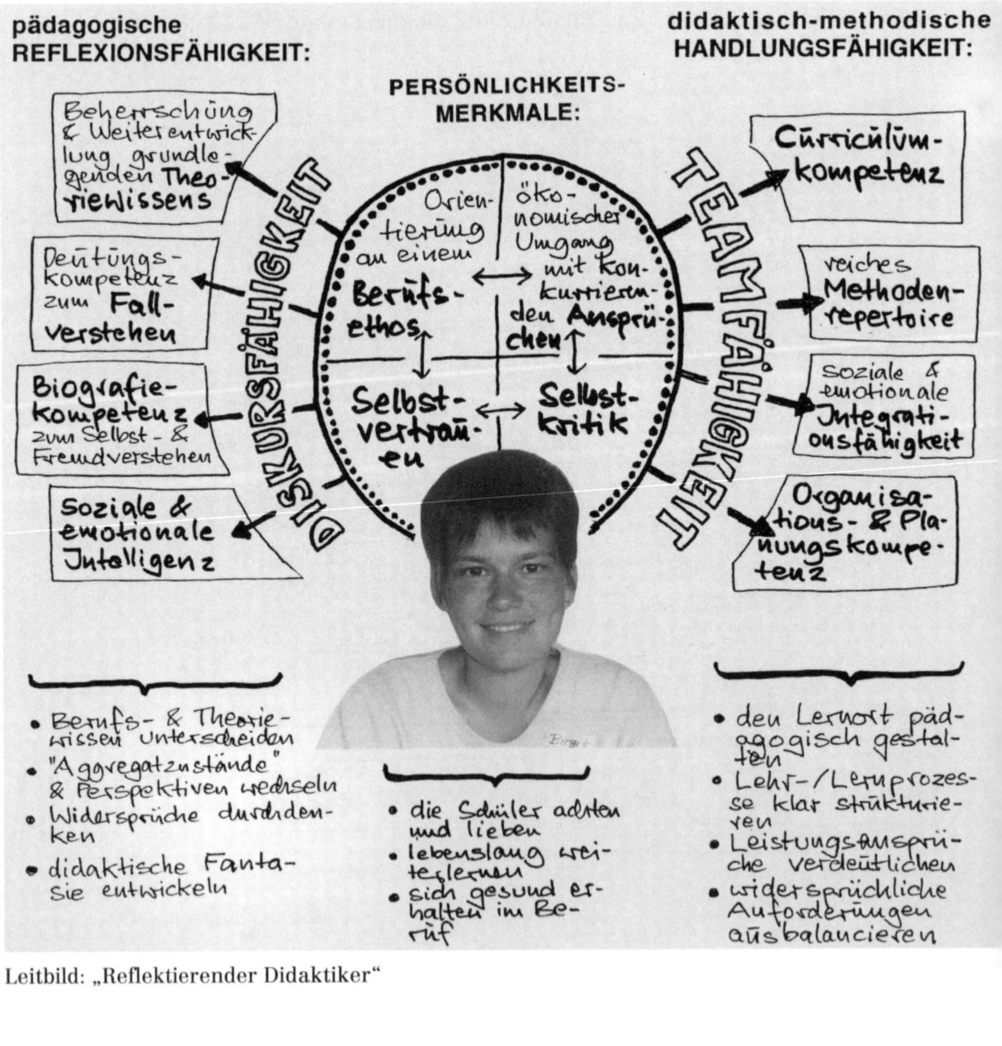

Leitbild: „Reflektierender Didaktiker“

Im Folgenden werden die wichtigsten Begriffe der Abbildung kurz erläutert. (Die Ausführungen zum Berufsethos folgen in Abschnitt 3.5.)

(1) *Selbstvertrauen*
Professionelle Lehrer und Lehrerinnen haben einerseits das Selbstvertrauen, der richtige Mensch am richtigen Platz zu sein, andererseits aber auch ein kritisches Verhältnis zu ihren eigenen Erfahrungen. Sie verstehen es, Wunsch und Wirklichkeit, Selbstbild und Fremdbild zu unterscheiden. Sie haben im Blick, dass jede zu lösende Aufgabe bestimmte Kosten an Zeit, Liebe und Kraft verursacht.

(2) *Selbstkritik*
Die Fähigkeit zur Selbstkritik ist eigentlich das wichtigste Merkmal von Professionalität überhaupt. Damit ist aber nicht dumpfe Skepsis gegenüber eigenen Leistungen gemeint, sondern die Fähigkeit und Bereitschaft, wirkliche Erfahrungen zu machen. Das ist schwierig, weil sich der Lehrer in einer Doppelrolle bewegt. Er muss zeitgleich als Lehrer handeln und sich dabei in der Interaktion mit den Schülern beobachten. (Das müssen juristische, medizinische oder technische Experten nicht – Psychologen stehen jedoch vor demselben Problem.) Professionelle Lehrer sind deshalb an Supervision interessiert und befragen ihre Schüler in regelmäßigen Abständen, ob das, was sie treiben, bei ihnen so angekommen ist, wie sie es sich erhofft haben.

(3) *Theoriewissen,*
(4) *Fallverstehen* und
(5) *Biografische Kompetenz*
Was damit gemeint ist, habe ich bereits in den vorhergehenden Abschnitten skizziert. Es reicht nicht aus, für alles und nichts eine kluge theoretische Erklärung zu haben (die dann oft genug zu Scheinerklärungen nach dem Muster „Hauptschüler sind eben so" werden). Nötig ist, die Lern- und Lebenssituation des einzelnen Schülers (den „Fall", wie Oevermann im Anschluss an die Psychotherapie sagt) mit ihren wichtigsten Voraussetzungen und Konsequenzen zu durchdenken. Und für dieses Durchdenken benötige ich auto- und fremdbiografische Kompetenz.

(6) *Soziale und emotionale Intelligenz*
Ich meine damit die Fähigkeit eines Lehrers, den sozialen Rahmen für das gemeinsame Lernen zu schaffen, und die Bereitschaft, in der Face-to-face-Kommunikation mit den Schülern die eigenen Gefühle zu zeigen und ihre Wirkung pädagogisch zu reflektieren und zu nutzen.

(7) *Kooperationsfähigkeit*
Kooperationsfähigkeit ist die zentrale Voraussetzung zur Teamarbeit. Sie ist angesichts der Einsamkeit des Lehrerberufs oft verschüttet, kann aber sicherlich bei vielen wieder freigelegt werden.

(8) *Integrationsfähigkeit*
Die soziale und emotionale Integrationsfähigkeit ist das unterrichtspraktische Pendant zur Kooperationsfähigkeit. Es reicht nicht aus, mit den Kollegen alles besprechen zu können. Ein professioneller Lehrer muss auch in der Lage sein, eine pädagogische Atmosphäre im Klassenzimmer herzustellen, soziale Konflikte unter den Schülern früh zu erkennen und zu bearbeiten, Außenseiter zu integrieren und das Gemeinschaftsleben zu gestalten.

(9) *Curriculumkompetenz*
Damit meine ich die Fähigkeit, die Wechselwirkungen von Ziel-, Inhalts-, Methoden- und Organisationsentscheidungen zu durchschauen, Prioritäten zu setzen und Entscheidungen zu treffen. Es geht also darum, aus den Richtlinien und Schullehrplänen den „persönlichen Lehrplan" (s. o., Seite 160) zu machen, der dann zur zügigen Vorbereitung, Durchführung und Auswertung des eigenen und des im Team gegebenen Unterrichts dient.

(10) *Reiches Methodenrepertoire*
Jeder Lehrer entwickelt über kurz oder lang sein persönliches Methodenrepertoire. Es ist nötig, dieses Repertoire behutsam, aber kontinuierlich weiterzuentwickeln, weil sich die Aufgaben, die mit diesem Repertoire zu bewältigen sind, ebenfalls kontinuierlich verändern.

(11) *Schulentwicklungskompetenz*
Ein Lehrer muss nicht nur unterrichten, er muss auch erziehen, beurteilen, beraten und organisieren; er muss sich als Sozialarbeiter, manchmal sogar als „streetworker" betätigen und an diesem oder jenem Schulentwicklungsprojekt teilnehmen. Dafür benötigt er eine grundsätzliche Einsicht in gesellschaftspolitische und ökonomische Prozesse, die den Wandel der Schule herbeiführen, sowie praktische Kompetenzen zur Gestaltung von Schulentwicklung (Moderationstechniken, Techniken der Gesprächsführung, Computer- und Internet-Kenntnisse, Dokumentationstechniken usw.).

(12) *Exkurs: Nutzung einer Berufssprache*
Den Lehrern und Lehrerinnen wird von anderen Professionen und zum Teil auch von den Wissenschaftlern vorgehalten, dass sie noch keine eigene Berufssprache entwickelt hätten. Oberflächlich betrach-

tet ist dies richtig. Bei genauerem Hinsehen wird aber deutlich, dass die Frage komplizierter ist als in den meisten anderen Berufen:

- Wenn Ärzte ein für den Patienten unverständliches Kauderwelsch reden, so ist dies sehr ärgerlich, aber es gefährdet nur in Ausnahmefällen die richtige Diagnose und die Heilung.
- Wenn Lehrer vor ihren Schülern und den Eltern Kauderwelsch reden, so gefährdet dies die professionelle Berufsausübung unmittelbar.
- Die Lehrersprache muss also „anschlussfähig" an die Alltagssprache bleiben, ohne den Theoriehintergrund völlig auszublenden.

So weit meine Skizze des Leitbilds eines *Reflektierenden Didaktikers*. Eigentlich ist es schon wieder viel zu anspruchsvoll – ein „Gutwetter-Leitbild", das im kruden Alltag schnell Schaden nehmen kann. Aber es ist nicht als Drohung, sondern als „Steinbruch" für kluge Ideen zur Weiterarbeit am eigenen pädagogischen Konzept gedacht:

These 16:
Lehrerleitbilder leben, wenn sie denn leben, vom sanften Unterschied zwischen Anspruch und Wirklichkeit.

3.3 Ein persönliches Leitbild: Löwenzahn

Autorenleitbilder wie das des Reflektierenden Didaktikers liefern *nicht mehr als eine Interpretationsfolie.* Entscheidend ist das von den Studierenden, den Referendaren und berufserfahrenen Lehrern selbst erarbeitete persönliche Leitbild. Ein solches Leitbild ist Teil der subjektiven Theorie, die in der beruflichen Sozialisation aufgebaut wird. Die Abbildung von Seite 236 zeigt das Leitbild der Oberhausener Referendarin Claudia Est.

Das persönliche Leitbild steuert das Denken, Fühlen und Handeln im Unterricht sehr viel nachdrücklicher, als jedes Autorenleitbild. Es ist *der* zentrale Teil des Berufswissens. Deshalb muss es – wenn die Forderung nach der Professionalisierung des Lehrerhandelns Sinn haben soll – bewusst gemacht und an bestimmten professionellen Kriterien überprüft werden:

- Ein Leitbild sollte *realistisch* sein, aber es muss eine Entwicklungsperspektive enthalten.
- Es sollte einen *pädagogischen* Optimismus ausstrahlen, weil anders die Lehraufgaben nicht zu bewältigen sind.

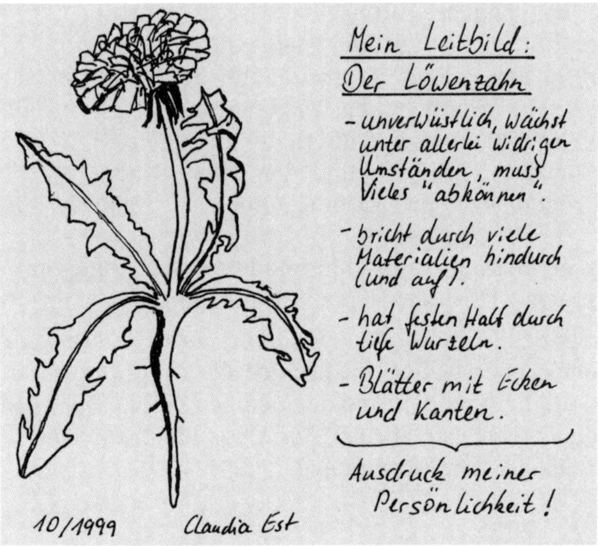

Persönliches Leitbild

- Es muss basalen *fach- und allgemeindidaktischen Ansprüchen* genügen, weil sonst der Bildungsauftrag der Schule nicht zu sichern ist.
- Im Leitbild sollte ein *ethischer Kode* enthalten sein, der an den europaweit gültigen Normen der Achtung des Individuums, der Aufklärung, der Demokratie und der Solidarität orientiert ist.

These 17:

Ein Leitbild ist nie fix und fertig. Es muss sich im Prozess der beruflichen Sozialisation weiterentwickeln.

Ein persönliches Leitbild kann auch „Rost" ansetzen, wenn die Differenzen zu dem, was man Tag für Tag tut, immer offensichtlicher werden und keine Perspektiven zur Verringerung der Differenzen in Sicht sind.

3.4 Arbeit am pädagogischen Selbstkonzept

Am Oberhausener Studienseminar für die Sekundarstufe I ist die Praxis der Referendarsausbildung in den letzten zehn Jahren Schritt für Schritt in Richtung auf ein „biografieorientiertes" Konzept verändert worden.[17]

17 Insofern wird das vorweggenommen, was in der Empfehlung der Terhart-Kommission zur Reform der Lehrerbildung gefordert wird (vgl. Terhart 2000).

Die Referendare und Referendarinnen müssen sich selbst erklären, statt den Vorgaben der Fachseminarleiter zu lauschen. Sie müssen offen legen, nach welchem Leitbild, nach welchem Fachkonzept und mit welchem Methodenrepertoire sie ihren Unterricht gestalten wollen. Dafür ist der Begriff „Pädagogisches Selbstkonzept" (PSK) geprägt worden (vgl. Költze 1993). Es hat große Nähe zu dem oben skizzierten Entwicklungsaufgaben-Ansatz.

Die Abbildung zeigt Claudia Ests ersten Entwurf eines PSK:

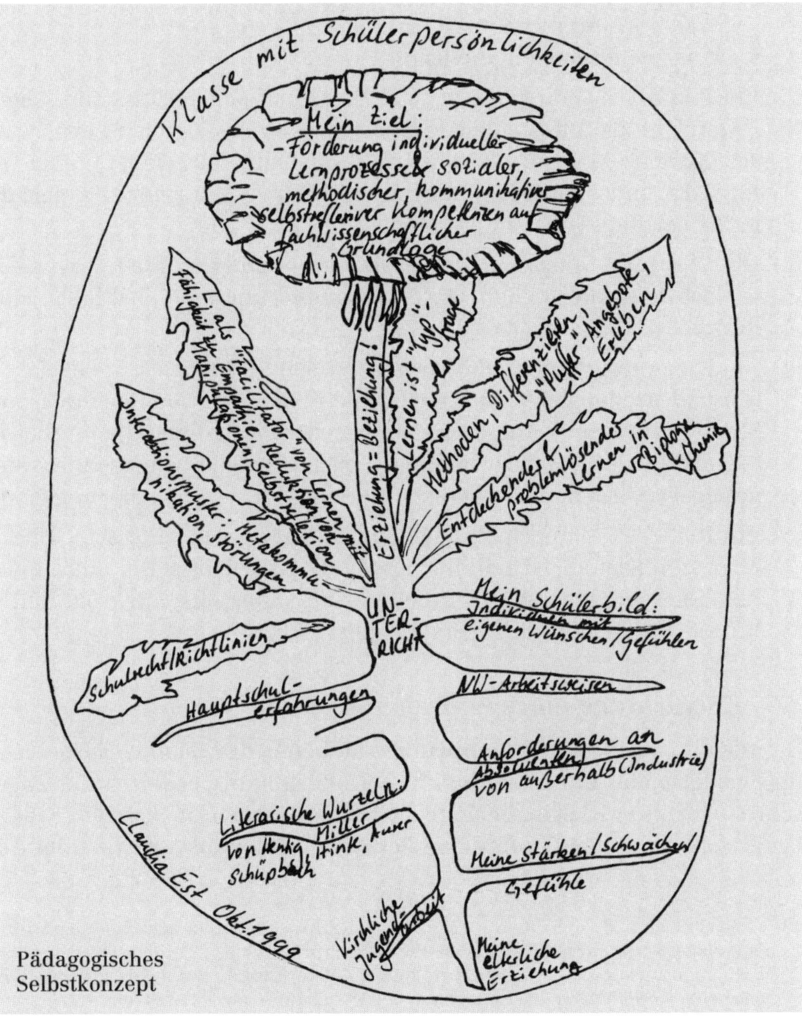

Pädagogisches Selbstkonzept

Ich habe mir überlegt, welche didaktische Kriterien der Arbeit am PSK zu Grunde gelegt werden sollten:

(1) Ein PSK muss – na klar – *subjektorientiert* sein, also einen direkten Bezug zur Persönlichkeitsstruktur, zu den Bedürfnissen und Interessen, Stärken und Schwächen des Studenten/Referendars/Lehrers besitzen:
   - „Wo sind meine Stärken?"
   - „Was sitzt mir im Nacken?"
   - „Woran beiße ich mir die Zähne aus?"
   - „Was bereitet mir Bauchschmerzen?"
   - „Was zwingt mich in die Knie?"

(2) Ein PSK muss *selbstreflexiv* sein. Damit ist gemeint, dass der eigene Unterricht als Anlass für das Durchdenken des eigenen Lernprozesses genommen wird. „Docendi discimus" hat Jutta Jägers, eine weitere Oberhausener Referendarin, von ihrem Seminarleiter gehört und in ihr Lerntagebuch eingetragen.

(3) Ein PSK muss *anspruchsorientiert und nüchtern zugleich* sein – so, wie ich dies auch schon zur Ausformulierung eines Leitbilds gefordert hatte.[18]

(4) Ein PSK muss *wissenschaftsorientiert* sein. Wir wissen zwar, dass es hin und wieder gute Lehrer gibt, die keinen blassen Schimmer vom Stand der Didaktik und ihrer Partnerwissenschaften haben. Aber für die akademische Lehrerbildung darf aus solchen Einzelfällen nicht gefolgert werden, dass es auch ohne theoretische Fundierung geht.

(5) Ein PSK darf – innerhalb gewisser Grenzen – *einseitig* sein. Dies ist aber kein Freifahrtschein für persönliche Vorlieben. Die Einseitigkeit muss sich an den eigenen Kompetenzen einerseits, am Wohl und Interesse der Schüler andererseits messen lassen.

3.5 Entwicklung eines ethischen Kodes

Gerade junge Lehrer und Lehrerinnen stehen in der Gefahr, sich selbst zu überfordern und dann zu „hilflosen Helfern" zu werden. Jutta Jägers schreibt in ihrem Lerntagebuch: „Ich muss lernen, nicht alles, was im Unterricht schief geht, auf meine Person zurückzuführen." Richtig! Aber

18 Vielleicht liegt hier auch eine Versuchung bei der Arbeit mit dem Oberhausener Konzept. Es verleitet leicht dazu, alles, was auf dem Didaktik-Markt als „gut und schön" gehandelt wird, zu integrieren. Aber: Solange an dem Leitbild während des Referendariats weitergearbeitet werden kann und muss, kann dieser Gefahr ja begegnet werden.

wie mache ich das? Soll ich die Ansprüche so lange senken, bis ich absolut sicher bin, sie locker erreichen zu können? Doch wohl kaum! Von einem professionellen Lehrer kann erwartet werden, dass er sich bei dieser schwierigen Balancierungsaufgabe an einer pädagogischen Berufsethik orientiert. Eine Berufsethik definiert die Grundanforderungen für die Berufsausübung:[19]

- gegenüber den Schülern und Schülerinnen,
- gegenüber den Kollegen und Kolleginnen,
- gegenüber der Öffentlichkeit und
- im Umgang mit sich selbst.

Welche Funktionen hat eine solche Ethik?

- Sie kann jedem Lehrer als persönliche Orientierung dienen;
- sie kann bei Konflikten mit Schülern oder Kollegen für die Konfliktbewältigung herangezogen werden (auch wenn die Konfliktlösung selbst nicht durch den Kode vorgegeben wird);
- sie kann das Ansehen des Lehrerstandes in der Öffentlichkeit erhöhen.

Vor allem aber kann eine Berufsethik helfen, mit widersprüchlichen Erwartungen an die eigene Berufspraxis umzugehen:

These 18:

Weil Lehrerarbeit von ethischen Konflikten durchzogen ist, die nicht aufgehoben werden können, aber ausbalanciert werden müssen, ist eine Berufsethik erforderlich, an der das berufliche Handeln gemessen werden kann.

Ethische Konflikte entstehen, wenn im Unterricht die Werte Gerechtigkeit (justice), Fürsorge (caring) und Wahrhaftigkeit (thruthfulness) gleichzeitig verfolgt werden müssen.[20] Und das ist – wie das Beispiel „Jessica auf dem Schrank“ zeigen sollte – in jeder Unterrichtsstunde ein Problem und nie ganz befriedigend zu lösen:

19 vgl. die im September 1999 zur Verabschiedung vorgelegten „LCH-Standesregeln für Lehrerinnen und Lehrer“ des Schweizerischen Lehrerverbands (herausgegeben von Anton Strittmatter)

20 Pertti Kansanen u. a. (1997) haben die Struktur dieser Konflikte im Anschluss an Fritz Oser (Fribourg/Schweiz) skizziert.

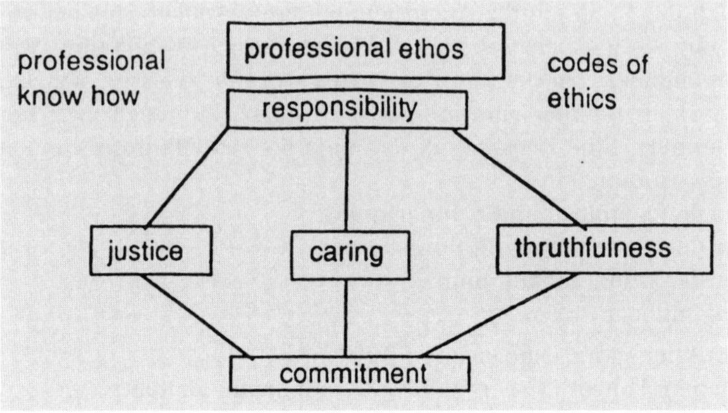

Ethische Dilemmata

Ich habe die Studentin Carola Junghans gebeten einmal aufzuschreiben, nach welchem ethischen Kode sie in Zukunft zu unterrichten gedenkt. Und ich habe ihr als Vorlage den „sokratischen Eid“ Hartmut von Hentigs gegeben (1993, S. 246 f.). Er lautet (stark gekürzt):

Der sokratische Eid

Als Lehrer und Erzieher verpflichte ich mich,

- *die Eigenart eines jeden Kindes zu achten und gegen jedermann zu verteidigen;*
- *für seine körperliche und seelische Unversehrtheit einzustehen; ...*
- *seinen Willen nicht zu brechen – auch nicht, wo er unsinnig erscheint; ihm vielmehr dabei zu helfen,*
- *seinen Willen in die Herrschaft der Vernunft zu nehmen; es also den mündigen Verstandesgebrauch und die Kunst der Verständigung wie des Verstehens zu lehren; ...*
- *es Wahrhaftigkeit zu lehren, nicht die Wahrheit, denn „die ist bei Gott allein“.*

Damit verpflichte ich mich auch,

- *so gut ich kann, selber vorzuleben, wie man mit den Schwierigkeiten, den Anfechtungen und Chancen unserer Welt und mit den eigenen immer begrenzten Gaben, mit der eigenen immer gegebenen Schuld zurechtkommt;*
- *meine Überzeugungen und Taten öffentlich zu begründen, mich der Kritik – insbesondere der Betroffenen und Sachkundigen – auszusetzen, meine Urteile gewissenhaft zu prüfen;*

- *mich dann jedoch allen Personen und Verhältnissen zu widersetzen – dem Druck der öffentlichen Meinung, dem Verbandsinteresse, dem Beamtenstatus, der Dienstvorschrift –, wenn diese meine hier bekundeten Vorsätze behindern.*
- *Ich bekräftige diese Verpflichtung durch die Bereitschaft, mich jederzeit an den in ihr enthaltenen Maßstäben messen zu lassen.*

Der Eid geht zu Herzen. Aber Vorsicht ist geboten. Die Oldenburger Studentin kam zumindest nach einigen Tagen mit einer ganz anderen Antwort zurück, als ich sie erwartet hatte. Sie schrieb mir:

Lieber Hilbert,

du hast mir die Aufgabe gestellt, den sokratischen Eid von Hartmut von Hentig in meine eigene „Alltagssprache" umzutexten. Seit drei Tagen versuche ich krampfhaft, diese Aufgabe zu bewältigen. Leider muss ich dir sagen: Ich kann es nicht – und ich halte es nach reiflichem Überlegen auch nicht mehr für sinnvoll, deinen Auftrag zu erfüllen. Ich will dir erklären, warum.

Ich habe nicht etwa deshalb Probleme, weil mir keine „Verpflichtungen" einfielen. Im Gegenteil, es sind viel zu viele. Aber genau da sitzt der Knackpunkt. Es sträubt sich alles in mir, diese zu Papier zu bringen, weil ich mich schon bei der Vorstellung daran erschlagen fühle.

Du hattest ja gesagt, ich solle versuchen, Hartmut von Hentigs Ansprüche „auf den Boden zurück" zu bringen. Aber was ist der „Boden"? Du gingst davon aus, dass dies der verinnerlichte ethische Kode des Lehrer sei. Mir ist das viel zu weit von mir entfernt. Der Boden, das bin doch ich selbst, mein ganzer Körper, meine Gefühle, Gedanken, Ängste und Schwächen!

Was mache ich als blutjunge Lehrerin, die mit Sicherheit wiederholt auf dem Bauch landen wird und zunächst einmal das Aufstehen lernen muss? Zugepflastert mit Idealen, denen ich kaum zu widersprechen wage, die für mich aber in dieser Situation unerreichbar sind, wird das Aufrappeln noch viel schwerer!

Ich bin ja bereit, Verpflichtungen einzugehen, aber ich brauche auch Raum zum Luftholen, *um die Ansprüche „auf die Reihe zu kriegen", die sich vor mir auftürmen – als Mutter, Ehefrau, Freundin, Schüle-*

rin, Tochter, Schwiegertochter, Enkelin und eben als Lehrerin, die die aus den Fugen geratene Welt für die Schüler für ein paar Stunden jeden Tag wieder in Ordnung bringen soll.

In von Hentigs Eid fehlt mir ein wichtiges Element: die Fähigkeit mich abgrenzen zu können, damit ich nicht den Boden unter den Füßen verliere! Ein „sokratischer Eid" ist bei der Ausübung der Lehrerarbeit als roter Faden sinnvoll, aber ich muss es auch vor mir selbst rechtfertigen, wenn ich die eingegangenen Verpflichtungen nicht einhalten kann.

Ich bezweifle, dass sich diese Spannung jemals auflösen lässt. Ich stelle aber auch in Frage, ob die formulierten Ideale überhaupt greifen können, wenn nicht die Lehrerin selbst in ihrer Persönlichkeit gestärkt wird.

Deine C. J.

Die Ansprüche, die die Gesellschaft heute an Lehrer und Lehrerinnen stellt, sind in der Tat happig – und sie wachsen eher noch weiter an, als dass sie sänken. Das satte Gefühl der Zufriedenheit mit den eigenen Leistungen stellt sich deshalb im Lehrerberuf spät oder gar nicht ein. Deshalb ist Carolas Antwort – gemessen an der Definition professionellen Handelns von Seite 219 – m. E. professioneller als die von Hentigs! Sie bringt auf den Punkt, was mit der „Ausbalancierung" von widersprüchlichen Erwartungen gemeint ist.

Ein noch so edler ethische Kode allein reicht also nicht aus, um den Berufsalltag zu bewältigen. Er muss – wie dies schon im Autorenleitbild des *Reflektierenden Didaktikers* von Seite 232 angedeutet worden ist – durch eine „Anspruchs-Ökonomie" ergänzt werden, die dabei hilft, der alltäglichen Überforderungen Herr (oder Frau) zu werden.

These 19:

Die Fähigkeit, nicht einlösbare Ansprüche abzuweisen, muss zum festen Bestandteil des ethischen Kodes von Lehrern werden.

Die Berufung auf These 19 schließt ein, dass ich mir redliche Rechenschaft darüber ablege, was ich gut, mittelmäßig und schlecht kann; dass ich überlege, ob ich im Team die scheinbar unlösbare Aufgabe doch noch lösen kann, und dass ich bereit bin, an einer Supervision teilzunehmen.

4 Konsequenzen für die Lehrerbildung

Die Lehrerbildung befindet sich m. E. in Deutschland in einem schlechten Zustand. Sie ist in den 70er-Jahren nahezu flächendeckend an die Universitäten verlagert, dann aber auf Grund der Überkapazitäten in der Lehrerbildung zu großen Teilen „abgewickelt“ worden. An vielen Instituten sind die Professuren eher zufällig denominiert. Die Nachwuchsausbildung in den Grundlagenfächern ist weitgehend zusammengebrochen. Kein Wunder, dass die Lehrer bildenden Universitäten ihre Hausaufgaben noch nicht gemacht haben:

- Die Verknüpfung von Theorie und Praxis wird ungenügend geleistet.
- Die Studienzeiten sind viel zu lang.[21]
- Wir sind weit davon entfernt, uns auf ein Basiscurriculum „Lehrerbildung“ verständigt zu haben, ja wir wissen nicht einmal, ob wir es haben wollen.

Der Pädagogik-, Psychologie- und Soziologieanteil in der Lehrerbildung muss aber nach Ansicht vieler Experten dringend erhöht und aufgewertet werden.

These 20:
Je komplizierter und anspruchsvoller die pädagogischen Anteile der zukünftigen Berufsarbeit von Lehrern sein werden, umso größer muss auch der Anteil der Grundlagenfächer Pädagogik, Psychologie und Soziologie werden!

In der neueren professionsorientierten pädagogischen Fachliteratur ist nun eine ganze Reihe von Vorschlägen zur konstruktiven Weiterentwicklung der Lehrerbildung gemacht worden, die ich skizzieren und mit eigenen Vorschlägen ergänzen will.

4.1 „Strukturorte der Reflexivität“

Una Dirks und Wilfried Hansmann haben unter dem Titel „Reflexive Lehrerbildung“ (1998) ein differenziertes Konzept für eine professionalitätsorientierte Lehrerbildung vorgelegt. Sie zeigen, wie „professionelle Balanceakte“ aussehen können, um die Paradoxien des Lehrerhandelns auszuhalten. Sie zeigen, wie Lehramtsstudierende ihre eigenen subjek-

21 Die offizielle Studiendauer für Lehrämter beträgt sechs bis acht Semester. Die tatsächliche Verweildauer an den Universitäten beträgt zurzeit im Durchschnitt 14 Semester.

tiven Theorien durch „Fremdverstehen“ weiterentwickeln können. Ein umfassendes Konzept reflexiver Seminardidaktik, das die Ansprüche der Professionalisierungsforschung ausbildungspraktisch konkretisiert, haben Friedrich Buchberger und Mitarbeiter vorgelegt (Buchberger u. a. 1997).

Damit diese und weitere Werkzeuge greifen können, muss auch die *Lernortfrage* neu gestellt und beantwortet werden. Wir benötigen einen curricular neu vermessenen Kooperationsverbund von Schule, Seminar und Hochschule, der den Studierenden und Referendaren den Aufbau einer forschenden Haltung einerseits, die Weiterentwicklung ihrer Handlungskompetenz andererseits erleichtert (vgl. Feindt/Meyer 2000):

- Auch in den Universitäten und Seminaren sollte eine ausbalancierte Mischung von selbst organisierten, von lehrgangsförmigen und von kooperativen Lehr-Lern-Formen angeboten werden.
- Auch an den Universitäten und Seminaren sollte „handlungsorientiertes Lernen“ in Form von Projekt- und Werkstattarbeit eine Selbstverständlichkeit werden.

These 21:

Eine professionsorientierte Lehrerbildung lebt vom beständigen Wechsel zwischen Aktion und Reflexion (siehe Abschnitt 1.4, Seite 207).

Bausteine zur Förderung der *Reflexionskompetenz* von Studenten und Referendaren können sein:

- die Selbstdefinition und schrittweise Bearbeitung von Entwicklungsaufgaben (s. o.)
- kasuistische Übungen im Fallverstehen (vgl. Ohlhaver/Wernet 1999),
- Arbeit an der eigenen Lehrerbiografie, z. B. in einer Schreibwerkstatt
- Mitarbeit in Lern- und Forschungswerkstätten
- Übungen zum Selbst- und Fremdverstehen (vgl. Dirks/Hansmann 1999)
- die Arbeit mit Lern- und Forschungstagebüchern (vgl. Altrichter/ Posch 1998, S. 26 ff.)
- Einübung in Supervision und Coaching

Bausteine zur Förderung beruflicher *Handlungskompetenz* von Studenten und Referendaren können sein:

- gemeinsame Vor- und Nachbereitung von Seminarsitzungen
- vor- und nachbereitete Praktika; ein vor- und nachbereitetes Praxishalbjahr
- vor- und nachbereitete Exkursionen
- Lernkontrakte mit Hochschullehrern und mit Kooperationsschulen,
- Beteiligung an der Organisationsentwicklung der eigenen Ausbildungsinstitution
- kleine Handlungsforschungsprojekte
- Beteiligung an Schulentwicklungsvorhaben der Kooperationsschulen
- Beteiligung an schulischen Evaluationsvorhaben

Bausteine zur Weiterentwicklung der Reflexions- und Handlungskompetenz *berufsfertiger Lehrer und Lehrerinnen* können sein:

- Einübung in Teamarbeit
- regelmäßige Supervision
- Mitarbeitergespräche
- Arbeit in Qualitätszirkeln
- Beteiligung an der Unterrichts- und Schulentwicklung
- Beteiligung an der Selbstevaluation der Schule
- Mitwirkung in der Lehrerausbildung der Universitäten
- neue Erfahrungen durch Schulwechsel (auf Dauer oder befristet)
- ein Sabbatsemester oder -jahr

4.2 Ein Beispiel: Arbeit in Forschungswerkstätten

Es gibt internationale Erfahrungen, die besagen, dass das alte Humboldt'sche Ideal eines forschenden Lernens auch heute noch realisiert werden kann (vgl. Dick 1996; Kansanen 1997; Altrichter/Posch 1998). Diese Erfahrungen können wir aus Oldenburger Sicht bestätigen. Wir haben eine „Forschungswerkstatt Schule und Lehrerbildung" aufgebaut, die eine als „Teamforschung" bezeichnete Variante der Aktionsforschung entwickelt hat, in deren Mittelpunkt die gemeinsame Schul- und Unterrichtsforschung von berufserfahrenen Lehrern, Referendaren und Studierenden steht.[22] Wir definieren (Feindt 2000, S. 91):

22 Beschreibungen bei Feindt/Meyer (2000) und Fichten u. a. (1995); Fichten (1996)

Arbeitsdefinition 7:

Teamforschung ist ein aus der internationalen Aktionsforschung hergeleiteter qualitativer Forschungsansatz, bei dem:

- „kleingearbeitete" wichtige Fragen zur Weiterentwicklung des eigenen Unterrichts und zur Profilbildung der Schule bzw. des Seminars
- mit leicht zu handhabenden und im Zeitaufwand nicht überfordernden Methoden
- mit dem Ziel untersucht werden, die Untersuchungsergebnisse für die eigene Professionalisierung, für die Weiterentwicklung des eigenen Unterrichts bzw. der Seminarpraxis und für die Profilbildung der eigenen Schule bzw. des Seminars zu nutzen.

Die Arbeit der Studierenden ist in ihr Ausbildungsprogramm integriert; sie erhalten also Leistungsnachweise; und sie haben eine gute Möglichkeit, sich auf das Schreiben ihrer Examensarbeiten vorzubereiten. Die Arbeit der Lehrer ist ebenfalls administrativ geregelt.[23] Die Arbeitsmöglichkeiten der Referndare werden gerade in einem BLK-Modellversuch der Universität Oldenburg erprobt.

Die von Feindt konzipierte Zeichnung auf Seite 247 beschreibt die Teamforschung als „Bergtour", die nur dann funktioniert, wenn im „Basislager" ein ausreichendes Unterstützungssystem vorgehalten wird.

Dabei gehen wir von folgenden Annahmen über die Motivation der Beteiligten und die Wirkungen der gemeinsamen Arbeit von Berufsanfängern und Routiniers aus:

- Wir erwarten, dass die gemeinsame und intensive wissenschaftliche Arbeit von Berufsanfängern und Routiniers an einem schulpraktischen Problem das *Wechseln der Perspektiven* erleichtert und so zu unkonventionellen Lösungen beiträgt.
- Wir rechnen damit, dass die beteiligten Studierenden, Referendare und Lehrer ein neues *professionsbezogenes Selbstwertgefühl* entwickeln.
- Wir bauen darauf, dass die Beteiligten einen *forschenden Habitus* entwickeln, der die Motivation für das lebenslange Weiterlernen wach hält und zugleich geeignet ist, Belastungen im Beruf auszuhalten und produktiv zu lösen.
- Wir erwarten, dass die Schulen durch die geschickte Wahl der Forschungsthemen eine *Praxis der Selbstevaluation* entwickeln, die für die Schulentwicklung genutzt werden kann.

23 Sie erhalten auf Grund einer Vereinbarung mit der Schulabteilung der Bezirksregierung Weser-Ems zwei Stunden Unterrichtserlass.

Inzwischen ist so etwas wie ein „Teamforschungscurriculum“ erarbeitet worden; eine ganze Reihe abgeschlossener kleiner Forschungsvorhaben liegt vor. Andere Universitäten (Hamburg, Hildesheim) arbeiten an vergleichbaren Vorhaben. Die in den 80er-Jahren totgesagte Aktionsforschung kehrt also langsam nach Deutschland zurück:

These 22:
Aktionsforschung ist ein ideales Werkzeug zur Professionalisierung von Studierenden und Lehrern. Sie schafft Inseln der Nachdenklichkeit im hektischen Studienalltag.

4.3 Konsequenzen für die Lehrerbildung

Ich hatte schon auf Seite 225 darauf hingeweisen, dass es nicht möglich und auch nicht sinnvoll ist, aus einer soziologischen Professionalisierungstheorie unmittelbar abzuleiten, wie die Lehrerbildung konzipiert sein muss. Wohl aber ist es möglich, diese Forschungen für die Kritik der vorhandenen Ausbildungspraxis und als Ideensteinbruch für eine neu konzipierte Lehrerbildung zu nutzen:

1. Wir brauchen eine neu konzipierte einphasige Lehrerbildung.[24]
2. Die sozial- und sonderpädagogischen Anteile der Lehrerbildung müssen erhöht werden.[25]
3. An jedem Lehrerbildungsstandort muss ein Kooperationsverbund von Universitäten, Seminaren und Kooperationsschulen aufgebaut oder, sofern vorhanden, weiterentwickelt werden.
4. Wir kommen nicht umhin, zunächst nur für *ein* Fach auszubilden und erst in der berufsbegleitenden Weiterbildung oder im Rahmen von Sabbatjahren ein zweites oder drittes Unterrichtsfach hinzuzufügen.[26]
5. Wir brauchen eine material abgesicherte, nicht nur deklamatorische Verwirklichung des Grundsatzes vom Lebensbegleitenden Lernen.

Diese Forderungen werden durch die Ergebnisse der Professionalisierungsforschung gestützt:

(1) Sie liefert gute Argumente für die Akademisierung der Lehrerbildung.

(2) Sie hilft, ein modernes Lehrerleitbild auszuformulieren.

---

24 Wie einphasige Lehrerbildung gestaltet werden kann, ist von 1975 bis 1984 an der Universität Oldenburg in einem großen Modellversuch – erfolgreich – erprobt worden. Es bleibt ein Ärgernis, dass nach der Vereinigung der zwei deutschen Staaten die in der DDR praktizierten Vorformen von Einphasigkeit nicht weiter ausgebaut worden sind.

25 Wie dies konkret möglich ist, beschreibt Alexandra Obolenski (2001).

26 Dies ist auch das Fazit der Professionstheoretiker Bauer/Kopka/Brindt (1996, S. 237) und Wagner (1998, S. 184).

(3) Sie hat im Detail nachgewiesen, dass Wissenschaftswissen und Berufswissen „zwei Paar Schuhe“ sind. Praktika und schulpraktische Studien müssen deshalb in der Lehrerbildung einen herausgehobenen Stellenwert erhalten bzw. behalten.

(4) Die Professionalisierungsforschung stützt die Forderungen nach einphasiger Lehrerbildung.

(5) Die These, dass Lernen und Lehren dialektisch miteinander verknüpft sind, wird von der (strukturtheoretisch orientierten) Professionalisierungsforschung eindrucksvoll empirisch bestätigt.

4.4 Statt eines Schlussworts: „Mein rotes Ballkleid“

Es hat mir Spaß gemacht, mich in die Professionalisierungsdebatte einzuarbeiten. Das Gefühl, aus dieser Debatte wichtige Impulse für die „Wiederankurbelung“ der Lehrerbildung ziehen zu können, hat sich verstärkt. Aber: Professionalisierung ist nicht alles. Deshalb sei an die noch nicht kommentierte Spontandefinition Nr. 12 von Seite 214 erinnert.

Spontandefinition 12:

„Professionalisierung heißt für mich, trotz des morgen anstehenden benoteten Ausbilderbesuchs heute Abend mein rotes Ballkleid anzuziehen und damit tanzen zu gehen.“

Die Definition stammt von Carola Junghans, die Sie bereits aus der „Jessica-auf-dem-Schrank-Stunde“ kennen. Sie ist inzwischen Referendarin und kommentiert ihre scheinbar flapsige Definition folgendermaßen:

Carola: Das Referendariat ist eine Verstrickung in eine Extremsituation. Sich da für eine kurze Zeit raushebeln zu können, ist professionell. Ich muss mich hin und wieder ausklinken, um den Blick für Dinge zu bewahren, die auch noch wichtig sind.

Hilbert: Ist das nicht eher so etwas wie Psychohygiene?

Carola: Ja, das ist es auch. *Aber es bleibt für mich ein professionelles Verhalten, weil ich erklären kann, warum ich das tun muss.* Mindestens einmal jeden Tag habe ich eine brisante Situation im Klassenzimmer zu meistern. In solchen Situationen muss ich die innere Ruhe bewahren, um gelassen handeln zu können. Aber das kann ich nicht, wenn ich mich total auf die Berufsarbeit konzentriere. Da muss es auch noch etwas anderes geben.

Ich stimme Carolas Argumentation zu, auch oder vielleicht gerade weil ich selbst gern und wochenlang nichts anderes tue als zu arbeiten. Deshalb lautet meine letzte These:

These 23:
Wer nur professionell sein will, ist nicht wirklich professionell!

Literatur

Altrichter, Herbert/Posch, Peter: Lehrer erforschen ihren Unterricht. 3. bearb. Aufl. Bad Heilbrunn (Klinkhardt) 1998

Altrichter, Herbert/Lobenwein, Waltraut: Forschendes Lernen in der Lehrerbildung? Erfahrungen mit reflektierenden Schulpraktika. In: Dirks, Una/Hansmann, Wilfried (Hrsg.) 1999, S. 169–196

Bauer, Karl-Oswald/Kopka, Andreas/Brindt, Stefan: Pädagogische Professionalität und Lehrerarbeit. Eine qualitativ empirische Studie über professionelles Handeln und Bewußtsein. Weinheim/München (Juventa) 1996

Blömeke, Sigrid (Hrsg.): Reform der Lehrerbildung? Zentren für Lehrerbildung: Bestandsaufnahme, Konzepte, Beispiele. Bad Heilbrunn (Klinkhardt) 1998

Bourdieau, Pierre: Zur Soziologie der symbolischen Formen. Frankfurt/M. (Suhrkamp) 1970

Bromme, Rainer: Der Lehrer als Experte. Zur Psychologie des professionellen Wissens. Bern u. a. (Huber) 1992

Buchberger, Friedrich u. a.: Seminardidaktik. Innsbruck/Wien (Studienverlag) 1997

Clark, Christopher M./Peterson, P. L.: Teacher's Thought Processes. In: M.C. Wittrock (Ed.): Handbook of Research on Teaching. 3rd ed. New York (Macmillan) 1986, pp. 255–296

Combe, Arno/Buchen, Sylvia: Belastung von Lehrerinnen und Lehrern. Fallstudien zur Bedeutung alltäglicher Handlungsabläufe an unterschiedlichen Schulformen. Weinheim/München (Juventa) 1996

Combe, Arno/Helsper, Werner (Hrsg.): Pädagogische Professionalität. Untersuchungen zum Typus pädagogischen Handelns. Frankfurt/M. (Suhrkamp) 1996

Combe, Arno/Helsper, Werner: Was geschieht im Klassenzimmer? Perspektiven einer hermeneutischen Schul- und Unterrichtsforschung. Weinheim (Deutscher Studien Verlag) 1994

Dewe, Bernd/Ferchhoff, Wilfried/Radtke, Frank-Olaf (Hrsg.): Erziehen als Profession. Zur Logik professionellen Handelns in pädagogischen Feldern. Opladen (Leske + Budrich) 1992

Dick, Andreas: Vom unterrichtlichen Wissen zur Praxisreflexion. 2. Aufl. Bad Heilbrunn (Klinkhardt) 1996

Dirks, Una: Kernprobleme im Berufsalltag von GymnasiallehrerInnen (Englisch). In: Dirks, Una/Hansmann, Wilfried (Hrsg.) 1999, S. 25–41

Dirks, Una/Hansmann, Wilfried (Hrsg.): Reflexive Lehrerbildung. Fallstudien und Konzepte im Kontext berufsspezifischer Kernprobleme. Weinheim (Beltz/Deutscher Studien Verlag) 1999

Döring, Klaus W.: Lehrerverhalten: Theorie – Praxis – Forschung. Weinheim/Basel (Beltz) 1980

Feindt, Andreas/Meyer, Hilbert (Hrsg.): Professionalisierung und Forschung. Studien und Skizzen zur Reflexivität in der Lehrerbildung. Didaktisches Zentrum der Universität (Oldenburg) 2000 (zu beziehen über: Didaktisches Zentrum der Carl von Ossietzky Universität, Postfach 2503, D-26111 Oldenburg)

Feindt, Andreas: Team-Forschung – Ein phasenübergreifender Beitrag zur Professionalisierung in der LehrerInnenbildung. In: Feindt, Andreas/Meyer, Hilbert (Hrsg.) 2000, S. 89–113 (zu beziehen über: Didaktisches Zentrum der Carl von Ossietzky Universität, Postfach 2503, D-26111 Oldenburg)

Fichten, Wolfgang u. a.: LehrerInnen erforschen ihren Unterricht – StudentInnen erforschen Schule. Oldenburg (Zentrum für pädagogische Berufspraxis) 1995 (zu beziehen über: Didaktisches Zentrum der Carl von Ossietzky Universität, Postfach 2503, D-26111 Oldenburg)

Fichten, Wolfgang (Hrsg.): „Die Praxis freut sich auf die Theorie“: Was leisten Forschungswerkstätten für Schulen? Oldenburg (Zentrum für pädagogische Berufspraxis) 1996 (zu beziehen über: Didaktisches Zentrum der Carl von Ossietzky Universität, Postfach 2503, D-26111 Oldenburg)

Floden, Robert E./Clark, Christopher M.: Preparing Teachers for Uncertainty. In: Teachers College Record 89 (1988) 4, pp. 505–524; dt. Übers. in: Terhart 1991, S. 191–210

Helsper, Werner: Antinomien des Lehrerhandelns in modernisierten pädagogischen Kulturen. Paradoxe Verwendungsweisen von Autonomie und Selbstverantwortlichkeit. In: Combe, Arno/Helsper, Werner (Hrsg.) 1996, S. 521–569

Helsper, Werner/Krüger, Heinz-Hermann/Wenzel, Hartmut (Hrsg.): Schule und Gesellschaft im Umbruch. Weinheim (Deutscher Studien Verlag) 1996

Hentig, Hartmut von: Die Schule neu denken. München (Hanser) 1993

Herbart, Johann Friedrich: Die ersten Vorlesungen über Pädagogik. In: ders.: Pädagogische Schriften, Bd.1, hrsg. von Walter Asmus. Düsseldorf/München (Küpper/Bondi) 1964, S. 121–130

Herbart, Johann Friedrich: Allgemeine Pädagogik, aus dem Zweck der Erziehung abgeleitet (1806). In: ders.: Pädagogische Schriften, Bd. 2, hrsg. von Walter Asmus. Düsseldorf/München (Küpper/Bondi) 1965, S. 9–155

Hoyle, Eric: The Professionalization of Teachers: A Paradox. In: British Journal of Educational Studies 30 (1982) 2, pp. 161–171; dt. Übers. in: Terhart 1991, S. 135–160

Jank, Werner/Meyer, Hilbert: Didaktische Modelle. Frankfurt/M. (Scriptor) 1991

Kansanen, Pertti, u. a.: Getting to Know Teachers' Pedagogical Thinking – Linking Various Approaches, Preprint University of Helsinki 1997; Frankfurt/M. (Peter Lang) 2000

Klingberg, Lothar: Lehrende und Lernende im Unterricht. Zu didaktischen Aspekten ihrer Positionen im Unterrichtsprozeß. Berlin (Volk und Wissen) 1990

Költze, Horst: Lehrerbildung im Wandel. Vom technokratischen zum humanen Ausbildungskonzept. In: Cohn, Ruth/Terfurth, Christina (Hrsg.): Lebendiges Lehren und Lernen. TZI macht Schule. Stuttgart (Klett-Cotta) 1993, S. 192–212

Kunze, Ingrid: Subjektive Theorien von Lehrerinnen und Lehrern. In: Die Deutsche Schule, Sonderheft 1/2000

LCH (Schweizerischer Lehrerverband): LCH-Standesregeln für Lehrer und Lehrerinnen. Sursee/September 1999

Meyer, Hilbert: Leitfaden zur Unterrichtsvorbereitung. Frankfurt/M. (Scriptor) 1980

Meyer, Hilbert: UnterrichtsMethoden. 2 Bde. Berlin (Cornelsen Scriptor) 1987

Meyer, Hilbert: Schulpädagogik, 2 Bde. Berlin (Cornelsen Scriptor) 1997

Meyer, Hilbert: Leitfaden zur Schul(programm)entwicklung. Oldenburger Vor-Drucke Nr. 390/1999

Parsons, Talcott: Die Schulklasse als soziales System: Einige ihrer Funktionen in der amerikanischen Gesellschaft (engl. Ausgabe 1959). In: ders.: Sozialstruktur und Persönlichkeit, Frankfurt/M. (Europäische Verlags Anstalt) 1964, S. 161–193

Obolenski, Alexandra: Zukunftsmodell einer integrierten LehrerInnenbildung. Bad Heilbrunn (Klinkhardt) 2001

Oelkers, Jürgen/Tenorth, H.-Elmar (Hrsg.): Pädagogisches Wissen. Weinheim/Basel (Beltz) 1993

Oevermann, Ulrich: Theoretische Skizze einer revidierten Theorie professionalisierten Handelns. In: Combe, Arno/Helsper, Werner (Hrsg.) 1996, S. 70–182

Ohlhaver, Frank/Wernet, Andreas (Hrsg.): Schulforschung – Fallanalyse – Lehrerbildung. Opladen (Leske + Budrich) 1999

Schleiermacher, Friedrich Daniel Ernst: Pädagogische Schriften, hrsg. von Erich Weniger/Theodor Schulze, Bd. 1. Düsseldorf/München (Küpper/Bondi) 1960

Schön, Donald A.: The reflective practitioner. How professionals think in action. London (Temple Smith) 1983

Schütze, Fritz/Bräu, Karin, u. a.: Überlegungen zu Paradoxien des professionellen Lehrerhandelns in den Dimensionen der Schulorganisation. In: Helsper, Werner u. a. (Hrsg.) 1996, S. 333–377

Schwänke, Ulf: Der Beruf des Lehrers. Professionalisierung und Autonomie im historischen Prozeß. Weinheim/München (Juventa) 1988

Shulmann, Lee S.: Those who Understand: Knowledge Growth in Teaching. In: Educational Researcher 15 (1986), pp. 4–14; dt. Übers. in: Terhart 1991, S. 145–160

Terhart, Ewald: Unterrichten als Beruf. Neuere amerikanische und englische Arbeiten zur Berufskultur und Berufsbiographie von Lehrern und Lehrerinnen. Köln/Wien (Böhlau) 1991

Terhart, Ewald (Hrsg.): Perspektiven der Lehrerbildung in Deutschland. Weinheim/Basel (Beltz) 2000

Terhart, Ewald/Czerwenka, Kurt, u. a.: Berufsbiografien von Lehrern und Lehrerinnen. Frankfurt/M. u. a. (Peter Lang) 1994

Wagner, Hans-Josef: Eine Theorie pädagogischer Professionalität. Weinheim (Beltz/Deutscher Studien Verlag) 1998

Zech, Rainer: Schulentwicklung zwischen pädagogischem Anspruch und organisatorischer Verhinderungspraxis. Zur Paradoxie innerer Schulreform in einer institutionalisierten Reformschule. In: Dirks, Una/Hansmann, Wilfried (Hrsg.) 1999, S. 69–82

Personen- und Sachregister

Bildnachweis

S. 92 aus: Johannes Hickel: Sanfter Schrecken. © Quelle & Meyer Verlag, Heidelberg, Wiesbaden 1980
S. 120 © Friedrich K. Waechter, Frankfurt a. M.
S. 219 Quelle unbekannt
Alle anderen Abbildungen von Karsten Friedrichs-Tuchenhagen, Susanna Mullikas und Hilbert Meyer